U0061711

新公共管理與
港澳公共行政

序言

　　近今，「新公共管理」已成為一門「顯學」，不少學界和政界人士都對其推崇備至，聲勢歷久不衰。本書就是研究新公共管理如何影響著香港、澳門的公共行政，帶來兩地政府施政的重大轉變。港澳對新公共管理有很大的適用性及適應性，其經濟、文化和社會總體發展狀況都適合新公共管理模式的開展。港澳都長期奉行自由市場政策，一貫堅持經濟及社會不干預方針，這與新公共管理的新保守主義或新自由主義的公共管理哲學不謀而合。在意識形態上，港澳社會都普遍接受市場化、「政府的職能應是掌舵而不是划槳」等一系列新公共管理思想和主張，所以港澳實踐新公共管理模式都具有典範意義。

　　港澳兩地自回歸以來，特別是香港，便多方面、全方位地推行新公共管理模式的公共行政改革，新公共管理的戰略和戰術，大部份都已採用。兩地都設有中央機構，香港是效率促進組，澳門是行政公職局，研究、策劃及統籌公共行政改革，使這些改革能夠有系統、有理論、有針對性地進行，而不是盲目照搬亂搞。

　　奧斯本和蓋布勒（David Osborne and Ted Gaebler）在《改革政府》一書中闡述政府再造的十大原則，這十大原則構成《改革政府》前十章的標題。本書亦倣照這個結構，在第二至第十二章等核心論證章中，每章均以一個政府再造原則為文章標題，內中列舉每標題所屬港澳公共行政改革措施並逐一做詳細論述。本書就是通過此分析框架，提綱挈領地將港澳施行新公共管理模式的理論與實踐勾畫出來，使讀者得到全貌的認識。

　　「起催化作用的政府」、「有事業心的政府」、「受顧客驅使的政府」、「結果導向型政府」的文章標題乃取自奧斯本和蓋布勒在《改革政府》一書中所闡述的政府再造的十大原則的其中四個原則。「效率驅動的政府」、「小型化與分權的政府」的標題取自費利耶（Ewan Ferlie）等人在《行動中的

新公共管理》一書中所闡述的四種新公共管理模式的其中兩種。而「靈活性／彈性化政府」的標題則取自彼得斯（B.Guy Peters）在《政府未來的治理模式》一書中提出的當代西方公共行政改革出現的以新公共管理定向的四種治理模式的其中一種。

由於篇幅關係，本書對「起催化作用的政府——民營化」分三章（即第二章至第四章）進行論述，對「受顧客驅使的政府」分兩章（即第七章至第八章）進行論述，以均勻每章的長度。

本書所闡述的港澳公共行政改革措施均屬跨部門性質，即它們可引用到多個或全部政府部門。至於只屬某一特定部門的內部行政改革，例如香港政府教育局近年所推行的中小學「校本管理」改革，雖帶有新公共管理特色，並不在本書討論範圍。

最後，本書並不單單闡述新公共管理模式的公共行政改革措施，有些行政舉措，例如港澳兩地行之已久的對公用事業專營權的批給以及對非牟利志願機構的津助，雖不屬行政改革措施，但卻富有新公共管理色彩，故此也屬本書應討論的範圍。因而本書的命名是範圍更闊的「新公共管理與港澳公共行政」而不是「新公共管理與港澳公共行政改革」。

本書主要採用案頭研究的方法，研究素材主要來自我在澳門科技大學MPA碩士班講授《公共行政管理》、《現代公共管理》等科目的講義、互聯網上檢索資料、報章剪報，以及香港大學和澳門科技大學相關公共行政管理碩士論文。由於大量援引了一系列實證資料，本課題的分析才更具可信性、真實性及原創性。

本書的一大特色，也是一大優點是將香港、澳門放在一起做比較、論述，結果是使我們看出兩地實踐新公共管理模式的異同和相互優劣，而這些優劣異同是非經共同論述不能顯示出來的。

本書既是專著類學術著作，可作為公共事務部門、各級政府管理部門及

有關機構的相關人員工作、學習和研究之參考資料，也可作為大學公共行政、公共管理學科及相關專業研究生、本科生及MPA學員學習和培訓用書及教師教學參考用書和教科書。

　　在此，要感謝香港三聯書店為我出版此書、澳門基金會贊助本書的出版，還要感謝我的妻子葉香玲女士，她的包容與忍耐，使本書得以順利完成。

黃湛利

2015年4月

澳門科技大學

目 錄

第一章

緒論

一、新公共管理文獻綜述

新公共管理（New Public Management, NPM）[1]代表西方國家公共行政最新思潮，形成及流行於20世紀80、90年代，以迄至今。有些人又將之稱為管理主義（Managerialism）[2]、企業化政府[3]、以市場為基礎的公共行政[4]、後官僚制典範／模式[5]或政府再造運動[6]。到90年代後期，人們越來越傾向於使用「新公共管理」的概念。當代西方以新公共管理或管理主義定向的政府改革往往被人們描述為一場追求「3E」，即經濟、效率和效益（Economy, Efficiency and Effectiveness）目標的管理改革運動。它起源於英國、美國、澳大利亞和新西蘭，並逐步擴展到其他西方國家乃至全世界，包括發展中國家。有如公共管理學者胡德（Christopher Hood）所說，新公共管理並不是由英國單獨發展起來的，而是70年代中期以後公共管理領域中出現的一種顯著的國際性趨勢。[7]可以說，政府改革浪潮席捲西方乃至全世界。「代表這一股潮流、全面推進行政改革的既有君主立憲制國家，也有民主共和制國家；既有單一制國家，也有聯邦制國家；在政府制度上，既有內閣制政府，也有總統制政府；在市場體制上，既有自由型市場經濟，也有政府導向型經濟；高舉改革旗幟的，既有右翼政黨，也有左翼政黨。」[8]

(一)公共行政的新模式

休斯（Owen E. Hughes）提出新公共管理模式六大要點和特徵：(1)該模式意味著傳統公共行政管理模式的重大改變，引人注目的變化是注重結果的實現和管理者負個人責任；(2)一種脫離官僚制的趨勢，目的是使組織、人事、任期等更具靈活性；(3)明確規定組織和人事目標，以便用明確的績效指標衡量工作業績，以及對項目進行系統評估，其背後的推動力是經濟、效率、效益的「3E」標準；(4)高級公共管理人員更具政治色彩，而不是政治中立或無黨

派立場的。他們與政治家之間的相互影響是不可避免的。政治與行政、決策與執行不能分開；(5)政府職能更有可能受市場檢驗，政府介入並不一定指政府非通過官僚手段不可；(6)通過民營化或市場檢驗及合同外判等方式減少政府職能的趨勢。[9]

經濟合作與發展組織（OECD）國家的管理主義改革強調：(1)在各個政府層級之間、在監督機構與執行機構之間、在公共的與私人的各生產單位之間引入一種更加契約化、更多的參與和更多的選擇自由的關係；(2)國家不再通過法規和等級權威來管制行政行為。

根據以上觀點，經合組織認為新公共管理或管理主義模式的主要內容是：(1)提高人力資源管理水準；(2)員工參與決策與管理過程；(3)放鬆管制並推進績效目標管理；(4)信息技術的利用；(5)顧客服務；(6)使用者付費／用者自負；(7)合同外判；(8)取消壟斷性管制規定。[10]

路得斯（R.A.W.Rhodes）認為新公共管理具有下列一些主要觀點：(1)注重管理而不是政策，注重績效評估和效率；(2)將公共官僚制劃分為一些在使用者付費基礎上相互協調的機構；(3)利用準市場化工具以及合同外判工程方式促進競爭；(4)削減成本；(5)一種特別重視產出目標、限期合同、金錢刺激和自主管理的風格。[11]

奧斯本和蓋布勒（David Osborne and Ted Gaebler）在《改革政府》（或譯《政府再造》、《重塑政府》）一書中提出的企業化政府模式指出，新公共管理模式包含如下十大基本原則或基本內容（政府再造的十項原則）：(1)起催化作用的政府——掌舵而不是划槳。將掌舵與划槳分開，政府應「掌舵」（即政策和規則制定），而不是「划槳」（服務提供和執行）。(2)社區擁有的政府——授權而不是服務。把社區服務控制權通過授權和撥款從官僚手裡轉到社區手裡。(3)競爭型政府——將競爭機制注入到服務的提供上，要求服務提供者在績效和價格的基礎上對業務展開競爭。(4)有使命感的政府——改變照章

辦事的組織。要求各個部門明確各自使命，通過放鬆內部管制，廢除大量內部規章制度，讓管理者自由尋找完成使命的最好方式。(5)結果導向型政府——按結果或產出而不是投入進行撥款，獎勵那些達到或超過目標的部門。(6)受顧客驅使的政府——政府應將服務對象即一般公眾視為顧客，滿足顧客而不是官僚制度的需要。(7)有事業心的政府——有收益而不浪費，掙錢而不是花錢。企業化政府不僅將精力集中在花錢上面，亦要求得到投資的回報。(8)有預見能力的政府——預防而不是治療。預知型政府追求的是預防問題而不是提供解決問題的服務。可通過使用戰略、遠景規劃提高政府的預見能力。(9)分權的政府——從等級制／層級到參與和協作。通過組織層級扁平化、使用團隊等方式將權力下放，使那些直接面對顧客的一線人員更好地利用自己的決策。(10)市場導向型政府——通過市場力量進行變革。市場導向型政府通常重構私人市場而不是使用行政手段，如直接提供服務、命令／控制的規制，來解決問題。[12]

這十大原則構成《改革政府》前十章的標題。奧斯本和蓋布勒在書中對這十個原則進行了詳細的論證，並在最後一章（第十一章）中加以匯總組合。該書成了1993年開始的美國重塑政府改革的理論基礎。克林頓總統給予該書很高的評價：「美國每一位當選官員應該閱讀本書，我們要使政府在90年代充滿新的活力，就必須對政府進行改革。該書給我們提供了改革的藍圖。」[13]

新公共管理（New Public Management）這個概念最早是由英國學者胡德於1991年提出來的。胡德在研究新公共管理的同時指出了新公共管理的七個信條：(1)即時的專業管理，讓公共管理者管理並承擔責任；(2)標準明確和績效衡量，管理的目標必須明確，績效目標能被確立並加以衡量；(3)強調產出控制，重視實際成果甚於重視程序；(4)轉向部門分權，建構網絡型組織；(5)引進市場競爭機制，降低成本及提高服務品質；(6)強調運用私營部門的管理風格、方法和實踐；(7)強調資源的有效利用。[14]

也有一些學者認為並不存在統一的新公共管理模式，只有各種不同類型

的新公共管理模式。英國學者費利耶等人在《行動中的新公共管理》一書中認為，在當代西方政府改革運動中，至少有過四種不同於傳統的公共行政模式的新公共管理模式，它們都包含著重要的差別和明確的特徵，代表了建立新公共管理理想類型的幾種初步的嘗試。依費利耶的論述，這四種模式及其特徵分別是：[15]

1. 效率驅動模式（the efficiency drive model）

- ・當代西方政府改革運動中最早出現的模式，20世紀80年代初、中期居於支配地位
- ・被稱為戴卓爾主義的政治經濟學
- ・代表將私人部門管理（工商管理）的方法和技術引入到公共部門管理的嘗試，強調公共部門與私人部門一樣要以提高效率為核心

2. 小型化與分權模式（downsizing and decentralization model）

- ・20世紀前3/4世紀組織結構趨向大型化、合理化、垂直整合等級（科層制）
- ・20世紀最後25年組織結構開始走向小型化與分權
- ・從福特主義式組織結構——高度官僚化、層級化、規章制度和非人格化、正式的公共機構向公眾大規模地提供標準化產品——走向後福特主義組織結構模式：大型組織縮小規模，垂直整合組織形式解體，層級管理轉向合同管理

3. 追求卓越模式（in search of excellence）

- ・受20世紀80年代興起的企業文化的管理新潮影響，特別是受《公司文化》和《追求卓越》兩本暢銷書影響
- ・屬人際關係管理學派，強調價值、文化、習俗和符號對組織行為的重

要性

- 自下而上（bottom-up）途徑：強調組織發展和組織學習（發展學習型組織），由結果判斷績效，主張分權和非中心化

- 自上而下（top-down）途徑：努力促進組織文化的變遷，管理組織變遷項目；重視領導魅力的影響和示範作用（應用魅力型的私人部門角色模式，要求更強有力的公司培訓項目）；公司口號、使命、聲名和團結的加強等

4. 公共服務取向模式（public service orientation）

- 關心提高服務質量（如應用質量誘因，採用Total Quality Management, 簡稱TQM）

- 強調產出價值必須以實現公共服務使命為基礎

- 強調公民參與和公共責任

- 在管理過程中反映使用者的願望、要求和利益；以使用者的聲音作為反饋回路

- 強調對日常服務的全社會學習過程（如鼓勵社區發展、進行社會需要評估）

　　彼得斯在《政府未來的治理模式》一書中也提出了當代西方公共行政改革及公共管理實踐中正在出現的以新公共管理定向的四種治理模式，即市場化政府模式、參與型政府模式、靈活性／彈性化政府模式、解除規制政府模式。他從組織結構、管理過程、政策制定和公共利益四個方面來刻劃和比較這四種模式的特徵，如**表1.1**所示：[16]

表1.1　四種治理模式的主要特徵

	市場化政府	參與型政府	靈活性政府	解除規制政府
主要的診斷	壟斷	等級制	永久性	外部規制
組織結構	分權	扁平型組織	虛擬組織	（沒有特別建議）
管理過程	績效工資制及其他私人部門管理技術	全面質量管理，團隊	管理臨時人事	更大的管理自由
政策制定	內部市場	諮詢，談判	實驗	企業化政府
公共利益	低成本	參與，諮詢	低成本，協調	行動主義

資料來源：〔美〕B.蓋伊‧彼得斯（B.Guy Peters）著，吳愛明、夏宏圖譯：《政府未來的治理模式》，北京：中國人民大學出版社，2001年，第19頁。

(二)新公共管理改革的戰略

費斯勒和凱特爾（James Fesler and Donald Kettl）在《行政過程的政治》一書中指出「新公共管理」改革的三個典型特徵，如**表1.2**：[17]

表1.2　「新公共管理」改革三個典型特徵

	精簡	重建	不斷改進
目標	開支減少	效率	回應性
方向	從外到內	自上而下	自下而上
方法	目標明確	競爭	合作
中心著眼點	規模	流程	人際關係
行動	非持續	非持續	持續

資料來源：James W. Fesler and Donald F. Kettl,The Politics of the Administrative Process（Chatham, New Jersey: Chatham,1996）, pp. 68 & 81.

1.精簡——來自世界範圍內縮小政府的舉措

2.重建——來自私人部門對重建組織過程和組織結構的努力

3.不斷改進——來自質量運動、全面質量管理（TQM）

鍾斯（Lawrence Jones）和湯普遜（F. Thompson）在《面向21世紀的公

共管理體制改革》一書中涉及了新公共管理改革的五個「R」，即公共部門
管理改革的五種戰略：重構（Restructuring）、重建（Reengineering）、重塑
（Reinventing）、重組（Realigning）、重思（Rethinking）。他們說，這五個
R提供了理解構成新公共管理的分散概念的一個框架。他們力圖以一種合理和
有順序的方式安排這五個概念，以便用於指導現實的組織革新和變遷，並認為
進行這樣一種系統改革的時間不少於五年，十年更合適。[18]

　　奧斯本和普拉斯特里克（David Osborne and Peter Plastrik）提出「摒棄官
僚制」，「政府再造」五項戰略（5C）：(1)核心戰略（core strategy）；(2)結
果戰略（consequences strategy）；(3)顧客戰略（customer strategy）；(4)控制
戰略（control strategy）；(5)文化戰略（culture strategy）。（**表1.3**）[19]

表1.3　「再造政府」五項戰略

槓桿	5C戰略	途徑
目的	核心戰略	澄清目的 澄清角色 澄清方向
激勵	結果戰略	競爭管理 企業管理 績效管理
責任	顧客戰略	顧客選擇 競爭選擇 顧客質量保證
權力	控制戰略	組織授權 僱員授權 社區授權
文化	文化戰略	打破習慣 觸摸心靈 贏得人心

資料來源：David Osborne and Peter Plastrik,Banishing Bureaucracy：The Five Strategies for
　　　　　Reinventing Government（New York：Penguin,1997），p.39.

(三)新公共管理改革的戰術

　　新公共管理的操作規則與手段是多種多樣的，從西方國家和發展中國家的實踐中可以列舉出許多。這些操作規則以市場價值、私營企業管理價值作為核心。

　　奧斯本和普拉斯特里克提出「政府再造」的戰術（稱之為實現5C戰略「元工具」）：(1)績效預算（performance budgeting）。傳統預算僅著重投入面，即各項用品的購置及各級人員的僱用。績效預算注重計劃和產出的計算，從而建立投入與產出的關係。人們可比較各計劃的有效性或比較獲致相同的最後產品的各種不同方法。(2)靈活績效框架（flexible performance frameworks）。例如：將划槳的職能分解至各個獨立的組織，簽訂績效契約，以明確規定組織的目標、預期結果和績效結果。(3)競標（competitive bidding）。競爭性投標迫使私人公司或公共組織共同競爭來提供服務，那些能以最低成本提供優質服務者就會勝出（價低者得）。(4)公司化（corporatization）。將國有／國營企業脫離（hiving-off）政府架構，成為獨立法律實體，自主經營。(5)企業基金（enterprise funds）。在政府內部設立以追求利潤為目標的營運基金、創新基金等。(6)內部企業化管理（internal enterprise management）。將企業化手段運用於政府內部服務單位，如印務局、電腦服務中心、政府車隊等。(7)競爭性公共選擇制度（competitive public choice systems）。給顧客提供選擇服務提供者的權力，並要求服務提供者為了收入而競爭。(8)憑單和補償計劃（vouchers & reimbursement programs）。向顧客發放憑單，以用來購買物品或服務。(9)全面質量管理（TQM）。TQM通過變革組織流程和文化（建立非官僚文化），對工作流程和人員素質產生持續、漸進的改進。(10)企業流程再造（business process reengineering, BPR）。強調改進工作流程，對其進行重新設計，以提高效率、效益和質量。(11)選擇退出或特許制度（opting out & chartering）。允許現有的公共組織在大多數政府控

制以外進行運作。如美國的「特許學校」、英國的「津助學校」。(12)社區治理機構（community governance bodies）。社區治理機構就是由社區來控制的掌舵組織，如美國的「校董會」。[20]

周志忍把西方國家公共行政改革基本內容歸納為三方面：[21]

1.社會、市場管理與政府職能優化

減少政府職能，防止其擴張

(1)非國有化（de-nationalization）

(2)自由化（liberalization）

- 放鬆管制（deregulation）

(3)壓縮式管理（cutback management）

- 收縮財政，中止效率和效益不佳項目，解散相應機構和人員

- 用者自負（user charge），節約開支

2.社會力量的利用和公共服務社會化

利用市場和社會力量

(1)合同外判（contracting out）

(2)以私保公，打破政府壟斷

(3)建立政府部門與私營企業的夥伴關係（public-private partnership）

(4)公共服務社會化

3.政府部門內部的管理體制改革

(1)大量運用信息技術（如建立電子政府及各種行政管理信息系統），以提高生產力

(2)分權及權力下放

(3)組織結構改革：減少層級、組織結構多樣化

(4)公共人事制度改革：傳統公務員制度進行「靜默的革命」

(5)顧客取向（customer orientation）：提高服務質量，改善公共機構形象；奉行顧客（公眾）為本服務——利用社會調查等方式來聆聽顧客的心聲；制定顧客服務標準並提供保證（如英國的「公民憲章」運動、服務承諾、一站式服務）；讓顧客來選擇服務提供者（如票、券制）。

(6)公共行政傳統規範與工商管理方法的融合

・吸引私營部門管理人才到政府部門任職；政府應僱用經濟學家或在管理方面受過訓練的人員（如CEO），而不是具有多方面才能的行政人員。

・引進私營企業管理技術和方法

如績效評估、TQM、組織發展、人力資源開發

英格拉姆（P. Ingraham）把西方國家公共行政改革基本內容概括為四方面：[22]

1.預算和財政改革

美國 運作績效評估系統（預算過程）

英國 項目分析和評估

財務管理新方案

部長管理信息系統（MINIS）

澳洲 超前預估系統

運轉成本系統

歸口行業預算

2.結構改革

(1)中央政府的結構改革：精簡機構

(2)分權和非集中化

- 削減政府職能，減緩行政部門的擴張

- 將中央政府的職能下放給地方政府或半官方機構

好處：

- 提高效率（較小的行政單位）

- 提高官員接觸民眾與獲取信息的機會（政府更貼近人民）

(3)民營化／私有化（privatization）和卸載

- 較少的文官，更好的服務

- 公共機構成為一個授權者，而不是供給者

(4)規模適度者

- 大力削減冗員，減少公務員人數

3.程式或技術層面的改革

旨在消除外界對公務員制度的不滿

(1)簡化和靈活性

- 消除不必要的文字工作；簡化行政制度——放鬆內部管制，廢除大量內部繁雜的規章制度

- 在人事錄用、報酬方式和水平、職位分類、公務員的培訓等方面強調靈活性；打破公務員（文官）永久性的、終身的僱用制，改以簽訂合同形式聘用；合同僱用、臨時僱用成為重要的用人方式

(2)付酬靈活性與業績獎勵

4.相互關係方面的改革

調整政治任命官員與高級文官的關係，強調對政治領導的回應性

(1)政治與行政的分開在實踐中是難以做到和不現實的。在當代，公共官僚（文官）與政策制定（政治事務）的關係愈來愈大，文官的政治化趨勢打破了文官政治上中立的信條

(2)主要政治任命官員與高級文官都簽訂了業績合同，增加文官在管理方面的靈活性，但如果業績不佳，他們會被解僱。政策制定和執行的分離，即核心部門集中於戰略管理和計劃，設立獨立執行機構來執行政策

當代西方以「新公共管理」為取向的政府改革運動已走過了30年的歷程。儘管目前要對這一運動及其所形成的「新公共管理」模式作出全面的評價為期尚早，而且人們的評價也褒貶不一，但是，它對當代西方政府管理實踐及模式所產生的深刻影響卻是不爭的事實。例如，在英國，根據費利耶等人在《行動中的新公共管理》一書中的說法，上世紀70年代末80年代初開始的「新公共管理」改革給英國的公共部門管理以及公共服務帶來了如下四個方面的重大變化：第一，隨著許多國有企業賣給工人和股東以及在經濟活動中實行大規模的私有化，公共部門已從直接的經濟活動中撤離；第二，在公共部門中保留的社會政策職能已服從於管理化和市場化的過程，在以前屬於線上管理組織的公共部門出現了創造「準市場」（quasi-markets）的種種嘗試（例如，在中央政府，建立起了大量自主性的「下一步」機構（agencification）），這些準市場的財政仍然是公共的，但引入競爭機制，如招標和合同承包；第三，在公共部門及公共服務領域出現了注重「少花錢多辦事」、讓錢更有所值、競爭績效和成本指標的使用、加強成本核算和強化審計系統的趨勢，相對績效的評估更加公開化，並受中央指導系統的嚴密控制；第四，出現了一種由「維持現狀的管理」向「變遷的管理」的轉變。人們更強烈地要求透明的、積極的和個性化的領導方式，人力資源管理開始使用戰略性的管理方式，組織發展不斷地提出各種替代方案和更人性化的管理方式，學習型的組織也開始出現。[23]

又如，在美國，依據經濟合作與發展組織1997年度公共管理發展報告《公共管理的問題和發展：1996-1997美國概況》的評估，「重塑政府」運動的成效主要表現在政府的精簡，機構的重建，顧客至上原則的確立，市場機制的引入，以績效為基礎的組織的出現和「重塑政府」實驗室的建立等方面。與

此同時，「新公共管理」運動改變了西方政府管理的實踐模式，而在理論上，這一運動實現了政府管理研究領域由傳統的公共行政學向新公共管理學的範式轉變（paradigm shift）。

二、新公共管理與治理理論及公共行政改革

(一)治理理論

　　20世紀90年代以來，在西方學術界，特別是在經濟學、政治學和管理學領域，「治理」（governance）一詞十分流行。它表明，隨著全球化時代的來臨，人類政治過程的重心正在從統治（government）走向治理（governance），從善政（good government）走向善治（good governance），從政府的統治走向沒有政府的治理（governance without government），從民族國家的政府統治走向全球治理（global governance）。國家現在已經不可能通過自己的行動解決所有問題，國家的行動能力受到限制。

　　「治理」，英文為governance，原意是控制、引導（steering）和操縱。在1989年世界銀行關於非洲的報告中，「治理」一詞首次出現；世界銀行1992年年度報告的標題就是「治理與發展」；經濟合作與發展組織（OECD）在1996年發佈一份名為《促進參與發展和善治的專案評估》的文件；聯合國有關機構還成立了一個「全球治理委員會」（Commission on Global Governance），出版了一本名為《全球治理》的雜誌。短短十幾年，治理迅速發展成為一套內容豐富、適用廣泛的理論。

　　治理理論雖然得到廣泛的運用，但對「治理」一詞的確切定義在學術界仍存在著較大的爭議。全球治理委員會於1995年發表了一份題為《我們的全球夥伴關係》的研究報告，在該報告中對治理做出了如下界定：「治理是各種公

共的或私人的機構管理其共同事務的諸多方式的總和。它是使相互衝突的或不同的利益得以調和並且採取聯合行動的持續的過程。這既包括有權迫使人民服從的正式機構和規章制度，也包括由各種人民同意或認為符合其利益的非正式的制度安排。」在關於治理的各種定義中，全球治理委員會的定義具有代表性和權威性。[24]

就全球層級而言，治理向來被視為是政府間的關係，而今則被認知為治理同時也與非政府組織、各種公民運動、跨國企業及全球資本市場相關聯。依據全球治理委員會的定義，治理應具有以下若干屬性與特徵：

1.治理本身係個人或機構管理方式的總和
2.治理是一種過程，一種持續的過程
3.治理的範圍包括公共部門與私人部門
4.治理的目的在於透過協調的方式，以調和不同利益或衝突，進而達到行動一致的目標
5.治理的方式包括有正式的機構、規章制度及非正式的制度安排

世界銀行的定義：治理是在管理一國經濟和社會資源中行使權力的方式。治理的內容主要有：構建政治管理系統；為了推進發展而在管理一國經濟和社會資源中運用權威的過程；政府制定、執行政策以及承擔相應職能的能力。

聯合國開發總署的定義：治理是行使經濟、政治和行政的權威來管理一國所有層次上的事務。它包括機制、過程和制度。公民及其各類組織在這個過程中表達利益、行使合法權利、承擔其義務以及彌補他們之間的差異。

作為治理理論的主要創始人，羅西瑙（J.N. Rosenau）將治理界定為一系列活動領域裡的管理機制，它們雖未得到正式授權，卻能有效發揮作用。[25]與統治不同，治理指的是一種由共同的目標支援的活動，這些管理活動的主體未必是政府，也無須依靠國家的強制力量來實現。另一位研究治理的學者斯托克

（G. Stoker）提出了五種關於治理的觀點：[26]

1. 治理是指出自政府但又不限於政府的一系列社會公共機構和行為者
2. 治理意味著在為社會和經濟問題尋求解答的過程中存在的界限和責任方面的模糊性
3. 治理明確肯定了涉及集體行為的各個社會公共機構之間存在的權力依賴
4. 治理指行為者網絡的自主自治
5. 治理認定，辦好事情的能力並不在於政府的權力，不在於政府下命令或運用其權威

　　路得斯對治理的概念進行了比較全面的總結。他認為「治理」在當代有六種用法／形式：(1)最小化政府：用市場機制來提供公共服務以減少政府的範圍和公共開支。(2)作為公司治理的治理：同時適用於企業和公共部門管理的新方式。(3)新公共管理：將私人部門的管理技術和激勵結構引入政府部門，用更多的「掌舵」代替「划槳」。(4)作為「善治」的管理：它從政府的合法性和管理效率上定義政府管理國家、社會、經濟事務的能力。(5)社會——控制系統論的治理：它以一種有別於傳統等級制的新的結構或模式來定義治理，政府不再是金字塔頂端的那個發號施令者，而是與其他行動者彼此依賴的網絡中的一個節點。(6)組織網絡的治理：由政府、私營部門、非政府組織共同組合而成的問題導向型的網絡，在這種網絡中其特徵是沒有權威的自主與自治。[27]

(二)新公共管理與治理理論的關係

　　新公共管理與治理是兩個既相聯繫又互有區別的概念和理論，而治理理論又是緊接著新公共管理理論而於上世紀90年代初發展出來的，兩者存在傳承關係。更有人以為治理理論正嘗試取代、代替新公共管理理論。新公共管理之

所以和治理理論有關，主要是因為「掌舵」是分析新公共管理的核心，而「掌舵」也是治理的代名詞，路得斯更把新公共管理看作治理的一種形式（見上文）。事實上，新公共管理展示了一種打破行政主體一體性的趨勢，也就是說，新公共管理把行政管理的職能分化轉化為主體性分化，這種主體性分化也就是「政府公共政策化」和「公共管理社會化」。新公共管理這些特質與主張正與上述治理理論契合、重疊。

所謂的政府公共政策化取決於公共政策職能與管理職能的分化。根據新公共管理的理論設計，政府雖然還是專門的公共管理機構，但卻不是唯一的機構，在政府之外，也應當有一些準自治的、半自治的和自治的機構去承擔公共管理的職能。在原先的行政管理中，政府壟斷了全部公共管理的職能，一旦在政府之外出現了準自治的、半自治的和自治的公共管理機構之後，原先由政府承擔的公共管理職能中的很大一部份可以由這些機構來承擔，因而，政府可以部份地甚至完全地從日常公共管理中解脫出來，專心致力於公共政策的制定及監督執行。政府嚴守公共政策制定的職能，運用公共政策的引導來保證政府外公共組織有效承擔公共管理的職能，這就是政府的公共政策化。

政府的公共政策化本身就包含著公共管理社會化的內容，也就是說，政府成為專門的公共政策制定和監督執行的領域，是以公共管理轉移給政府外的社會性公共管理組織為前提的。原先那種政府與社會的直接聯繫和兩極互動，轉化為通過政府外公共管理組織的仲介而聯繫，政府與社會之間的互動關係在政府外公共管理組織的緩衝作用下運行。但是，政府外的公共管理組織雖然負擔的是行政管理條件下政府所承擔的公共管理職能，卻不是政府的組成部份，而且也不是政府機構的延伸，它在本質上屬於社會的範疇，它取代了行政管理下的政府，而承擔公共管理的職能，這意味著社會自身實現了自我管理。[28]

(三)新公共管理與公共行政改革

公共行政改革（澳門政府的稱法）或公營部門改革（Public Sector Reform, PSR）（香港政府的稱法）由來已久。上世紀80年代以來，發達國家和發展中國家已開始研究公共部門管理改革。始於30年代的政府經濟職能和社會職能的擴張，長期奉行凱恩斯的國家干預政策，加上石油危機的影響，進入70年代，西方國家普遍出現了空前的財政危機、管理危機和信任危機。國家體制的作用和性質，一直備受質疑；公共部門在改革壓力下越益走近私營部門的方向。為此，西方國家在實踐中很快興起了被稱為「新公共管理」的政府管理模式。它起源於英國、美國、澳大利亞和新西蘭，並很快擴展到其他西方國家和發展中國家。

過去30多年來，世界各地推行的公共行政改革項目不斷增加。雖然改革項目的優先次序今昔有別，不同國家的改革重點亦不盡相同，然而都不約而同地浮現了數個重要的改革主題：1.努力鼓勵市民參與施政過程；2.以市民和最終使用者為本的公共服務；3.施政重點由制定政策轉向成功地推行政策；4.成效為本管理；5.充分運用市場工具，務求服務更物有所值；6.致力於協調各政府部門不同範疇的施政。[29]

對於掀起改革浪潮的因由，各方意見不一。不過，從各類文獻中可見，不少人確信政府的工作正在徹底改變。面對全球化、科技創新和市民期望日高，更兼社會轉變急遽，不論公共服務在社會上的角色，抑或提供服務的方式，都有必要做出根本的改革。

公共行政改革理據：[30]

公共部門需要改革的推動力可以歸納為以下因素——

1.行政

政府關注的是，國家行政部門能否完成其任務，能否物有所值地提供給

廣大市民。公共服務和開支上的規模正受到質疑。這些關切使政府有責任在公共服務上採用現代管理的方法和做法，開展和提供有價值的商品和服務。

2.社會

越來越多的公民要求參與更多政府事務，以提供優質的公共產品和服務。在要求更好地管理和提高運作的透明度下，國家因此被質疑用傳統的方法來處理資訊和公民的參與。在這種情況下，促進發展和可持續發展的民間社會特別是非政府組織（NGO）和其他利益集團是至關重要的。

3.技術

21世紀被形容為資訊時代，由於越來越多的組織正在治理、改善和管理資訊，以確保競爭優勢和更有效地提供優質的服務。在利用現代資訊技術的發展趨勢以及發展和完善的管理資訊系統，人們質疑現有的結構、政策、程序和方式之間存在的關係。在這種情況下，公共服務必須發展和創新政策、結構和程序，以應對各種客戶，並提供優質的商品和服務。

4.政治思想

新出現的看法是，現有政府活動的最佳處理，是可以由私營部門和其他非政府機構參與，這意味著政府可以放棄自己的一些責任。政府撤出國家的部份活動，必然會增加新的形式的體制安排，以指導政府與這些機構之間的關係。這些安排會塑造新的社會、經濟、文化和政治方向。不過，在這種背景下，政府仍然認識到，它仍可在宏觀經濟和社會發展及建立監管機制上發揮積極作用，以保證社會公平和公正。

5.經濟

過去30年，發達國家也面臨著挑戰，即如何善用資源以有利於它們的公民。因此，必須設法動員更大一部份社會財富，來促進社會經濟的發展。國家

必須尋找創新的方法，利用其資源，以確保安全。

新公共管理所要解決的問題正是使政府走出上述財政危機、管理危機和信任危機的困境。因為，行政管理條件下的政府由於其職能的不斷分化和擴張造成了規模的膨脹，陷入了財政負擔加劇的窘境，同樣，政府規模過於龐大，導致了管理中的失調、失控、官僚主義和效率低下，結果，政府形象受損，出現了普遍存在的對政府的信任危機。可以說，新公共管理正是各國公共行政改革的良方，公共行政改革與新公共管理幾乎成為同義詞。上世紀70、80年代以迄至今的世界公共行政改革的大部份內容都與新公共管理有關，屬新公共管理的改革措施（NPM Reform），香港、澳門也不例外。

三、港澳公共行政改革及政府再造

(一)香港公營部門改革的背景、動機和歷程

香港公營部門改革自回歸前已開始，最早可追溯到上世紀70年代《麥健時報告書》（*McKinsey Report*）所提出的改革，故香港公營部門改革可做以下分期：[31]

1.麥健時時期（70年代初）

上世紀70年代初，政府委託麥健時公司尋求改善行政結構、程序和人力資源。1972年，麥健時開始審查香港的政府機器，發覺出現超載，並忽視長期規劃。其報告書於1973年提交給立法會，提出的建議是要改變政府組織結構，將負責制定政策和負責執行的部門分開，成立司級的決策局，這種結構一直維持到現在。

2.公營部門改革（1989年）

1989年，香港政府發表題為《公營部門改革》的報告[32]，儘管它是從內部產生的官方文件，但英國顧問公司Coopers and Lybran也有重要的投入。在資源方面的整體規劃方面，文件要求司級官員密切關注在其負責的領域的資源部署。在管理方面的政策，則要求政策局局長逐漸成為政策「經理」，負責確定政策目標以及政策制定。政策局局長應鼓勵成立適當類型的執行機構，即agencification，在部門提供服務。除了傳統的部門模式，也提出了商業化，包括設立營運基金（trading fund）部門，公共公司（public corporation）及非政府部門的公共機構（non-departmental public body）。後者包括受資助的法定機構，如消費者委員會及醫院管理局，提供公共服務。文件建議政策局每年全面審查政策領域資源分配管理所取得的成果，評估是否物有所值，以確保資源的使用符合經濟、效率和效益原則。文件還建議執行私有化和外判（contractorisation）政策。

根據《公營部門改革》報告的建議，一些脫離（hiving off）政府編制的非政府組織於1991年開始設立，如職業訓練局及醫院管理局。1993年3月通過《營運基金條例》，以後陸陸續續成立六個營運基金。

一般認為，該報告的出台動機也就是公營部門改革的主要目的似乎是政治而不是行政。香港20世紀90年代的公營部門改革並不是主要由於全球提倡關於防止「大政府」，提升效率或者應對財政危機而推行的。改革更多的是由於在1997年主權交替過程中的宏觀政治變化造成的，由於香港主權的交替導致的政治權威和當時英國相對自治的下降從而使新公共管理得到推行，也就是說，是政府的認受性危機而不是效率的需求促使了這時期香港的新公共管理式的改革。[33]

3.彭定康時期（1992-1997年）

下一階段的公營部門改革與總督彭定康（Christopher Patten）的任命有關。不像他的前任，彭定康是政治家出身，決心要在他任期內給香港人留下全新的管理風格。特別之處是彭定康贊成更開放和負責任的政府，公共部門的改革為他提供了一個基礎。彭定康帶來的第一個值得注意的變化是1992年效率促進組（Efficiency Unit）的建立，這跟隨了英國的做法，名稱也一樣（英國在1979年成立）。效率促進組的出現標誌著一個「軟」階段的新公共管理，即轉向以「客戶為本的文化」的公務員隊伍的形成。山基（C. Sankey）認為「效率促進組成為變革的代理人，從上面到跨越傳統界限都被賦予權力」[34]，其任務是在實踐《公營部門改革》報告所展示的哲學，特別是服務承諾（Performance Pledges, PP）的倡議。

1995年，效率促進組發表題為《服務市民》的文件[35]，目的是為公務員提供「管理指南」及彭定康的改革藍圖。彭定康1992年的施政報告中也強調了「服務社會」為香港政府的目標。文件認為政策局局長應和機構負責人制定框架協議，以界定管理的概念和績效，各部門的管理人員應為開支負責任。總之，彭定康沒有試圖改變政府的結構，也沒有試圖改變公務員制度。彭定康的改革，如同《公營部門改革》的文件，有其政治目的，是香港回歸中國之前的新的嘗試，如服務承諾，旨在加強政府在邁向統一前的認受性。[36]因此，像上一階段一樣，新公共管理充當了此時期香港公營部門改革的「擋箭牌」。[37]

4.董建華時期（1997-2005年）

1997年7月，香港特別行政區成立。首任行政長官董建華，基本保持了回歸前的行政管理體制。這並不令人奇怪，因為《中華人民共和國香港特別行政區基本法》保證了政制的連續性、公務員制度和條件。不過，在他1997年的首份施政報告裡，他宣佈了一系列的承諾，提出一套目標為本行政管理過程

（Target-based Management Process, TMP），以實現持續改善公共服務。其中一個主要特點是確定管理過程跨越傳統的組織界限。司級官員負責提供戰略政策目標和協調全港其他政策局和部門，總體目標是提高績效評估的重點結果，讓部門經理有效集中管理資源。[38]

在1998年的施政報告中，董建華宣佈實施「資源增值計劃」，該計劃要求每個政府部門和機構的生產計劃和目標，到2002年實現5%的生產率增長。這似乎是直接回應日益嚴重的財政危機的做法，因為香港正受到亞洲金融危機的衝擊。但是，資源增值計劃似乎更關心短期量化的效率，而不是作出提供公共服務的根本性改善。此外，資源增值計劃包括了邁向簽訂合同而不是長期任用公務員的新的人力資源管理。1999年3月，政府發表《公務員體制改革諮詢文件》[39]，目的是革新公務員管理體制，務求令制度更靈活，使其能夠面對和回應社會的變遷和市民的訴求。這份諮詢文件主要是按照新公共管理的精神，削減公務員人數，及在入職與離職、薪酬及附帶福利、行為及紀律、表現管理和培訓與發展等範疇做出重大改革，即檢討公務員的長俸及永久聘用制，使公務員的聘用政策更切合時宜和靈活，以及更具成本效益；檢討公務員的薪酬和附帶福利，以確保公務員的薪酬和福利不致於與民營企業或市場脫節；進一步簡化紀律處分的程序，使紀律處分制度更趨精簡，特別是加強管理階層對嚴格執行紀律處分的重視，確保賞罰分明；以及檢討目前的表現評核制度和如何進一步加強各級公務員的專業培訓和個人發展。

與此同時，一些公共部門，如社會福利和教育部門，也面臨更顯著的改革。社會福利界的非政府組織須面對一個新的「整筆撥款」（Lump Sum Grant, LSG）津助制度，它對這些組織的財政有很大的影響；教育局正在改變其作用，對學校下放更多的權力，即實行校本管理（school-based management, SBM）；公共房屋亦走向民營化。

一般認為，董建華的改革密集而大膽，頗為急進冒進，公共部門從來沒

有在這樣短的時間進行這樣廣泛的改革。[40]但這是有原因的。從改革的動機來看，如上所述，西方國家的政府改革是以財政危機、信任危機和管理危機為內在動機。自回歸以來，香港的經濟一直都沒有甚麼起色，到2003年第二季度更因SARS（非典型肺炎）肆虐香港而跌至谷底，失業、通縮、負資產和財政赤字等問題把香港推向困境，香港正陷入前所未見的財政經濟危機。因此，市民對特區政府表現及行政長官的滿意度都處於不合格水平，特區政府面對空前的信任危機。

另一方面，由於社會和經濟情況不斷轉變，由政府直接提供的公共服務日益增加。結果，公務員編制大幅增長，公營部門開支佔本地生產總值的比率亦顯著上升，市民日益關注政府的參與程度是否過大，政府內部開始思考政府所應擔當的角色。到本世紀初，鑒於經濟不景氣、政府財政緊絀，政府必須善用有限的資源提供較具成本效益的服務，並檢討政府的運作。對此，政府制定了一系列節流措施，包括控制公務員編制、逐年削減個別部門的撥款等等；而與此同時，香港人口卻沒有下降，市民對新增服務或現行服務的需求，及服務質素的期望，有增無減。換言之，推動公營部門改革，以提高政府的認受性及信任度和防範管理危機，已成為董建華政府的當務之急。當然，也不排除在經濟全球化下治理香港，必然受到西方新公共管理大潮的影響和推動，是以，回歸後的公營部門改革大部份都可歸類為新公共管理改革。

5. 曾蔭權時期（2005-2012年）

2005年6月，曾蔭權接替董建華，成為新一任行政長官。2003年SARS過後，中國開放內地市民來港「個人遊」、與香港簽訂《更緊密經貿關係安排》（CEPA）、簡化內地企業來港上市及經營的程序、建立粵港合作聯席會議協作機制、批准本港銀行開辦人民幣個人業務、輸入內地人才、實行24小時通關等。當中尤以「個人遊」幫助最大：一時間大量內地遊客蜂擁到港，使當時暮氣沉沉的旅遊、酒店、零售及餐飲等行業立即重見生氣。雖然曾經遭受石油價

格飆升等負面因素的影響，2004年，香港錄得高達8.6%的經濟增長率，2005年的增長率也維持在7.3%。[41]當前香港的經濟形勢，可以說正處於回歸以來的最佳狀況。隨著經濟復甦，失業、通縮、負資產和財赤等問題全面得到緩解，市民對經濟前景恢復信心，表明香港經濟已經擺脫困境，開始走上良性發展之路。[42]

　　財政經濟危機的消弭，一個立竿見影的效果是市民對政府的信心回升，對曾蔭權的滿意度也達到合格以上水平。在此情況下，任何改革都變得不那麼迫切，與董建華時期相比，政府的行政改革步伐明顯地慢下來，除發展政治委任制度外，再也見不到有甚麼大的動作。不過，作為政府公營部門改革大腦、智囊團、香港政府管理顧問的效率促進組仍在運作，該促進組認為，除了香港，世界各地的政府同樣面對公營部門改革的四大挑戰：

1. 全球經濟一體化——隨著全球一體化，各地政府既要謀求多邊合作，也要爭奪商業投資和知識型員工
2. 顧客的期望——顧客期望政府提供具有成效、便捷的個人化服務，服務質素媲美私營機構
3. 科技創新——科技日新月異，創造了簡化程序、採用靈活技巧和管理制度的機會
4. 資源短絀——受財政限制影響，政府要審慎理財，並要證明資源用得其所，物有所值

　　運用較少的資源達致較大的效益，是政府長期面對的挑戰，卻不是唯一的挑戰。市民的期望和要求各有不同，公共服務因而不斷轉變。日後公營部門改革的主導原則，正在於提供以民為本的公共服務。

　　效率促進組推行的公營部門改革計劃，包含一系列協調的管理措施，目標是革新公共服務，為市民提供更具效率和成效的服務。長遠來說，公營部門

改革計劃能幫助政府各局和部門以有限資源,滿足市民與日俱增的期望,並確保每項由政府提供的服務都切合所需。

政府改革的目標在於鼓勵部門加倍重視市民的訴求,提高效率和生產力,推廣新技術的應用以及改善成本效益。為取得成效,效率促進組目前致力於推行下列重點範疇的措施:

1. 鼓勵私營機構參與,從而借助私營機構的創意及資源。面對市場需求不斷增長,要維持規模小而效率高的政府,必須充分發揮公營部門與私營機構夥伴關係的協同效應。效率促進組現正協助推行多項建議和計劃,目的是把更多公共服務商品化,以及讓更多私營機構參與提供公共服務。

2. 重整政府各局和部門服務模式,以提高生產和加強跨部門協作。效率促進組現正與各局和部門擬訂方案,研究改革公共服務,推行最佳管理做法,提高成本效益。

3. 利用科技,物色顯著提高機構表現和效能的業務應用系統,推動部門採用創新科技改善服務。效率促進組協助制定電子政府策略,並正研究改善跨部門信息交流,以及為網上服務開發切合實際的業務應用系統。

4. 擴展1823電話中心服務。1823電話中心提供24小時一站式的電話熱線服務,為21個政府部門處理各項查詢和投訴。這種共用服務模式證實能以簡化的程序使運作更具成本效益,同時提高服務水平。

5. 協助各局和部門檢討業務運作及推行重大改革,以加強服務表現管理,改善機構表現。衡量服務表現是政府銳意為市民提供最佳服務的重要一環。效率促進組已為全政府制定表現管理架構,並正協助各局和部門推行多項訂立目標和重組架構的措施。

6. 檢討發牌工作,以便建議改善措施,減低業界遵從規管的成本和行政負擔,同時保障公眾利益。當局要求各局和部門檢討轄下的發牌工作,最

終目標是提高現行規管制度的效率、透明度和方便顧客程度，以便不斷改善香港的營商環境和整體競爭力。

7.推行以民為本服務計劃，針對市民需要，設計和提供跨部門、跨渠道的政府服務。該計劃包含下列主要元素：收集顧客意見，讓政府部門更清楚了解市民的需要和期望，確定服務需要改善的不足之處；評估架構（顧客管理評估機制），為部門提供綜合、有系統的方法檢討與顧客有關的工作，確定改善服務的機會，以便提供優質服務。[43]

從以上的綱領可以看出，曾蔭權政府的公營部門改革計劃仍是與董建華時期一脈相承，充滿新公共管理色彩。

(二)澳門公共行政改革的背景、動機和歷程

與香港不同，澳門公共行政改革基本上是在回歸後才開展的。回歸前的澳門公共行政幾乎處於「爛攤子」狀態，根據文獻記載，澳督通常委任他的朋友、親信擔任政務司的職位，而政務司又分別安排他們的朋友、親信出任所屬部門的司長或廳長。各部門的司長上行下效，分別安排他們的親戚、朋友擔任公職。以裙帶關係進入公職的人，都擁有「特殊」地位。葡國和土生公務員所建立的「用人唯親」、「裙帶關係」風氣充斥著整個公務員體制。而公務員的辦事效率亦不高，缺乏積極性，官僚作風嚴重。由於「用人唯親」的風氣充斥著整個公共機構，貪污者亦不會因行政違法而受到嚴懲，故此，貪污及行政違法屢屢發生。[44]政府處於這種情況，公共行政改革根本無從談起。

由於澳葡時代遺留下不少管理問題，澳門回歸以來，行政改革便成為澳門特區政府的重要議題。但是，澳門特區首任行政長官何厚鏵遠比香港的董建華「幸運」，不須面對嚴重的財政及由此引起的信任危機。

在經濟財政方面，回歸之前，澳門經濟連續四年錄得實質負增長，而回歸之後，在中央政府的大力支持下，澳門經濟不僅走出了低谷，而且實現了多

年快速增長。在2002年博彩業開放競爭，以及2003年「自由行」政策實施之後，澳門經濟快速發展，2000至2006年，澳門本地生產總值GDP實質增長率平均為12.1%，人均本地生產總值從14,171美元增至28,436美元，首度超越香港的27,641美元，僅次於富國日本和新加坡，是亞洲第三富有的地區，從而躋身於發達國家和地區行列。2007年，澳門人均本地生產總值更躍居亞洲第一位。失業率由2000年的6.8%降至2007年的3.1%，每月工作收入（工資）中位數由2000年每月4,848澳門元升至2007年的每月7,772澳門元。[45]

另外，自2002年澳門特區政府首次批出三塊賭牌予外資博彩集團以來，澳門博彩業在激烈競爭的環境中迅速坐大。據澳門博彩監察協調局公佈的2006年澳門博彩業總收入情況顯示，2006年澳門整體的博彩收益約達558.88億澳門元，約為2002年博彩收益的2.6倍，已超越拉斯維加斯成為全球第一賭城，並為特區政府帶來接近200億元的博彩稅，佔政府財政總收入的72.3%。政府財政收入因而大幅增加，2006年政府財政總收入達273.6億元（澳門幣），比2000年增長了69.8%，2006年財政盈餘為98.4億元，遠高於2000年的3.1億元。[46]故此，從回歸之後經濟財政狀況來看，澳門政府的公共行政改革並不源於財政方面的壓力，而且財政上的逐漸寬裕在一定程度上緩解了改革的迫切性。

在信任政府方面，調查顯示，2002年和2003年澳門民眾對政府施政報告的滿意度分別為54%和50%，對特區政府表現的滿意度分別為64%和72%，信任特區政府的比率分別為81%和78%。這表明，回歸之初，澳門民眾對於特區政府的信任度和滿意度都比較高，由此可見，財政問題和信任問題都並非政府在回歸之後立即開展公共行政改革的動機因素。因而，上述管理問題和回歸效應才是澳門回歸後公共行政改革的主要動機。[47]在回歸之後第一份施政報告中，澳門行政長官何厚鏵就指出：「政府尤其重視建立新的公共行政文化，以及能回應市民訴求的公共服務模式，增強公務員的社會責任感。」

回歸十年以來，澳門公共行政改革可謂具必要性而不具迫切性。一般認

為，澳門政府採取的是「漸進模式」來進行公共行政的改革。[48]從一開始，何厚鏵便提出「固本培元，穩健發展」的施政方針。漸進模式的好處是穩中求進，安全可靠，但缺點是成效較慢。

2007年6月，澳門政府提出及公佈《2007-2009年度公共行政改革路線圖》，系統地闡釋公共行政改革的目標與理念，即「公共行政改革的目標是在促進澳門社會整體可持續發展的前提下，創設一個良好的制度環境，不斷提高各級公務人員的業務技能、管理水平及承擔意識，弘揚廉潔風氣，依法及高效運用公共資源，準確體現民意，從而強化特區政府的整體施政能力，提供高質素的服務，促進市民綜合生活素質的全面提升，建立和諧、穩定、進步的社會，確保『一國兩制』、『澳人治澳』和高度自治在澳門成功落實。特區政府對公共行政改革的基本理念是改革不僅局限於政府內部的完善，亦應針對社會迫切的問題，以宏觀、整體的視野，把改革層面投射至社會各個環節，彼此緊密結合，層層緊扣，構成完整的規劃藍圖。個人、社團及政府（公務人員）作為社會的組成單元，是改革事業的推動者亦是受惠者，彼此關係密切，唇齒相依，擁有上述的共同目標。因此，通過互相合作、共同承擔，建立起夥伴合作關係，將令改革發揮更大作用，共享變革帶來的成果。」[49]

改革的重點是：(1)全力確保各級公務人員廉潔奉公、依法施政、盡忠職守，通過長期的教化工作，提升守法意識。強化廉政的制度化建設，簡化行政手續流程，提高施政透明度，完善公共資源的監管監督機制，消除滋生貪污違法及腐敗行為的因素。依法嚴懲「以權謀私、貪污腐敗」的人員，絕不姑息，以儆效尤，樹立政風。(2)根本性改變及更新全體公務人員的思維，樹立「以人為本、為民服務、勇於承擔」的公僕精神及行政文化。提高對品格操守的要求，嚴格要求正確運用職權，為過失承擔責任，接受社會監督，向市民負責，全面提升整體質素及施政能力，建立一支廉潔、高效的公務人員隊伍。(3)從規、進、管、退四方面，全面革新公職法律制度及公務人員管理機制，提出中

央招聘、職程修訂、合同制度、人員調動、官員問責、問題調解、福利待遇、
離職計劃等一系列方案,為公務人員職業生涯的規劃及前景提供良好的條件;
促進公務人員團隊的新陳代謝及激發人員的活力。(4)啟動對澳門特區政治架
構、政府宏觀及微觀組織的研究,更科學及合理地配置職權職能,理順分工,
增強跨部門的協調機能,解決「政出多門、各自為政」的問題,提升執政團隊
的施政績效。[50]

　　從以上的綱領可以看出,與香港不一樣,澳門公共行政改革的新公共管
理色彩並不算濃厚。如**表**1.4 [51]所示,屬新公共管理的公共行政改革措施並不
佔多數。可以說,香港在各方面尤其是公共行政改革都緊跟國際／西方潮流,
深受其影響,而澳門則不是那麼「西化」,受新公共管理影響較少。(見**表**
1.5)

表1.4　澳門回歸後公共行政改革的歷程

2000年度	**按部就班,務實施政**
	檢討公期行政體制,精簡組織架構,簡化行政手續
	評估公共行政人力資源的新機制
	加強公務員的在職培訓,灌輸依法行政及廉政意識
2001年度	**強化公僕觀念,提高行政效率**
	繼續加強公務員的培訓和廉政建設
	繼續檢討公共行政部門的設置、結構、職能
	逐步推行「服務承諾」計劃、投訴機制及品質管理認證ISO9000
	制定公共行政電子化的目標及具體計劃,促進行政現代化
	改革公職人員評核制度,完善公職人員法律制度
	研究公務員納稅問題
2002年度	**提升行政效率,落實重大改革**
	繼續現有改革工作,同時展開政府架構的改革
	監督新設立的民政總署
	為進一步提升行政效率,將試行「一站式」服務及推動「電子政府」工作
	透過「法例研究及適應工作小組」繼續完善法律
	設立行政現代化觀察站,為優化行政運作、精簡架構和修訂公職法律提供意見

(續)表1.4　澳門回歸後公共行政改革的歷程

2003年度	持續推行行政改革，提升民生服務水平
	繼續強化公務員培訓，尤其加強領導及主管人員的訓練
	完成人員評核制度的修訂
	繼續完善內部運作，優化行政程序
	加緊籌建功能高度集中的「一站式」民政綜合服務中心，全面推行「服務承諾」計劃
2004年度	深化行政改革，建設公平社會
	密切留意公務人員新評核制度和轉職制度的實施
	對已有的改革給予必要的檢討、梳理和調整
	設立法律改革的諮詢機制
	加強對貪污的預防與偵查
2005年度	深入改革吏治，推進服務入微
	促進行政改革由工作執行層面深入到決策過程層面，由對外服務層面深入到內部管理層面
	進行公務人員中央聘用及退休機制研究工作
	籌設「政府資訊中心」及分區「市民服務中心」
	強化務實施政，加強決策過程的科學性和針對性
	需要傾聽市民的聲音，使有關問題獲得準確和迅速的改善
	加強各級官員的問責性，促進整個施政團隊承擔起以民為本的施政重責
	將文化遺產保育、城市規劃、舊區重整、交通及治安等問題放在施政優先的決策位置
	設置有力機制，全面優化政策制定和執行過程的跨部門合作，確保對社會重大突發事件作出迅速、全面和持續有效的反應
	針對社會發展的迫切性，改變平均用力的方式，讓部分法律優先完成修訂
2006年度	調整改革策略，優化關鍵機制
	加快問責機制的建設
	在公務員培訓中引入發展政治學、公共行政學和道德倫理哲學等課程
	促進服務功能改革部門架構改革的一體化
	鞏固不同部門的一站式服務的同時，發展一站式的多部門聯合服務
	法務工作尤其著重中央機制的功能發揮
2007年度	勇於變革，共同承擔
	提出一份跨年度的落實改革項目的路線圖和時間表
	更加明確、有機地將行政改革和法律改革結合起來
	落實設置「政府資訊中心」及分區「市民服務中心」
	強化政策制定、決策能力和行政管理的培訓
	建立一個具備科學標準、包含多層次處理方式的公務員問責制度
	對現在諮詢組織進行規模重整和功能重整，增加成員數目及提升個人的質素
	額外加強的廉政和審計監督

(續)表1.4 澳門回歸後公共行政改革的歷程

2008年度	**體現施政承諾，提升管治水平**
	實施2007至2009年度公共行政改革路線圖
	基本完成公務人員一般職程制度
	擴大廉政公署的法定權力，將監察範圍伸延至私人領域
2009年度	**堅持管治承擔，擴大改革成果**
	繼續執行公共行政改革路線圖
	提高與公眾溝通、接受公眾監督的主動性、廣泛性和實效性
	行政程序的簡化從量的簡化提升為質的簡化
	爭取明年完成《公務人員職程制度》和相關專業人員特別職程制度的修訂

資料來源：劉伯龍、陳慧丹：《澳門公共行政改革的回顧與展望》，「勝飛的澳門：回歸十年的回顧與展望」國際學術研討會論文，澳門，2009年4月。

表1.5 香港與澳門公共行政改革比較

	香港	澳門
啟動時間	回歸前	回歸後
步伐	急進（董建華時期）	漸進
改革動機	財政問題、信任問題和管理問題（董建華時期）	管理問題
新公共管理色彩	濃厚	一般

具體而言，**表**1.4所列中屬新公共管理改革措施的包括：[52]

(1)「服務承諾」計劃。1999年8月，回歸前的行政暨公職司公共行政翻譯中心試點推行「服務承諾」。特區政府成立後加強了「服務承諾」計劃的研究，並逐步在政府部門中推行。2003年底，所有提供對外服務的政府部門都推行了「服務承諾」計劃。至2007年9月，特區政府44個部門共推行了對外服務承諾454項。特區政府在2007年2月成立了「公共服務評審委員會」，建立服務承諾計劃認可制度，在未來將設立「政府服務優質獎」，對表現優異的部門給予表彰。

(2)諮詢、建議及投訴機制。特區政府成立之初就制定了《建議、投訴和

異議的處理機制》建議文本，政府部門均設立了接受市民投訴、意見和建議的機制，而後發展為諮詢、建議及投訴機制。近年來，開始建設「跨部門電子投訴處理系統」。

(3)市民滿意度評估計劃。2001年澳門特區政府制定了「市民滿意度」評估問卷，並在部份政府部門試用。2003年開始實施市民滿意度評估計劃。至2007年9月，共有25個政府部門推行了有關評估。

(4)ISO國際品質管理認證。港務局的政府船塢在2000年12月獲得頒發ISO9002國際質量認證，成為第一個政府部門獲得該項認證。至今，有11個政府部門合共63個附屬單位考取了ISO認證。

(5)「一站式」服務模式。澳門特區政府2002年開始試行「一站式」服務模式，由相關部門在同一地點集中辦理同類事項，首先在登記及公證、申領失業救濟金、投資等服務中實行，而後推廣到飲食發牌等服務。至2007年9月，有十個部門推行了「一站式」服務。

(6)行政程序簡化。2002年，澳門特區政府開始進行不涉及法規修改的行政程序簡化工作。其後，制定編寫了《優化行政程序工作的一些建議》、《優化行政程序與一站式服務模式工作指南》和《評估優化行政程序成效指南》。

(7)公共服務電子化。2002年，開展並完成了公共服務電子化的研究分析工作，並開始提供一些電子化服務專案。近年來，制定了《電子政務發展綱要（2005-2009）》，並開展了「e-Macao電子政務合作計劃」。

(8)平衡計分卡。2004年澳門特區政府開展「績效評估制度」的籌備工作，嘗試建立平衡計分卡制度，並以行政暨公職局為試點。2005年完成平衡計分卡的試行工作，2006年進行檢討。

(9)服務協定。2005年提出「服務協定」構想，把政府部門本身職權範圍內所提供的服務，以協定形式授權其他政府或非政府部門負責，而原來的

部門則具體負責協助政策的制定、技術支援及監督的工作。「市民服務中心」的建設採取服務協定作為部門間相互委託處理業務的基礎。

(10)解除管制。2000年開放澳門移動電話市場，解除澳門電訊公司的專營權。

(11)外判（合同外包）。回歸前，澳門政府已經採取了外判來提供公共服務。回歸後，特區政府在清潔、保安、公園管理、公廁管理、設備維修及保養、咪錶管理、公共停車場管理、保健護理、社會工作、文化藝術、科學研究、顧問及學術研究、印刷等公共服務中廣泛推行外判方式。

註釋

1. 「新公共管理」(New Public Management) 的命名，最早見於 Christopher Hood, "A Public Management for All Seasons?", *Public Administration,* Vol. 69 (Spring, 1991).

2. Christopher Pollitt, *Managerialism and the Public Services: The Anglo-Amierican Experience,* 2nd edition (Cambridge, MA: Basil Blackwell, 1993).

3. David Osborne, and Ted Gaebler, Reinventing Government: How the Entrepreneurial Spirit is Transforming the Public Sector (Reading, MA: Addison-Wesley, 1992).

4. David Rosenbloom et al (eds.), *Contemporary Public Administration* (New York: McGraw-Hill, 1994).

5. Michael Barzelay, *Breaking Through Bureaucracy: A New Vision For Managing in Government* (Berkeley, CA: University of California Press, 1992).

6. 同註3。

7. Christopher Hood, "A Public Management for All Seasons?" ，pp. 3-19.

8. 國家行政學院國際合作交流部：《西方國家行政改革述評》，北京：國家行政學院出版社，1998年，第4頁。

9. Owen E. Hughes, *Public Management and Administration: An Introduction*, 3rd edition (New York: Palgrave Macmillan, 2003).

10. OECD, *Public Management Developments: Update 1994* (Paris: OECD, 1995); OECD, *Governance in Transition: Public Management Reforms in OECD Countries* (Paris: OECD, 1995).

11. R.A.W. Rhodes, "The New Governance: Governing without Government." Political Studies, Vol. XLIV, No. 44(1996).

12. 〔美〕大衛‧奧斯本、特德‧蓋布勒(David Osborne and Ted Gaebler)著，周敦仁等譯：《改革政府：企業精神如何改革著公營部門》，上海：上海譯文出版社，1996年。

13. Bill Clinton and Al Gore, *National Performance Review: Putting Customers First, '95–Standards for Serving the American People* (Washington, DC: U.S. Government Printing Office, 1995).

14. Kate McLaughlin, Stephen P. Osborne and Ewan Ferlie (eds.), *New Public*

Management: Current Trends and Future Prospects (London: Routledge, 2002), p.9.

15. E. Ferlie, A. Pettigrew, L. Ashburner and L. Fitzgerald, *The New Public Management in Action* (Oxford: Oxford University Press, 1996), pp.10-15.

16. 〔美〕B.蓋伊‧彼得斯(B. Guy Peters)著，吳愛明、夏宏圖譯：《政府未來的治理模式》，北京: 中國人民大學出版社，2001年，第19頁。

17. James W. Fesler and Donald F. Kettl, *The Politics of the Administrative Process* (Chatham, New Jersey: Chatham, 1996), pp. 68 & 81.

18. Lawrence R. Jones and Fred Thompson, *Public Management Renewal for the Twenty-First Century* (Stanford, Connecticut: JAI Press, 1999), p.32.

19. David Osborne and Peter Plastrik, Banishing Bureaucracy: *The Five Strategies for Reinventing* Government (New York: Penguin, 1997), p.39.

20. 同上註，pp. 305-311.

21. 周志忍：《當代國外行政改革比較研究》，北京：國家行政學院出版社，1999年，第30-37頁。

22. 轉引自國家行政學院國際合作交流部：《西方國家行政改革述評》，第42頁。

23. 見E. Ferlie, A. Pettigrew, L. Ashburner and L. Fitzgerald, *The New Public Management in Action.*

24. 合國全球治理委員會 (Commission on Global Governance)：《我們的全球夥伴關係》，1995年，第2-3頁。

25. J.N. Rosenau and E-O. Czempiel (eds.), *Governance without Government: Order and Change in World Politics* (New York: Cambridge University Press, 1992).

26. G. Stoker, "Governance as Theory: Five Propositions", *International Social Science Journal,* Vol.50, No. 1 (March, 1998).

27. R.A.W. Rhodes, *Understanding Governance: Policy Networks, Governance, Reflexivity and Accountability* (Buckingham, Philadephia: Open University Press, 1997), pp. 47-53; R.A.W. Rhodes, "Governance and Public Administration", in Jon Pierre (ed.), *Debating Governance: Authority, Steering, and Democracy* (New York: Oxford University Press, 2000), pp. 55-63.

28. 參見http://www.baidu.com，http://www.yahoo.com.hk及http://www.google.com所載有關「新公共管理」(New Public Management) 與「治理」(governance)的中、英文網絡資料，2011年5月31日。

29. 效率促進組：《公營部門改革——國際概況(摘要)》，2007年7月，載於效率促進組網站：http://www.eu.gov.hk。

30. 參見"Green Paper on Public Sector Reform", Retrieved from http://www.google.com, December, 2009.

31. 參見 Richard K. Common, "Globalisation and the Governance of Hong Kong", Research Memorandum 55, January, 2006, Retrieved from http://www.google.com.

32. Finance Branch, *Public Sector Reform - A Sharper Focus,* Hong Kong Government, March, 1989, Retrieved from Website of Efficiency Unit: http://www.eu.gov.hk.

33. Anthony B. L. Cheung, "Public Sector Reform in Hong Kong: Perspectives and Problems", *Asian Journal of Public Administration*, Vol. 14, No.2 (December, 1992), pp.115-148; J. Lam, "From a Colonial to an Accountable Administration: Hong Kong's Experience", *Asian Affairs,* Vol. 26 (1995), pp. 305-313; Lau Siu-kai, "Decolonisation a la Hong Kong: Britain's Search for Governability and Exit with Glory", *Journal of Commonwealth and Comparative Politics*, Vol. 35, No.2 (1997), pp.28-54.

34. C. Sankey, "Public Sector Reform in Hong Kong - Recent Trends", *Hong Kong Public Administration,* Vol. 2, No.1 (1993), p.78.

35. 效率促進組：《服務市民》，1995年，載於效率促進組網站：http://www.eu.gov.hk。

36. Lau Siu-kai, "Decolonisation a la Hong Kong: Britain's Search for Governability and Exit with Glory", p.43.

37. A.S.Huque, Grace O.M. Lee and Anthony B.L. Cheung, *The Civil Service in Hong Kong: Continuity and Change* (Hong Kong: Hong Kong University Press, 1998), p.52.

38. Efficiency Unit, " 'Change' En Route to Delivering 'Outcomes', The Community Needs: A Position Paper" (Hong Kong: Government Printer, 1998), pp.12-13.

39. 公務員事務局：《公務員體制改革諮詢文件》，1999年3月，載於公務員事務局網站：http://www.csb.gov.hk。

40. 例見Sum, Wan Wah, *The Enhanced Productivity Programme: The Implementation of the First Phase,* MPA Dissertation, University of Hong Kong, June, 2000.

41. 見財政司司長於2006年2月22日在立法會宣讀的2006-07年度財政預算案演詞。

42. 行政長官《施政報告》，2005年，第2及6段。

43. 見效率促進組網站：http://www.eu.gov.hk，2011年5月31日。

44. 參見林明基：《港澳公共行政改革比較研究》，載於余振等編：《雙城記
III——港澳政治、經濟及社會發展的回顧與前瞻》，澳門社會科學學會出版，
2009年11月；田華、梁曼莊：《組織文化對行政改革的影響：以澳門特區政府
為例》，載於《澳門研究》，第50期，2009年2月。

45. 見統計暨普查局網站：http://www.dsec.gov.mo。

46. 同上註。

47. 參見曾軍榮：《澳門特區公共服務之改革：以民政總署為個案》，載於《澳門
理工學報》，2008年，第2期。

48. 例如，見李略：《固本培元、循序漸進——澳門公共行政改革芻議》，載於
《澳門理工學報》，總第16期，2004年，第4期；田華、梁曼莊：《組織文化
對行政改革的影響：以澳門特區政府為例》。

49. 《澳門特別行政區2007-2009年度公共行政改革路線圖》，載於澳門特別行政區
政府入口網站：http://www.gov.mo，第I頁。

50. 同上註，第III頁。

51. 見劉伯龍、陳慧丹：《澳門公共行政改革的回顧與展望》，「騰飛的澳門：回
歸十年的回顧與展望」國際學術研討會論文，澳門，2009年4月。

52. 同註47。

第二章

起催化作用的政府

——民營化I

一、起催化作用的政府概述[1]

政府的管理職能應是「掌舵」而不是「划槳」，這與傳統公共行政管理中政府只是收稅和提供服務不同，新公共管理主張政府在公共行政管理中應該只是制定政策而不是執行政策，即政府應該把管理和具體操作分開，政府只起掌舵或催化的作用而不是划槳的作用。這樣做的好處是可以縮小政府的規模，減少開支，提高效率。新公共管理理論提倡通過「政府公共政策化」將政府從管理的具體事務中解脫出來，從根本上解決機構臃腫、預算超支、效率低下、官僚主義與腐敗盛行的問題。新公共管理理論認為，政策組織與規制組織的職能是負責「掌舵」，而服務提供組織與服從型組織的職能是「划槳」。這樣做可以自然而然地達到消腫減肥的目的，減少開支、提高效率。掌舵的人應該看到一切問題和可能性的全貌，並且能對資源的競爭性需求加以平衡。划槳的人聚精會神於一項使命並且把這件事做好。掌舵型組織機構需要發現達到目標的最佳途徑，划槳型組織機構傾向於不顧任何代價來保住「他們的」行事之道。因此，有效的政府並不是一個「實幹」的政府，也不是一個「執行」的政府，而是一個能夠「治理」並且善於實行「治理」的政府、起催化作用的政府。

傳統觀念認為，微觀經濟領域應該由私營企業承擔，而公共服務領域則應該由政府壟斷。原來的公共行政是把政府看成管理公共事務的唯一部門，是內部視野，而現在的「新公共管理」是由個人、營利部門、非營利部門等各種不同的整體一起扮演不同的角色而達成的結果，政府只是其中一員，即政府要有一個外部視野，關注第三部門包括企業和個人的力量。新公共管理的最重要思路就是把政府從原來的控制者變成一個協調者和服務者。雖然這種模式不可能解決所有問題，也不意味著政府一定就能變得廉潔高效，但它提出了怎樣重新認識並組織公共生活的新思路。新公共管理把決策制定（掌舵）和決策執行（划槳）分離，主張通過民營化等形式，把執行的部份——公共服務的生產和

提供交由市場和社會力量來承擔，而政府主要集中於掌舵性職能，如擬定政策、建立適當的激勵機制、監督合同執行等，引導它們為實現公共利益的崇高目標服務。

與傳統公共行政排斥私營部門參與管理不同，新公共管理強調政府管理應廣泛引進競爭機制，取消公共服務供給的壟斷性，讓更多私營部門參與公共服務的供給。新公共管理認為，政府的主要職能固然是向社會提供服務，但這並不意味著所有公共服務都應由政府直接提供。政府應根據服務內容和性質的不同，採取相應的供給方式。一些服務雖屬憲法規定的政府職責，但同時有其他競爭者的存在，即其他非政府部門也在從事此項活動，如醫院，在這種情況下，政府並非一定要親自提供此項服務，而大可通過招標、合同出租等形式，將其出租給其他公營或私營部門，政府只要對其績效目標進行測定和評估，並提供相應的報酬，便不失為一種提高服務品質和效率的有效途徑。這也就是《改革政府》一書的作者奧斯本和蓋布勒所說的政府應該「掌舵而不是划槳」。

通過上述方式將競爭機制引入到政府公共管理中來，從而提高服務供給的品質和效率。公共管理之所以需要引入競爭，是因為競爭有種種好處：競爭可以提高效率，即投入少產出多；競爭迫使壟斷組織對顧客的需要做出反應；競爭獎勵革新，而壟斷則扼殺革新；競爭提高公營組織僱員的自尊心和士氣。因此，政府為了高效地實現公共服務的職能，應該讓許多不同的行業和部門有機會加入到提供服務的行列中來。目前，在一些發達國家，政府機構作為公共物品及服務的唯一提供者的地位已經發生改變，政府通過資助／補貼、規劃、委託和合同承包、外判等方式間接運行，各種私人公司、民間獨立機構和社會團體參與公共物品及服務的提供，不同的政府機構也為提供相同的公共物品及服務而展開競爭。

工會、僱主協會、商會等民間組織／非政府組織（NGO）發達活躍，它

們既獨立於國家政權之外，又能夠進入政治過程，對公共決策產生重要影響。民間組織營造了政府與社會之間的對話、溝通、協調和協作機制，這被發達國家認為有利於實現社會自律和自治，穩定社會，緩解矛盾，節省政治成本；有利於對國家公共權力形成制約；也有利於提高執政黨的執政能力和長期執政。隨著NGO在國際事務和公共事務中力量的提升，21世紀可能成為NGO世紀。

新公共管理積極借鑒商業企業的方法與手段，在管理中引入競爭機制。應該說，競爭是新公共管理的核心內涵。傳統的公共行政管理實行高度壟斷，將私營部門排斥於政府活動之外。實踐證明，政府對公共產品與服務的壟斷行為是一種滋生腐敗，產生權錢交易的低效率行為，所以削弱並逐漸取消政府對公共產品與服務的壟斷性，並在公共領域引進市場機制，建立公共領域的內部市場等機制，向社會提供公共產品。公共部門市場化的途徑、市場化的操作手段主要有二：一是民營化（privatization），二是簽約外包（contracting out）。打破政府部門的壟斷，通過公開競標的方式將公共服務承包出去，新公共管理主張用市場的力量來改造政府。在公共部門中引入市場機制，在公共部門和私人部門之間、公共部門機構之間展開競爭，提高公共物品及服務供給的效率。競爭機制的引入帶來了公共部門服務的市場檢驗，造成優勝劣汰的局面。

有人形容讓更多的私營部門參與公共服務的供給，即「公共管理社會化」，是新合同主義（new contractualism）。所謂新合同主義，是指「任何公共服務都可以通過合同提供，或是通過承包，由外部的私營部門或志願部門或政府內部的其他部門來提供」。[2]新合同主義是管理主義比較極端化的表現，它的本質和新公共管理一樣，是市場取代官僚制機構，選擇取代指令。合同化的結果是國家權力因此而變得抽象化，政府存在的目的在於規制市場而非親自參與，經過職能剝離的公共服務，政府應該致力於制定政策，而由其他機構和部門具體提供產品。

二、民營化概述

　　20世紀80年代，英國戴卓爾（Thatcher）政府的民營化方案揭開了全球民營化運動的序幕，很多國家都爭相傚效。與此同時，西方學術界也興起了一股名為「新公共管理」的思潮，主張摒棄官僚制，建立以市場為基礎的公共行政；認為政府只須「掌舵」（即政策和規則制定），而不是「划槳」（具體的服務提供和執行）。呼應戴卓爾及美國列根（Regean）政府等的做法，新公共管理大力鼓吹由私營企業去承辦原由國有／國營企業經營的產品和服務——即民營化，並提出以下理據：(1)由私人公司競爭，更有效率，更具成本效益；(2)用商業方法，減少政治干擾；(3)供求彈性（elasticity of supply & demand）導致最有效供應；(4)激勵方法不同，私人公司員工做事更有效率；(5)減少政府支出，控制政府規模。

　　民營化（privatization）（又稱私營化），在西方政界和學術界有很多不同的定義。英國的戴卓爾政府用這個詞來指國企的擁有權由國家向私企轉移。[3]對這個定義加上進一步的限制，卻文（Peter J. Curwen）將民營化與另一詞語「非國有化」（de-nationalization）互相通用，指國企最少50%的股權由國家轉移到私人手裡。[4]巴士利（Michael Beesley）和聶圖齊（Stephen Littlechild）也用相似的字眼，將民營化界定為按公司法成立私人公司及其後將最少50%的股權賣給私人股東。[5]但其他很多學者都不認同民營化單指國有資產的轉移即私有化，獲加（Alan Walker）著眼於其行為，認為民營化已經進行，如提供某項公共服務的責任，部份或全部轉到私人部門及市場的追求利潤及付費能力法則被應用到服務的分配上。[6]

　　有些學者則從分析產品或服務的不同組成部份來闡釋民營化。薩瓦斯（E. S. Savas）發現，一項服務可以分解為兩部份：服務生產者（service producer）和服務提供者（service provider），服務生產者是實際推行服務的執行者一

方，服務提供者則是安排服務並為之而挑選其生產者的一方。[7]另一學者高德里（Ted Kolderie）也有近似的看法。[8]我們認為，依據同樣道理，一項產品或服務也可分解為經營與所有兩個組成部份；而產品或服務又可分為公共服務及產品，私人服務及產品。（**圖2.1**）[9]

	可共同享用	只個人享用
不可排除	I 集體服務／產品：如 天氣預報、公共安全、環境保護	III 共用資源服務／產品：如 海中魚、空氣、水
可排除	II 收費服務／產品：如 各種公用事業——公共交通、水電供應；教育、醫療、福利服務	IV 私人服務／產品：如 一棵菜、一頓飯、一次理髮

圖2.1　公共服務及產品，私人服務及產品

資料來源：Vincent Ostrom and Elinor Ostrom, "Public Choice: A Different Approach to the Study of Public Administration", Public Administration Review, Vol. 31, No.2（Mar./April, 1971）, pp. 206-207; E.S. Savas, Privatizing the Public Sector: How to Shrink Government（Chatham, N.J.: Chatham, 1982）, pp. 30-33.

排除性：指人們對服務/產品的控制程度，即能不能排除他人擁有／享用

如：燈塔——不可排除；看電影——可排除

共同享用性：指服務／產品可供很多人同時享用或只供一人享用

如：電話服務——可多人共同享用；一條魚——只一個人可享用

以上方格I-III都屬於公共服務／產品，其提供及生產是政府的責任

綜合上述學者的見解，民營化的定義如**圖2.2**所示：

1. 提供	政府	私人
2. 生產	政府	私人
3. 所有／擁有權	政府	私人
4. 經營／管理權	政府	私人
5. 責任	政府	私人
6. 資源分配	政治方法	市場方法

公共服務／產品 ————————————→ 民營化

圖2.2　民營化的定義

用文字表述，民營化是指在公共服務／產品的提供上，政府將以上六項功能，通過一些機制或方式，部份或全部轉由私人或民營部門負責。

三、香港

(一)民營化在香港

早在1841年香港開埠之後，民營化便已展開，很多公用事業，如巴士、渡輪、電車、纜車及供電服務等，一開始便由私人公司經營，以後政府更通過特許經營或專營權等的批出方式，將更多公用事業交由民間企業承辦，如1898年成立的天星小輪公司及1933年成立的九龍巴士公司。

事實上，香港特區政府一貫的做法和政策，都鼓勵私營機構和非政府團體積極參與提供各種服務，所涉範圍廣泛，包括運輸、電力、教育以及社會服務。事實上，二次大戰結束初期，由於政府資源緊絀，不少經濟基礎建設和公共服務都靠私營機構提供。結果，許多在其他國家由政府提供的公共服務或主要基礎建設，在香港卻從不是政府負責的項目，例如供應及輸配電力和氣體、建設電訊基礎設施，以及營辦的士、巴士、電車和渡輪等公共交通服務等。此

外，私營機構也一直負責發展本港的重要經濟基礎建設，包括郵輪碼頭和貨櫃港口。這些設施日後如需擴充或重置，也將由私營機構主力推行。香港推行公營部門與私營機構合作，發展主要基建項目，已有多年經驗，例子包括採用「建造、營運及轉移」合約（BOT）形式推行的收費隧道。

上世紀80及90年代，由於社會和經濟情況不斷轉變，由政府直接提供的公共服務日益增多。結果，公務員編制大幅增長，公營部門開支佔本地生產總值的比率亦顯著上升。然而，這個情況卻引起社會議論，市民日益關注政府的參與程度是否過大。此時，政府內部開始思考政府所應擔當的角色。到本世紀初，鑒於經濟不景氣、政府財政緊絀，必須善用有限的資源提供較具成本效益的服務，並檢討政府的運作。[10]

香港民營化的動因主要出於公共財政的考慮。香港是一個自由港，一向奉行低稅及平衡預算、避免赤字政策；公共開支須控制在本地生產總值20%以下。換言之，除必要支出，如基本建設開支外，昂貴的福利服務及公用事業的提供，都盡可能實行民營化，以節省公帑。

香港積極進行民營化的另一個原因是與其奉行的經濟不干預政策有關。在該政策下，政府儘量不參與實際的經濟活動，所謂「市場能做的，都交由市場辦」，政府只負責工業支援，維持良好營商環境及對民營化後的福利服務及公用事業等進行監管。[11]

據曾親身參與49個國家民營化實踐而被尊稱為「民營化大師」的薩瓦斯所歸納分析，公共服務，政府企業或國有資產的民營化方式可分為三大類：1.委託授權，包括：合同承包、特許經營、租賃、補助、憑單制和法令委託方式；2.政府撤資，包括：出售、無償贈予和清算方式；3.政府淡出，包括：民間補缺、政府撤退／卸載和放鬆規制方式。[12]至於香港民營化的方式（**表2.1**），與薩瓦斯所研究的世界其他國家——主要是西方國家——比較，不論在機制還是在內容上都大同小異。

表2.1 香港民營化五種機制／方式

機制／方式	例子
出售（政府）資產、撤資	地下鐵路（政府佔77%股權）、領匯（公屋商場及停車場）
資助、津貼	東華三院、保良局、各津貼中／小學、各非牟利志願機構
專營權、特許經營	公用事業：九巴、新巴、城巴、大嶼山巴士、新渡輪、天星小輪、東隧、西隧、大老山隧道、大欖隧道及元朗引道、電訊盈科、香港電車、山頂纜車、中電、港燈
外判、承包、合約轉營	政府停車場、政府屠場、街道清潔服務、公共屋邨及居屋管理、獅子山隧道管理、公共泳池救生服務、政府物業管理、車輛檢驗、簽發車輛牌照、膳食、資訊科技支援
公營部門與私營機構合作	東隧、西隧、大老山隧道、大欖隧道及元朗引道、數碼港、東涌吊車、亞洲國際博覽館

(二)出售（政府）資產、撤資

在香港的歷史上，出售政府資產並不多見，因為一向以來，很多經濟基礎建設和公共服務都靠私營機構提供。結果，許多在其他國家由政府提供的公共服務或主要基礎建設，在香港卻從不是政府負責的項目，故此，不像其他國家或地區，香港可供出售的政府資產並不多。直到回歸後初期，香港面對的前所未有的困難，導致政府出現財赤，各部門須削減預算，以及暫停招聘人手。與此同時，部門亦面對由社會人士提出開展新服務和擴大現有服務範疇的要求。許多部門已認識到善用私營機構（有些更是首次試用）能為他們解決一部份難題。[13]原由政府全資擁有和營運的地下鐵路和公屋商場及停車場便在這時期實行「私有化」，由社會人士擁有全部或部份業權及營運。

1.地鐵有限公司

1999年3月3日，財政司在預算案中宣佈，政府有意把地下鐵路公司的股份的一部份「私有化」。在他題為《共創新猷》的預算案演講詞中，概述了將地鐵公司的部份股權通過公開招股實行「私有化」而政府將仍然是大股東的理

由，即：(1)原來由政府獨資經營的原因不再存在；(2)將地鐵公司上市可為港人提供一個參與擁有這個成功和贏取盈利的公司的好機會，並可強化本地股市和提高香港對投資者的吸引力；(3)引入私人所有權將加強地鐵的競爭力和效率；(4)公司獲得資金的渠道將擴大和今後的發展可減少依賴政府的注資或貸款；(5)股份出讓將對香港政府的財政在中期起到有益的刺激作用。[14]

2000年4月26日，地下鐵路公司宣佈通過上市出售部份資產，並根據《公司條例》註冊為有限公司，公司亦隨之改名為地鐵有限公司，屬公共上市公司。財政司司長法團於同年10月代表政府將每股值一元的11億5000萬普通股公開發售，讓市民認購，結果政府股權從100%減至77%，政府宣稱，上市後最少在20年內都不會將股權降至50%以下，致失去控股權。[15]

2000年6月30日，新的《地下鐵路條例》制定，條例批予地鐵有限公司經營地下鐵路及其任何延長部份的專營權，為期50年。（第4條）公司亦據之與政府訂立營運協議，對專營權下的鐵路運作及監管做出更詳細規定。

條例規定公司的管治機構為董事局，主席由行政長官委任，他亦可委任不超過三個官方成員為公司的增補董事（擔任非執行董事），非官方成員包括一名執行董事、七名非執行董事，當中一人須為主席。（第8條及附表1）第13(1)條亦規定行政長官會同行政會議如認為公眾利益有此需要，可在環境運輸及工務局局長與地鐵公司協商後，就任何與專營權相關的事宜向地鐵公司做出書面指示。

公司的整體業務由董事局負責管理。董事局根據章程細則及董事局採納的規程，授權執行總監管理公司的日常事務，而董事局本身則專注處理可影響公司整體策略方針、財務及股東的事項。

公司的收入來源包括：(a)車費收入；(b)車站內商務及其他業務收入；(c)租務及管業收入；(d)物業發展所得利潤。截至2004年12月31日，地鐵有限公司共有6,555名員工。[16]

地鐵公司須就以下事項備存令局長滿意的紀錄（第11(1)條）：(a)使用中或正在維修的列車的數目及運載量；(b)車程數目及行車路程總計；(c)運載的乘客人數；(d)收入；(e)導致服務停頓20分鐘或以上的任何事故的詳情；(f)列車的維修；(g)已訂購的或在建造中的列車的數目、類型及運載量。

如地鐵公司違反本條例或營運協議的任何條文，行政長官會同行政會議可向公司施加罰款（第14條）。營運協議載明，公司可自行釐定車票價格，無須政府批准。另外，行政長官會同行政會議如認為緊急情況存在或鐵路的運作因任何原因而出現嚴重停頓，可命令將專營權暫時中止（第15條）。如地鐵公司沒有按照本條例營運鐵路，或沒有履行在營運協議下的某項義務，即屬專營權下的失責行為，行政長官會同行政會議可命令撤銷專營權（第18條）。此情況下，政府可接管及使用鐵路財產（第19及21條），以繼續營運鐵路，而公司則可獲政府補償（第20條）。

對政府來說，上述上市計劃可為政府帶來300億港元收入，對政府中期的財政狀況有幫助，有助於減少甚至避免財政預算赤字。注入私有股本有助於加強對公司管理的問責性及監察，也促使地鐵有限公司更能按照市場機制和商業原則運作。

2009年，九廣鐵路被併入地鐵（稱兩鐵合併），地鐵有限公司隨之改名為香港鐵路有限公司。[17]

2.領匯（公屋商場及停車場）[18]

(1)背景

香港房屋委員會（「房委會」）在2003年7月24日的特別會議上，決定分拆出售轄下的零售及停車場設施。房委會計劃將該等設施的管理權及合法業權一併售予一間新成立的公司，名為領匯管理有限公司（The Link Management Limited）。該公司以房地產投資信託基金（Real Estate Investment Trust, REIT）的形式成立，並在香港聯合交易所進行首次公開發售。

政府各部門須降低成本加上新的房屋政策，即直到2006年暫停出售居者有其屋計劃（居屋）單位，這大大影響房委會財政狀況，房委會已經歷一場全面的改革，亟須尋求措施以解決各種內部和外部因素所帶來的嚴重現金周轉問題。撤資（divestment）是一個很有誘惑力的選擇。結果很明顯，撤資可帶來資金，因此，分拆出售其零售及停車場設施會令房委會有一個預期的銷售收入，從而有助於滿足其資金需求和度過預算赤字難關，使自己的資源集中在其核心功能即提供資助公共房屋上。

直到2004年，房委會的公屋商場及停車場設施，包括106.2萬平方米（內部樓面面積）的零售物業（**表2.2**）和10.05萬個停車位，房委會已成為最大的零售物業及停車場設施業主，分別佔香港市場份額的11%和16%。這些商業房地產最初由房委會人員管理，但他們根據政府「大市場，小政府」的原則已逐步外判給私營管理公司。私營管理公司由自己招聘員工，運用自己的管理做法。然而，他們仍須按房委會的政策指示，特別是租金政策。公司不能根據當時的租戶租賃的趨勢，靈活地訂定租賃合同、安排行業結構等。重大的政策指示，仍須由房委會作出，這使私營管理公司無法迅速回應市場以及居民的需要。因此，截至2004年1月，零售物業及停車場的空置率分別達到6.18%和25.8%。

表2.2　房委會的主要公屋商場

主要購物商場	面積（10,000 平方英尺）
樂富中心	38.75
慈雲山購物中心	22.60
將軍澳厚德購物中心	15.93
秀茂坪購物中心	15.82
黃大仙中心	14.53
牛池灣彩雲商場	13.46
何文田愛民購物中心	13.24
黃大仙龍翔商場	12.70

資料來源：《東方日報》，2004年6月7日。

事實上，房委會在實現最佳的運作效率和成本效益遠遠落後於私營部門，原因有四個方面：首先，房委會的商業組合多年來趨向增加，工作人員和管理日益複雜，從而增加經營成本和降低競爭力；第二，房委會的工作人員參加負責商場及停車場業務，許多經營策略已經證明是失敗的和沒有得出理想的經濟回報。舉一個例子，鑒於在2001年第四季度停車場的空置率達到25.8%，房委會自2002年1月減少停車場每月租金12%。但2002年第一季度空置率仍然保持在24.4%，有22,500個停車位閒置，證明價格削減策略其實沒有很大的效用；第三，由高薪公務員管理商業設施造成運作成本與租金收入不相稱，與私營市場相比，比例是不健康的；第四，購物商場和停車場應當純粹是一種經濟活動，市民卻期望房委會履行社會責任，這可能會給政府整體帶來社會成本支出。

不像它的私營部門同行，房委會是一個公營機構，並預計履行社會責任——甚至是犧牲房委會的租金收入。這由以下可以說明：2003年夏季「非典」爆發，使零售業受到嚴重打擊，房委會此期間施行租金優惠。然而，私營商場同時也面臨同樣的困難，在創紀錄的低人流下，卻可以利用其他策略，協助推動業務，如發放現金券給客戶或啟動免費停車推廣，很少人有提供減租給零售商。畢竟，由於其固有的性質，只要房委會面臨著利潤與社會責任之間的選擇，後者總是首先出現。商業物業未被開發的潛力正等待房委會將其辦成一個更有利可圖的業務組合。**表2.3**比較私人和房委會管理的實踐。[19]

表2.3 比較私人和房委會管理的實踐

做法／政策	私營部門	房委會
商場管理實踐		
租賃續期／終止	一切都取決於租賃市場情況，業主和租戶之間的妥協	很少退租，只有在違反租賃條款下發生
租期安全度	低	高
租金水平及加租	與市場情況掛鉤；基於談判；具靈活性	較低的租金；固定租金審訂周期

(續)表2.3　比較私人和房委會管理的實踐

做法／政策	私營部門	房委會
行業結構及限制	靈活的策略；允許所有類型的行業	缺乏彈性；限制一些行業如按摩館等
租金優惠作為舒緩措施	很少實施	經濟衰退時通常實施
市場反應	快	低，由於改變須依既定政策指示和經過必要的程序，例如由房委會屬下委員會認可
管理人員	受過專業訓練和具認可資格；工資和獎金與業績掛鈎	主要是房屋主任，對零售業務的業餘者；固定工資規模，缺乏改善表現誘因
停車場管理實踐		
租戶的類型	開放	租賃只限於公屋租戶
租金水平	與市場情況掛鈎	較低的租金；固定租金審訂周期
管理人員	受過專業訓練和具認可資格；工資和獎金與業績掛鈎	主要是房屋主任，對停車場管理的業餘者；固定工資規模，缺乏改善表現誘因

資料來源：Yan, Miu Kam, Vivian, A Feasibility Study of Divestment of the Housing Authority's Retail and Carparking Facilities, MPA Dissertation, University of Hong Kong, 2004, p. 29.

　　在以上情況下，直接出售公屋商場及停車場設施以卸下房委會的管理責任是值得考慮的，但也不可能有單一買方能夠購買房委會的所有物業。證券化或公開招股似乎是迫切需要糾正管理辦法的商業組合的最佳答案。

　　這時候，政府官員和出版物均說：「房委會應逐步放棄它的非核心業務，例如包括商用物業的管理。」（政務司司長RIFPH報告"Report of the Review of the Institutional Framework for Public Housing"，2002年6月）「探討可供選擇的出售房委會轄下零售和停車場設施，以制訂執行計劃。」（房屋及規劃地政局，2003年施政綱領）[我們]「將繼續最大限度地利用我們的資源，創造收入和減少開支。舉例來說，我們正在考慮出售房委會轄下的商場和停車場設施，以增加收入。」（房屋署署長梁展文先生在房委會會議上的發言，2003年6月26日）「我們將提供必要的協助，使房委會通過分拆出售其零售及

停車場設施。」（房屋及規劃地政局，2004年施政綱領）

(2)房地產投資信託基金的定義

　　據香港證券及期貨事務監察委員會（「證監會」）表示，該信託基金是「以信託方式組成而主要投資於房地產項目的集體投資計劃。有關基金旨在向持有人提供來自房地產的租金收入回報。房地產投資信託基金透過出售基金單位獲得的資金，會根據組成文件加以運用，以在其投資組合內維持、管理及購入房地產。」

　　換言之，房地產投資信託基金可視作一項集體投資計劃，目的是透過有固定目標的投資活動，投資在一個可以賺取收入的房地產組合（例如購物商場、寫字樓、酒店及附服務設施住宅），向投資者提供經常收入。投資者可透過證券交易所購買房地產投資信託基金單位。此類信託基金在證券交易所上市，因此在企業管治及披露規定方面所受到的規管，與上市公司無異。

(3)成立領匯房地產投資信託基金的意義

　　撤資的成功實施帶來不少政策影響。首先，通過出售政府資產——房委會的公屋商場及停車場設施將為其他有銷售價值的企業提供榜樣，機場管理局將可能是另一個合適的機構來完成類似的公共企業改革。其次，通過股本房地產投資信託基金的出售將為香港股市帶來深遠的影響。房委會的房地產投資信託基金是第一個在香港聯合交易所上市的同類基金，它將鼓勵這類基金在香港的發展。若果這次股本房地產投資信託基金可以禁得起考驗，在未來，不僅有股本房地產投資信託基金上市，還有其他形式的房地產投資信託基金如按揭房地產投資信託基金、混合房地產投資信託基金和私人房地產投資信託基金的不同形式的房地產投資組合。第三，發展房地產投資信託基金將有助於建立一個更加多元化的長期投資產品，這將進一步增強香港股市對外國投資者的吸引力，促進海外資金的流入，從而有利於香港的整體經濟發展。[20]

(三)資助、津貼

　　香港的社會福利服務大部份由民間的福利團體如東華三院、保良局及教會組織首先興辦，到上世紀60及70年代，政府才開始以金錢津貼、補助的方式資助這些非牟利的志願機構（Voluntary Agencies, VAs）（又稱非政府組織，NGOs）。迄今，七成的香港社會福利服務俱由這些津助機構提供，但政府對它們的資助金額只佔福利總開支的20%，民營化帶來的成本效益，可見一斑。另外香港90%的中小學是由私人辦學團體經營，政府同樣以金錢津貼、補助的方式資助其大部份費用。教育署只直接經營40多所官立學校，受政府資助的津貼學校則有400多所。根據審計署的報告，政府經營一間標準小學的費用要比津貼小學高出21%，中學更高出30%。[21]

1.香港社會福利服務民營化的發展歷程[22]

(1)政府淡化時期

　　1938年前，香港的社會服務主要依賴各式的同鄉會或宗親會成立的團體，為鄉親提供一點救濟。然而這些團體援助能力極為有限，直至東華三院、保良局及教會組織的介入，社會福利服務才得到發展。早期的服務主要環繞不幸人士及有迫切需要者而設，服務方式也較多以金錢、實物救濟和提供居所為主，政府的介入甚少。

(2)政府推動民營化服務初期

　　1939至1967年，隨著二戰結束，香港人口劇增，社會出現大量人口和需求，令政府有點束手無策，然而，這卻造就了香港社會福利服務發展的黃金時期。不少國際性的福利機構相繼在香港展開服務工作，這些機構集合了大量由歐美募捐而來的物資和糧食，派發給貧困的家庭，雖然當時政府也派發救濟物品，但數量遠遠不及這些國際團體的救濟數量。每年來自海外的支援佔服務開

支40%，因而不論服務量或種類皆較政府提供的為多。政府對社會福利介入的程度，除基本的實物救濟外，也只履行法例上的責任，至於其他的福利服務則很少提供。

　　但隨著經濟穩定，受國際援助的大部份本港志願機構卻面臨海外捐款縮減的財政壓力，因而向政府提出政府要承擔救濟的責任和對要求機構提供補助。為此，政府開始探索社會福利政策實施的可行性，於1965年發表了第一份社會福利白皮書《社會福利工作之目標與政策》，論述香港社會福利工作發展因素及志願機構之任務。

(3)政府推動民營化服務全盛期

　　1968-1997年為政府推動民營化服務全盛期。在1973年社會福利署（「社署」）出版第一本《香港社會福利發展五年計劃》，及與香港社會服務聯會同期進行的「收入來源調查」，顯示當時15間志願機構的總收入中佔了一半或以上（53.9%至87.4%）依賴政府的津貼。福利服務已不再專為貧困或有問題人士而設，市民漸漸把福利視為政府必須提供的服務。同時在這階段，不再設立新的志願機構，而是專注於如何更有效地運用資源，並爭取社會人士的支持。隨著社會服務民營化發展和政府大量資源的投入，當時政府受到不少對資源運用或監管的負面的批評，如指責政府欠缺對民營化機構在經費管理上的監督、民營化機構之行政制度混亂等。之後，社會福利署開始透過派員出席各民營機構的董事會，要求機構提交每季服務數字，及其後聘請顧問公司為社會福利津貼制度進行檢討。

(4)政府對民營化服務的調整期

　　1997年香港回歸後受到亞洲金融風暴的影響，經濟一度急速下滑，加上2003年「非典」炎症打擊下，失業率增長，政府承擔的財政壓力巨大。自2001年開始，香港政府實施對受資助的社會服務機構進行削減撥款，如以當時受影

響機構於2005/2006年度所獲社會福利津貼金額與1999/2000年度相比較，則發現受資助的機構獲得的津助少了約16%。同時，決定在資助和監察兩方面引入「服務表現監察制度」（Service Performance Monitoring System, SPMS），根據《津貼及服務協議》（*Funding and Service Agreement, FSA*）評核受資助機構的服務成效及按16條的「服務質素標準」（Service Quality Standards, SQS）評估受資助機構的表現。而資助制度則採用「整筆撥款」（Lump Sum Grant, LSG）模式代替過往的資助模式。志願機構與政府的關係由當初的夥伴合作關係（partnership relationship），隨著資助模式的轉變，已漸漸演變成買賣服務的營商關係（funder/provider relationship）。

2.香港社會福利服務民營化現況

在香港，第三部門組織是提供社會福利服務的重要一員。據香港社會服務聯會的估計，2002年，香港共有346個福利機構及轄下3,400個服務單位，其中186個受政府資助，工作員工有26,000人。他們一直負責提供2/3的香港社會福利服務，其重要性從來沒有爭議。《中英聯合聲明》中，中國政府和英國政府也肯定了這些志願機構的貢獻。社會福利服務的公共開支從1991年的70億港元大幅增加到1999年的295億港元，這個數字在2006年達到322億港元，其中64億港元（將近1/5的總社會福利開支）被用於志願機構的經常性資助。（**表2.4**）[23]

表2.4　政府對志願機構的經常性資助

年份	社會福利開支（億港元）	志願機構的經常性資助（億港元）	佔社會福利開支（％）
2003-2004	328	69	21.04
2004-2005	328	66	20.12
2005-2006	322	64	19.88

資料來源：Ma, Hung Tao, Helene, The Impact of Managerial Reform on Social Service NGOs, MPA Dissertation, University of Hong Kong, August, 2007.

　　非政府組織在香港主要負責提供社會服務，他們大部份是由香港政府資助並享受作為慈善團體的免稅待遇。非政府組織無論是在規模和得到社署資助的金額都有很大的不同，最小的每年只收到25萬港元資助，只有兩個工作人員；最大的接到超過兩億港元資助及聘有1400個員工。前15個最大非政府組織收到的資助金額佔總數一半以上。多數大型非政府組織不專注於提供一種服務，服務均涉及全部社會福利和整個本土範圍。對於一些非政府組織，例如東華三院、保良局等，社會福利服務的形式只是一部份的活動，其他活動還包括醫療和教育工作。

　　其中一些非政府組織是按《社團條例》註冊成立，有些根據《公司條例》註冊成立。從嬰兒到老人均是非政府組織的服務對象，一般來說，非政府組織提供六種主要的社會服務，包括老人及醫療社會服務、家庭及兒童福利、康復服務、青少年服務、罪犯服務和社區發展。

　　由於現時香港社會上只有民營的安老院舍及幼兒服務設施營運，而防治藥物依賴服務的機構則基於其服務的特殊性，故此目前香港社會福利署只針對此三類設施進行准照的監管工作，而其他類別的設施則採用津助制度規管及監控其運作水平。香港社會福利署屬下三個單位：幼兒中心督導組、安老院牌照事務處及藥物倚賴者治療中心牌照事務處，分別就上述三個類別於社會上現存的社會福利設施發出牌照以及監管服務。截至2005年止，香港共有611間幼兒服務設施、760間安老院舍以及42間戒毒機構。[24]

3. 整筆撥款津助制度

(1)背景

　　社署在2001年1月推行整筆撥款津助制度，現時合共有162間機構選擇採用此津助模式，佔津助總額的99%，而由於有關的機構接受了政府的津助，故此便有責任向公眾交代公帑如何運用。

在2001年推行整筆撥款津助制度（下稱「津助制度」）之前，政府向受資助非政府機構發還在提供社會福利服務方面所招致的實際成本。此資助制度嚴格監控人員編制、薪酬水平、員工資歷及各類社會福利服務的個別開支項目。此制度被指「缺乏彈性、過於繁複和充滿官僚主義」，因其訂有繁複僵化的規則和程序，如處理審核員工資歷及發還開支等程序。鑒於非政府機構既不能靈活地調配資源以提高成本效益，亦不可保留累積所得的款項，這樣一來，便鼓勵非政府組織使用所有的財政分配，而不是積蓄。因此，該制度未能提供誘因，以鼓勵有關機構更妥善運用資源，從而降低成本、提高成本效益或改善為使用者所提供的服務。該資助制度可以說是一個「鐵飯碗」制度。雖然政府的控制一直集中在財政和人員的投入，但幾乎沒有審查過該服務的有效性和持續相關性的需要。相同規模和類型的服務的資助金額亦往往存在差異。[25]

1995年，政府委託顧問公司Coopers & Lybrand，檢討社會福利資助制度，藉以提高非政府機構在調配資源方面的成本效益、靈活性及問責性，以及在提供服務方面提升質素及鼓勵創新。顧問公司建議：[26]

(a)應引入更清晰的績效評估機制，使非政府組織更在意自己的服務質量；

(b)以投入為基礎的撥款制度應該改變，並提供更多非政府組織的靈活性，以管理其資源；

(c)應更新文化，以引起社福界對提供一個回應性、具成本效益和競爭力的服務的關注。

顧問於1998年完成檢討工作，並建議引入新的服務表現監察制度（下稱「監察制度」）及新的資助模式。

(2)整筆撥款津助模式

1999年，政府就建議引入以整筆撥款方式發放資助的新安排諮詢受資助福利界別。經廣泛諮詢該界別後，整筆撥款資助方案於2001年1月正式推行。

在整筆撥款資助安排下，租金和差餉會以實報實銷方式撥款，而薪金及與個人薪酬有關的津貼及其他費用（例如水、電、燃氣等公用事業費用及行政開支），則會以一筆過撥款方式發放予有關機構。非政府機構可按個別的《津貼及服務協議》，就員工及其他營運開支靈活地調配其整筆撥款（不包括公積金供款資助額）。

上述改革包括以下四方面：[27]

(a)評估績效的服務表現監察制度；

(b)整筆撥款資助模式；

(c)以一個結構化決策紀律和機制的規劃制度，完成任務和目標；

(d)以競爭性招標分配新福利服務單位。

表2.5對新舊津助制度作出比較。[28]

表2.5　新舊津助制度比較

	舊津助制度	新津助制度
價值和目標	問責性，效益	有效使用公共資源；創新；回應性；績效管理；加強問責，效率，成本效益
協議性質	非正式協議	服務協議
焦點	投入控制	產出控制
資助模式	四種模式：修改標準成本制度，模態成本制度，整筆撥款，補貼計劃	整筆撥款取代修改標準成本制度和模態成本制度
薪酬水平	薪級與公務員條款相同	舊津助制度某些職級薪級表作為基準中點薪金；與政府的薪酬脫鈎
資助的行政措施	繁瑣	靈活
與政府關係	合作夥伴關係	資助者／供應商關係
績效指標	事後測量：不清楚和可協商	事前測量：評估前已釐定
監察	由社署職員作外部評估	外部及內部評估（按照服務質素標準）
統計	有時按規定檢查服務和方案進行；自我報告；基於信任	僅限於產出測量；自我報告；基於信任

資料來源：Heung, Wing Kueng, Edward, Social Welfare Services in Hong Kong： Towards A New Managerialism, MPA Dissertation, University of Hong Kong, 2001, p. 66.

　　隨著引入競爭到社福機構，非政府組織必須在公眾形象、資源、服務使用者和人才上互相競爭。非政府組織的管理人員預計將有更多的企業和商業創新精神。他們要裝備自己，在財務和人事管理、營銷服務、游說支持、合同撰寫和公共關係上完善自己的管理技能。隨著競爭越來越多，非政府組織的質量和表現將變得多樣化而不是統一，非政府組織之間的協調與合作將更加困難。在市場競爭中，將有贏家和輸家。先進和能自我適應的非政府組織將繼續興旺和超越別人，而那些管理不善、效率低下的非政府組織可能不得不關閉或與他人合併。[29]

(3)整筆撥款津助制度與新公共管理

　　近期的社會福利服務資助制度改革是引進管理主義的結果。毫無疑問，這次改革極受新公共管理全球趨勢的影響。舊的行政和管理方法已不再適合新世紀。跟隨著私營部門，香港特區政府和受資助非政府組織都轉向新公共管理和治理，這些趨勢帶來政府和非政府組織之間關係的變化，對組織的管理和提供服務也有很大影響。那些在改革中普遍採用的概念，如準市場、收費、買方和供應商分家、契約、權力下放、問責制等等，都是新公共管理的管理實踐。依據其精神，資助的重點已經從以前的投入控制和監管模式改變為一個明確的標準產出和產出控制，資助制度的設計以重新開發的方式，鼓勵提供者持續改善服務。[30]

　　新公共管理的改革也帶來了一種新的文化進入非政府組織，現在，其功能更像私營部門組織。按照政府提出的方向，非政府組織必須適應新的管理觀念和日常行動，其中包括以下內容：(a)在競爭性招投標制下，非政府組織需要撰寫建議，並與其他非政府組織競爭，以從政府獲得新服務合同；(b)非政府組織要與私營部門有更多的合作和交流，從之獲得更多的財政支持，以保證組織的持續發展；(c)一些服務可外判，以節省金錢，例如膳食服務；(d)由

於政府的資助有限，非政府組織必須找到不同的方式來實現財政平衡，例如結構調整和減少工作人員人數；(e)績效測量被引入非政府組織，成為慣常的做法。[31]

　　總之，自實施整筆撥款政策，非政府組織已走向新公共管理。該政策是一個重要轉折點，推動新公共管理在社會服務機構的發展，因此它在非政府組織於管理和提供服務上的變化中扮演重要的角色。

　　表2.6顯示新津助制度有關新公共管理的特點。[32]

表2.6　新津助制度有關新公共管理的特點

目標	從投入控制到產出／結果的監測	從委託到競爭	從非政府組織壟斷到公開和公平的競爭
所實施新政策	整筆撥款津助制度	分配新服務單位： 服務規範，創新和增值基於質量的競爭過程 局外人參與審查，以確保公正 用標準評卷客觀評估建議 與會者彙報情況，以增進透明度	私營部門的參與： ·新長者院舍的競爭性招標 ·外判家居照顧，膳食服務和改善家居及社區照顧服務

資料來源：Ma, Hung Tao, Helene, The Impact of Managerial Reform on Social Service NGOs, MPA Dissertation, University of Hong Kong, August, 2007, p. 37.

(4)整筆撥款政策對受資助社會福利界的影響

　　在整筆撥款津助制度下，非政府機構須就其服務的成本效益負責。有關機構須遵守《整筆撥款手冊》所定的財務會計及外部審計規定，以期確保財務管理良好。整體而言，當局鼓勵非政府機構改善其機構管治（corporate governance）。政府表示，在推行新津助制度後，非政府機構在人力資源管理、財務管理及中央行政各方面均有所改善，而新津助制度「促成了社會福利界加強其機構管治」。[33]

(5)整筆撥款政策的積極影響

首先，非政府組織似乎比以前有較明確的發展方向。在此之前，非政府組織的經營和管理按照政府規定的風格和模式，只要他們履行政府的要求，便可得到一筆完整的資助。然而，實施整筆撥款政策，導致非政府組織的管理面對更大的壓力。為了爭取更多的資源和求生存，管理層必須清楚自己的發展方向，通過確定組織的目標和優先事項，設置必要的政策和程序，創造更多的創新計劃和想法等。在這種情況下，希望非政府組織更好地管理，以提高組織效益、效率。

其次，新的管理和治理的趨勢，加大了非政府組織的自治程度。他們在財務管理、人力資源管理、提供服務和其他管理問題上享有更多的自由和靈活性，這是前所未有的。他們可以根據市場和他們客戶的需要規劃自己的管理結構和戰略方向。這鼓勵了非政府組織進行改進，並為管理和日常運作構想更多的創新意念。

第三，回應政府的要求，非政府組織的問責性已得到增強。也就是說，更多的規則和規章已經建立，以增加他們向公眾問責，並提供更多的財務信息、管理和業務問題，讓公眾知悉和評估，這使市民和服務使用者更容易評估非政府組織的績效。同時，新的政策和程序，促進了非政府組織發展績效測量系統。不同的績效測量系統、測量指標和持續檢討系統已發展到能夠評估及保證服務質量和結果。績效標準已經制定，這有助於實現非政府組織的效益和效率。

第四，在服務的使用者眼中，一般情況下，服務質量已有所改善。整筆撥款政策的其中一個主要的重點是服務使用者的參與。如今，服務使用者有更多的機會參與非政府組織的決策或運作程序，這有助於改善各組織和服務用戶之間的溝通，非政府組織可以更好地滿足他們的需要。此外，通過得到更多的服務使用者的意見，服務質量會根據他們的需要得到改善，更多的資源可根據

用戶的需要有效地分配。

　　第五，非政府組織和其他部門之間有更多的聯絡和合作。在過去，這些機構獨立運作，可能會更關注自己的服務和發展。然而，現在聯絡和合作十分平常，這會導致資源的更好利用。此外，非政府組織本身不僅相互聯絡和合作，而且還與其他部門的組織如商界聯絡與合作。這可能會增加捐贈的源頭和收入，並幫助他們獲得更好的社會聲譽。因此，非政府組織與他人合作會幫助其有一個積極的長期的發展。

　　最後，由於整筆撥款政策，大部份的非政府組織現在所獲得的政府資助比過去少，因此，他們必須考慮其他方法增加收入，如舉辦更多的募捐活動和做更多的宣傳工作、提高服務收費、加強和其他非政府組織及商界合作等。一定程度上，這是一個好的趨勢，因為非政府組織可較少依賴政府，有更多的權力做出自己的決定，更積極地做出政策倡議。

(6)整筆撥款政策的負面影響

　　任何事物都具有兩面性，整筆撥款政策對非政府組織有積極影響，也有負面影響。

　　首先，整筆撥款政策下新的行政要求增加非政府組織的負擔，帶來一些管理和財政問題，主要問題是政府資助的減少。從非政府組織的角度來看，有許多不確定因素和壓力加在他們身上。新的發展直接影響服務質量、產出和服務提供的成果。這是反對整筆撥款政策其中一個主要論據。

　　另外一個不利影響，主要是在人力資源管理方面。一是合約制帶來了很多問題，合同工作人員沒有工作安全感——「鐵飯碗」不再存在。此外，長期工作人員和合約員工之間有越來越多的利益衝突。許多合約員工爭辯說，他們和長工做同樣的工作，但要接受低得多的薪水。在這種情況下，鼓勵積極工作的誘因嚴重降低。此外，由於取消了養老保險制度和永久合同，合同員工流失

率在非政府組織變得越來越高。新聘人員未必對組織如此投入，如果能找到一個更好的工作，他們可能很容易就辭職，因此，員工的積極性受到不利影響，間接影響服務質量。非政府組織人力資源管理的交易和信息成本也有所增加。管理層需要在市場收集信息，以確定員工薪酬規模。他們還需要花更多的時間和精力，建立不同的人力資源管理政策和個別員工的薪酬條件。所有這些因素都會增加非政府組織的負擔和壓力。

第三個負面影響涉及工作內容的改變。在過去，前線員工主要集中在直接對前線服務，這意味著他們大部份的時間花在客戶身上。如今，他們的行政工作增加了，他們必須履行《津貼及服務協議》和「服務質素標準」的規定。例如，他們必須撰寫建議和評估報告，做會議紀錄，想想這一年的計劃，填寫表格等。增加的文書工作會影響服務質量，因前線員工須花更多的時間從事行政工作，這是非常費時的。

第四，因為服務使用者被授權參與更多非政府組織決策和服務提供過程，服務提供者和使用者之間的權力不平衡便會出現。在一定程度上，從組織的角度，這意味著更多的限制，因為他們要向服務使用者負責，而組織和服務的用戶存在矛盾關係。前者可能失去他們的一些決策自主權，一些組織甚至認為服務使用者構成政府監測和控制非政府組織的一種工具。

第五，雖然許多績效測量系統和指標被開發，以衡量非政府組織的業績，然而，這些測量往往是很難完美的，因為這類組織大多數的工作是難以測量的，例如，能否衡量小組輔導的效果、殘疾人的成就等等。因此，即使有評估準則和指標，績效評估的準確性仍是令人懷疑的。事實上，很難找到通用的績效指標。但非政府組織卻要花費大量時間和精力去測量和監測所有這些系統和指標，因此，一些前線員工便抱怨這種做法。

第六個問題是，除了非政府組織之間的協調和合作，還存在對稀缺資源的競爭，例如，當政府準備推行一項新的服務，便要求非政府組織寫建議書，

提出條件。非政府組織便要彼此競爭，以獲得更多的資源和生存條件，這增加了這些組織之間的緊張關係。

第七，實施整筆撥款政策，已破壞了政府與非政府組織的相互信任和穩定的關係。在過去，他們的關係，相對而言，是和諧的，近年來，社福界經常出現爭論和示威，主要集中在實施整筆撥款政策的負面影響。非政府組織都在嘗試用不同方法爭取自己的權利。由於政府和非政府組織有不同的利益衝突，他們之間的關係越來越惡化。

第八，除了上述不同的影響，也有一些不太明顯的效果，其中有很多衝突與倫理價值觀念、職業道德守則和日常做法有關，一個典型的例子是服務費的增加。如上文提到，現在服務使用者需要為活動和服務付出更多的費用。但是，大家都有一個共同的認識：從事社會服務的非政府組織有責任幫助窮人和弱勢社群，但這些人大部份無法負擔高昂的費用，因為他們有經濟困難。此外，還有一個公平性的問題：是不是有錢的人可以更多享受更好的服務，這樣的倫理問題已討論了一段時間。[34]

政府已於2008年1月18日宣佈成立整筆撥款獨立檢討委員會，負責檢討津助制度，以評估該制度的整體效益及找出可予改善的範疇。該委員會由一名非官方主席及四名來自不同界別的成員組成，他們具備企業管理及社區服務方面的經驗，包括在受資助福利界別各諮詢委員會工作的經驗。[35]

4.東華三院[36]

東華三院是一間歷史悠久、慈善服務多元化的機構，由香港開埠初期到現在，東華三院一直為市民提供適切的服務；尤其於開埠早期，東華為無數低下階層的市民提供如贈醫施藥、義學、施棺賑災等的福利。東華醫院（東華三院前身）於1870年成立，一直秉承「救病拯危、安老復康、興學育才、扶幼導青」的使命和承諾，時至今日，已發展成為全港規模最大的慈善社會福利機構。在過去百多年，東華的醫療、教育及社會服務均有長足發展，迎合社會需

求，為市民提供收費低廉或免費的優質服務。現時東華三院共有超過200個服務單位，員工超過10,000名，經常性總開支達49億港元。

社會服務：東華三院共有144個社會服務單位，包括43個安老服務單位、43個兒童及青少年服務單位、41個復康服務單位及17個公共服務單位。東華三院所提供的社會服務除包括多元化的福利服務以照顧家庭、兒童及青少年、長者及弱能人士的需要外，亦為社會人士提供配合傳統的公共服務，以求達至「優質照顧，全人發展」的服務目標。

教育服務：東華三院共有50間學校，包括一間與香港中文大學合辦的社區書院、18間中學、14間小學、15間幼稚園及兩間特殊學校。東華三院一貫的辦學宗旨是為社會提供完善及多元化的教育服務，培育英才，使兒童及青少年成長後能盡展所長，回饋社會。

中西醫療衛生服務：東華三院共有22個醫療衛生服務單位，包括五間醫院，即東華醫院、廣華醫院、東華東院、東華三院黃大仙醫院及東華三院馮堯敬醫院，共設2,672張病床；另有兩間中醫普通科門診部、五間中醫藥科研中心、兩間中西醫藥治療中心、一間中西醫結合健康管理中心、一個中藥檢驗中心、兩個婦女健康普查部、一個男士健康普查部、一間電腦掃描中心、一項長者家居復康外展服務及一間長者牙齒保健及治療中心。

經過130多年的耕耘，東華三院一直與時並進，配合社會的轉變和市民的需求，不斷改善及擴展各項服務，現時東華三院已發展成為全港最具規模的慈善機構，所需的龐大經費除大部份由政府資助及小部份自服務使用者收取外，其餘不敷之數及擴展服務的建設費均需向市民大眾募捐，因此舉辦籌募活動成為該院工作不可或缺的一部份。展望未來，東華將繼續致力於為市民提供多元化和優質的服務。

5.保良局[37]

保良局成立於1878年，「保良局」的「保良」二字，指保赤安良的意思。初期的工作為防止誘拐，保護無依婦孺，並協助華民政務司調解家庭與婚姻糾紛。隨著香港社會的轉變，現已成為一個龐大的社會服務機構，提供優質多元的服務。保良局目前共辦有超過230個服務單位，遍佈港九新界。

社會服務，包括綜合家庭服務、幼兒服務、兒童及青少年服務、康復服務、安老服務。

教育服務，包括社區書院／專上學院、預科書院、資助中學／直資中學、夜校、優質私校、資助小學／直資小學、幼稚園、特殊學校、教育服務中心、新來港學童啟動課程。

(四)專營權、特許經營

1.香港的公用事業

公共服務／產品中，交通、電力、通訊等都是每天有大量人同時使用的生活必需物，所以它們被稱為「公用事業」（public utilities）。按照薩瓦斯等的分類，這些服務／產品屬收費服務／產品（見上文**圖2.1**），即可以為服務／產品的提供收取費用和排除不付費者。在香港大部份公用事業都交由私人公司承辦，只有鐵路及機場由政府成立全資擁有或控股的公共公司經營。由於公用事業涉及重大公共利益，政府不會完全讓自由市場主導，當局的構想是公用事業可按商業原則營運，但要在政府法定監管架構及協調下進行。在與公用事業公司的關係中，政府希望達到以下五個目的：[38](a)確保消費者得到可靠的服務，雖然需求不斷上升；(b)確保消費者付出合理的費用，不會因為公用事業的壟斷或半壟斷性質而受影響；(c)確保公用事業公司股東獲得合理的投資回報，能鼓勵他們繼續做出必要的投資；(d)確保公用事業公司長期保持財政穩

健，可以在市場上集資，而不會出現財政困難，以致危及公司及公用事業；
(e)為達到以上目的，政府應對公用事業公司的營運儘量維持最少的介入，使
其對消費者負責。

總之，政府須平衡消費者及公用事業公司股東的利益，做他們的中間
人。對公用事業公司來說，政府主要是扮演監管者角色。**表**2.7依成立／開業
日期列出香港私人公用事業公司的名單。[39]

表2.7　**香港私營公用事業公司**

公司名稱	成立／開業日期
香港電燈有限公司	1889年1月24日
天星小輪有限公司	1898年4月23日
香港電車有限公司	1902年2月7日
山頂纜車有限公司	1905年10月18日
中華電力有限公司	1918年12月28日
香港油蔴地小輪有限公司[1]	1923年11月5日
香港電話有限公司[3]	1925年1月24日
九龍巴士（1933）有限公司	1933年4月15日
中華巴士有限公司[2]	1933年4月28日
海底隧道有限公司	1965年4月26日
大東電報（香港）有限公司[3]	1981年9月11日
東區海底隧道有限公司	1986年8月1日
大老山隧道有限公司	1988年7月1日
三號幹線（郊野公園段）有限公司（大欖隧道及元朗引道）	1995年5月26日
西區海底隧道有限公司	1998年1月1日

[1] 現在是新世界第一渡輪有限公司
[2] 現在是新世界第一巴士有限公司
[3] 現在是電訊盈科有限公司

2.專營權

在專營權（franchise）這個機制下，政府授予私營企業某特定業務的獨家
專營權，時限一般長達數十年。政府給予私營機構特許經營權，以便按議定的

期間提供公共服務。相關私營機構需在此段期間支付特定費用，以賺取就服務所得的全部或部份收益。[40]

專營權或其他類似安排最常運用到公用事業上，如水、電、燃氣及公共交通等，因為這些業務往往只有在壟斷經營的情況下才能達到在經濟上最有效率地運作。原因是公用事業涉及大量工程及設備項目，投資金額巨大，只有授予業者獨家及足夠長時間的專營權才能保證收回投資成本及有一定的回報。再次是規模經濟的考慮，即經營公用事業的單位成本會隨著服務地域的擴大而下降。此外，在公共交通行業，區域性的壟斷經營還可產生交叉補貼效應，即以繁忙路線及時段補貼非繁忙路線及時段。[41]**表2.7**所列香港私營公用事業公司便以不同形式的專營權營運。

(1)九巴、新巴、城巴及大嶼山巴士

1933年前，港九地區共有六間小型巴士公司提供非專利服務，1933年，它們合併為九龍巴士（1933）有限公司及中華巴士有限公司，並被授予牌照——不久改為專營權經營，每次為期15年。現時在香港提供公共巴士服務主要有四家公司：九巴、新世界第一巴士有限公司（取代中巴）、城市巴士有限公司及大嶼山巴士有限公司，全部按照《公共巴士服務條例》批予的專營權營運。

註釋

1. 參見http://www.baidu.com，http://www.yahoo.com.hk及http://www.google.com所載有關「新公共管理」 (New Public Management)的中、英文網絡資料，2011年5月31日。

2. 簡‧萊恩著，趙成根譯：《新公共管理》，北京：中國青年出版社，2004年，第7-9頁。

3. 見Kate Ascher, *The Politics of Privatization: Contracting Out Public Services* (London: Macmillan, 1987), p. 4.

4. Peter J. Curwen, *Public Enterprise: A Modern Approach* (Brighton, Sussez: Harvester, 1986), p.163.

5. Michael Beesley and Stephen Littlechild, "Privatization: Principles, Problems and Priorities", in Christopher Johnson (ed.), *Privatization and Ownership* (London & New York: Pinter Publishers, 1988), p. 11.

6. Alan Walker, "The Political Economy of Privatization", in Julian Le Grand and Ray Robinson (eds.), *Privatization and the Welfare State* (London: George Allen & Unwin, 1984), p. 25.

7. E.S. Savas, *Privatizing the Public Sector: How to Shrink Government* (Chatham, N.J.: Chatham, 1982), pp. 56-57.

8. Ted Kolderie, "The Two Different Concepts of Privatization", *Public Administration Review* (July/Aug., 1986), p. 285.

9. 見Vincent Ostrom and Elinor Ostrom, "Public Choice: A Different Approach to the Study of Public Administration", *Public Administration Review,* Vol. 31, No.2 (Mar./April, 1971), pp. 206-207; E.S. Savas, *Privatizing the Public Sector: How to Shrink Government*, pp. 30-33.

10. 《善用公私營機構專長，提高公共服務成效》，2005 5月25日第二屆公營部門與私營機構合作亞洲峰會，政務司司長曾蔭權先生主題發言，載於效率促進組網站：http://www.eu.gov.hk。

11. 參見Wong, Cham Li, *Margins of the State-The Privatized Sector in Hong Kong,* M. Phil. Thesis, Chinese University of Hong Kong, December, 1989.

12. 〔美〕E.S. 薩瓦斯 (E.S. Savas)著，周志忍等譯：《民營化與公私部門的夥伴關係》，北京：中國人民大學出版社，2003年，第127-138頁。

13. 效率促進組：《服務市民——善用私營機構服務，政策與實踐》，第二版，2007年1月，載於效率促進組網站：http://www.eu.gov.hk。

14. 見 Chu, Bo Kwun, Michael, *An Assessment of the Privatisation of the Hong Kong Mass Transit Railway Corporation*, MPA Dissertation, University of Hong Kong, 2000.

15. 見《地鐵有限公司年報，2000年》。

16. 見香港立法會秘書處資料研究及圖書館服務部：《選定法定機構、香港金融管理局及地鐵有限公司管治組織的成員組合》，2005年9月27日，載於香港立法會網站：http://www.legco.gov.hk。

17. 見香港立法會秘書處資料研究及圖書館服務部：《各界人士對地鐵有限公司和九廣鐵路公司就擬議合併一事所表達的關注事項（輯錄自2004年12月9日至2006年8月31日期間的報導）》，2006年9月4日，載於香港立法會網站：http://www.legco.gov.hk；香港立法會秘書處資料研究及圖書館服務部：《香港鐵路有限公司與政府訂定的綜合〈營運協議〉擬稿所作出的重要改動建議》，2007年1月5日，載於香港立法會網站：http://www.legco.gov.hk。

18. 參見香港立法會秘書處資料研究及圖書館服務部：《房地產投資信託基金》，2003年10月31日，載於香港立法會網站：http://www.legco.gov.hk；Yan, Miu Kam, Vivian, *A Feasibility Study of Divestment of the Housing Authority's Retail and Carparking Facilities,* MPA Dissertation, University of Hong Kong, 2004.

19. 見Yan, Miu Kam, Vivian, *A Feasibility Study of Divestment of the Housing Authority's Retail and Carparking Facilities,* p. 29.

20. 參見Yan, Miu Kam, Vivian, *A Feasibility Study of Divestment of the Housing Authority's Retail and Carparking Facilities.*

21. 參見Wong, Cham Li, Margins of the State -- *The Privatized Sector in Hong Kong,* M. Phil. Thesis, The Chinese University of Hong Kong, December, 1989.

22. 參見羅淑霞：《澳門與香港安老服務政策的民營化比較研究》，澳門科技大學公共行政管理碩士論文，2008年2月。

23. 見Ma, Hung Tao, Helene, *The Impact of Managerial Reform on Social Service NGOs,* MPA Dissertation, University of Hong Kong, August, 2007.

24. 參見Wong Mei-fung, *The Impact of Lump Sum Grant Funding Policy on the Human Resources Management of Non-Governmental Organizations in Hong Kong*, MPA Dissertation, University of Hong Kong, August, 2002; Chow Wah-tat, Kenneth, *A Review of the Subvention Mode of Social Services in Hong Kong*, MPA Dissertation, University of Hong Kong, 2001.

25. 參見香港立法會秘書處資料研究及圖書館服務部：《整筆撥款津助制度對受資助福利界別的影響》，2008年5月8日，載於香港立法會網站：http://www.legco. gov.hk; Kwok, Ching Wan, Mable, A Study of the Lump Sum Grant Policy on the Provision of Social Welfare Services in Hong Kong, MPA dissertation, University of Hong Kong, 2004.

26. 見Kwok, Ching Wan, Mable, *A Study of the Lump Sum Grant Policy on the Provision of Social Welfare Services in Hong Kong*.

27. 見Wong Mei-fung, *The Impact of Lump Sum Grant Funding Policy on the Human Resources Management of Non-Governmental Organizations in Hong Kong*.

28. 見Heung, Wing Kueng, Edward, *Social Welfare Services in Hong Kong: Towards A New Managerialism*, MPA Dissertation, University of Hong Kong, 2001, p.66.

29. 同註26。

30. 參見Fan, Wing Yan, *Hong Kong Social Service Non-Government Organizations under New Public Management Reform: Assessing the Change and Impact of the Lump Sum Grant Policy*, MPA Dissertation, University of Hong Kong, 2008; Kwok, Ching Wan, Mable, *A Study of the Lump Sum Grant Policy on the Provision of Social Welfare Services in Hong Kong;* Heung, Wing Kueng, Edward, *Social Welfare Services in Hong Kong: Towards A New Managerialism*.

31. 見Fan, Wing Yan, *Hong Kong Social Service Non-Government Organizations under New Public Management Reform: Assessing the Change and Impact of the Lump Sum Grant Policy*.

32. 同註23，p. 37.

33. 參見香港立法會秘書處資料研究及圖書館服務部：《整筆撥款津助制度對受資助福利界別的影響》。

34. 同註31。

35. 同註33。

36. 參見東華三院網站：http://www.tungwah.org.hk，2011年5月31日。

37. 參見保良局網站：http://www.poleungkuk.org.hk，2011年5月31日。

38. 見*Consultancy to Review the Government's Monitoring Arrangements of the Power Companies Prepared for Government of Hong Kong, September, 1984,* Ernst & Whinney, pp. 1-4.

39. 這些公用事業公司的成立／開業日期見於各公司的組織章程及備忘錄，存檔於香港政府公司註 處，及見於相關法律條例。

40. 同註13。

41. 參見Gabriel Roth, *The Private Provision of Public Services in Developing Countries* (New York: OUP, 1987), pp. 3, 85 & 225; E.S. Savas, *Privatizing the Public Sector: How to Shrink Government,* p.66.

第三章

起催化作用的政府——
民營化II

香港

(一)私營機構參與公共服務[1]

1.概述

提高公營部門的工作效率，是政府向市民做出的承諾。為了履行承諾，政府有責任充分利用公營部門和私營機構的資源，以確保政府服務所用的資源佔本地生產總值的比率不會超出有助於促進經濟繁榮的最佳比率。私營機構靈活變通、積極進取的辦事方式，可以為公共服務注入新的意念和方法，使服務的質素和效率得以提升，也讓政府把有限的公共資源集中於指定的優先項目上。

政府需要不斷監察和調校私營機構參與公共服務的安排和運作，以確保服務維持物有所值。

有明確跡象顯示，公營部門聯同私營機構提供公共服務，可互相借鑒、互補不足，符合社會利益。政府有責任善用兩者，以確保以公帑提供的服務所用的資源佔本地生產總值的比率不會超出適當的水平。

公營部門不論直接或間接提供公共服務，都做出積極的貢獻。他們具備：

- 經驗豐富、盡忠職守的員工；
- 重要的公共政策知識和技巧；
- 以詳盡研究為基礎的獨有數據和知識產權；
- 香港以至外地均認同的信譽及信任。

另一方面，私營機構憑藉熟悉市場的運作規律和善用有效的管理方式，不斷提高營運效率。他們擁有：

‧以富想像力和創意的方式提供服務的經驗；

‧辨識和管理風險的文化；

‧拓展市場的敏銳觸覺，尤其是資本市場。

只要公營部門與私營機構攜手合作，共同發揮所長，便能為社會提供最具效率和成效的服務。這樣，政府便可把稅務收益集中用於指定優先項目，為社會創造財富，保障公眾安全及健康。

善用私營機構的運作和資源提供公共服務，可讓政府更有效地運用有限資源，集中投放於指定的優先項目，本港經濟體系也可充分把握在地區以至全球市場不斷出現的新機遇。因此，政府的政策，首先考慮善用私營機構推行新項目；如有令人信服的證據顯示某項目不宜依循此既定政策，則作別論。

為貫徹這項政策，各部門有責任定期檢討轄下的服務，以決定服務可否由私營機構提供，如屬可行，則應研究以甚麼方式提供。如有證據顯示由私營機構提供服務會帶來好處，部門便應落實此新安排。同時，如部門現時與私營機構訂有合約，亦應致力於改善相關採購安排和合約管理。

把適當的服務交由私營機構承辦，能開拓商機、創造財富和增加職位。這些發展機會很難在公營部門的運作環境下出現。部門已認識到私營機構一般能以較低的成本及較佳服務質素為公眾提供服務。

政府應該善用近年累積的經驗和知識；必須儘量利用私營機構的技巧、創意和靈活性，為公眾提供更多和更佳的服務。只有那些私營機構不能承辦或必須由公務員處理的工作，才應由政府部門自行提供。

私營機構參與公共服務這個模式，多年來已融入於多項改革措施中，包括引入新科技和提高成效的方法。鑑於有限的公帑，政府已在考慮私營機構能否協助政府按優先次序提供服務。公營部門及私營機構在提供公共服務方面，明顯地是能夠互相補足，並符合公眾利益。

「私營機構參與公共服務」是一項改善公共服務的策略，讓私營機構在指定角色及職責內提供服務：

表3.1　私營機構的角色及職責

角色	職責
提供公共服務，例如清潔街道或簽發車輛牌照；提供個別部門或跨部門服務或執行有關職能，例如提供膳食或資訊科技支援；規劃和推行大型項目或基建工程，例如興建橋樑或貨櫃碼頭。	提供資源，例如專業知識或科技；管理成本及財政預算；帶來收入；投資及項目融資；提供固定資產，例如樓宇或設備；危機管理。

資料來源：效率促進組網站：http：//www.eu.gov.hk，2011年5月31日。

其中，主要的「私營機構參與公共服務」形式有：

· 外判；

· 公營部門與私營機構合作。

「私營機構參與公共服務」已證明能夠達至雙贏的效果，不單政府和社會受惠，私營機構也獲得發展機會。

效率促進組已成立專責小組，協助政府各局和部門在提供公共服務方面，加強私營機構的參與，特別是採用外判和公營部門與私營機構合作方式。目標如下：

· 協助各局和部門解決進行「私營機構參與公共服務」計劃時遇到的困難；

· 透過採用妥善的提供服務方式和程序，提高「私營機構參與公共服務」計劃的成效；

· 透過宣揚良好的工作方法，協助各局和部門加快計劃進度和減低成本。

　　為協助各局／部門發掘私營機構參與公共服務的機會並執行有關計劃，專責小組提供以下服務：

- ・進行可行性研究和業務個案研究；
- ・提供有關重整工序／改進表現的服務，協助各局和部門做出「私營機構參與公共服務」方面的決定；
- ・策劃項目、進行範圍界定研究和訂定推行方案；
- ・釐定服務規格；
- ・釐定投標評審準則；
- ・查證服務提供者是否稱職盡責；
- ・設立合約管理和關係管理制度；
- ・舉辦培訓課程、研討會及經驗交流會等支援服務。

(二)外判、承包、合約轉營

1.外判概述

　　按照香港當局的說法，外判是指政府部門與外間服務供應商之間的合約安排，讓有關供應商在一段時間內提供指定的服務並向部門收取費用。[2]根據這個概念，公共組織可以通過私營部門在外判合同安排購買必要的公共服務，而不是僅僅依靠在政府內部生產。政府是服務提供者，即是安排服務並為之而挑選其生產者的一方；私企則是服務生產者，即是實際推行服務的執行者一方。此種民營化方式的對象可以不是服務而是一些設施，是政府通過契約將資產交由具有較強經營能力且能承擔風險的私營企業有償經營，實行所有權與經營權分離，即資產或設施仍屬國家所有，而其營運管理則「判」給私人公司負責，例如政府停車場、政府屠場，這二者，加上街道清潔服務，香港早於上世紀80年代已外判給私人承辦商。[3]

　　近期，面對財政壓力，再加上市民對服務訴求不斷增加，香港政府更加鼓勵私營機構參與公共服務，很多部門都積極推動私營機構參與提供公共服務，特別是採用「外判」形式，以有限的資源提供更有效益的服務。據了解，在2008年，在所有政府81個部門中，有75個，即93%的部門曾經或正在參與將其非核心業務外判。[4]

　　外判是私營機構參與公共服務的主要方式之一，在公營部門內廣為提倡，以改善服務的效率及質素。外判能夠配合「大市場，小政府」政策，故十分切合香港的情況。妥善的外判安排，可讓政府自由提供更佳的服務，並集中資源處理必須由公務員負責的政策事宜，以及執行監管和提供法定服務等職能。外判能提高生產力和效率，對政府和市民都有利。外判是溫和的民營化，因為政府仍然控制公眾資產和承擔法定職責。在另一方面，外判使公共部門獲得市場機制的優勢，但不損害公共服務水平和確保更有效率和有效地提供公共服務。[5]

　　政府外判服務的一般原因包括：改善現有服務，並應付服務需求的增長及新增服務的要求；務求提高成本效益及效率；更靈活地回應浮動不定的需求；控制公務員人數的增長；從市場引入新技術及科技。

　　外判程序之三個階段：

表3.2　外判程序之三個階段

	第一階段 擬備業務計劃	第二階段 招標及甄選	第三階段 監管合約
工作	界定服務範圍 訂定服務水平 計算成本 尋求和分析可能的解決方案 擬備業務計劃及採購服務的策略	擬備向市場發出的招標文件和釐定評審準則 監管招標過程 評審標書 查證投標公司是否稱職盡責 磋商合約內容	籌備過渡及移交安排 監察提供的服務和管理合約雙方的關係 管理合約 檢討外判效益 檢討和重新籌備新合約
成果	業務計劃證實可行並獲得通過	簽訂合約	提供服務和監察服務表現

資料來源：效率促進組網站：http://www.eu.gov.hk，2011年5月31日。

要外判取得成果，部門應該辦妥以下工作：釐定明確的目標；明確界定所需服務範圍和水平；在擬備合約和監管合約的履行情況時，不但要專注，還要付出足夠的時間和資源；訂定適當的甄選準則和評分制度，用以挑選合適的服務提供者；與內部員工有效地溝通，爭取支持；策劃和管理轉變服務提供者的過渡安排；訂定相關的可衡量服務指標以便做出表現彙報及監察；與服務提供者有效地溝通。

不論是讓私營機構參與公共服務還是由部門自行提供服務，部門同樣要面對各種挑戰。不過，外判服務仍有相當大的發展潛力，包括可以利用行之有效的方式外判同類型的服務，以及將外判模式擴展至新的服務範疇。

從部門的回應中清楚可見，外判服務能以較低成本提供質素相若或較佳的服務，使市民受惠。從宏觀角度而言，外判服務有助於政府削減財政赤字，靈活調配公務員人手，並為私營機構創造職位和商機。[6]

外判是一個過程，形成了一個合同，買方賣方之間的關係將建立在負責任的公共組織和私人代理的基礎上。這種新關係的安排，有利於為公共組織向私營部門轉移部份風險，對各方的互動參與有一個更好的控制。此外，外判可以讓公共組織在資源部署和政策的執行上有更大的效率和靈活性。目前，各國許多政府出於不同的原因，在過去幾十年已逐漸外判部份公共服務予私人公司。根據研究，世界上超過 50%的公營和私營機構已涉及外判活動，特別是在一些西方發達國家，如美國和英國。[7]

2.政府外判服務調查

效率促進組從2000年開始進行兩年一次的政府外判服務調查。2010年，效率促進組完成了第六次調查，以下是部份調查結果。[8]

過去十年，政府一直廣泛採用外判方式推行項目和提供服務。以每年外判服務開支計算的整體外判工作量，除2000年外，開支總額都達到100億港元

以上，外判服務合約數目則保持在3,000份以上。通過外判，與原先自行提供服務比較，政府平均節省的開支達到二至三成。（**表**3.3）

表3.3　政府外判服務總覽

年份*	2000	2002	2004	2006	2008	2010
外判服務合約（份）	-	3609	3582	3048	3296	3981
合約總值（億港元）	-	-	-	730	850	810
每年外判服務開支（億港元）	78	130	139	121	138	160
平均合約年期（年）	-	2.6	3.1	3.2	3.5	-
平均節省的開支（%）	-	23	25	26.6	29	30

*截至該年7月31日

　　表3.4及**表**3.5顯示，香港政府外判服務種類繁雜，共可分為18個類別（詳細說明見本書附錄I）。而按服務類別劃分的每年外判合約值，在2006年及2008年最高的五個類別依次均為環境衛生服務、樓宇及物業管理服務、資訊科技、運輸服務和機器及設備保養。環境衛生服務包含街道清潔服務，香港有大量公共房屋（公屋及居屋），其管理都已外判給私人物業管理公司（詳見下文），故不難理解，該兩個類別的每年外判合約值都分別高居榜首及第二名。

表3.4　外判服務合約值（億港元）（按外判服務類別）

外判服務類別	2006	2008
環境衛生服務	400	501
樓宇及物業管理服務	150	168
資訊科技	65	72
運輸服務	32	39
機器及設備保養	6	33
財務及會計	6	6
文化及康樂服務	5	5
其他	4	5
技術服務	38	5

(續)表3.4　外判服務合約值（億港元）（按外判服務類別）

外判服務類別	2006	2008
社區、醫療及福利服務	5	4
培訓及教育	2	4
辦公室支援和行政服務	1	2
法律服務	2	1
人力資源管理	1	1
查詢中心	8	1
市場推廣、宣傳及公共關係	1	1
政策諮詢和管理顧問服務	0.6	1
印刷及分發	0.7	0.4
總值	727.3	849.4

表 3.5　2008年外判服務合約值、份數及每年外判服務開支

（按外判服務類別）

外判服務類別	合約值（百萬元）	合約（份）	每年外判服務開支（百萬元）
環境衛生服務	50,097	150	2,554
樓宇及物業管理服務	16,778	888	6,294
資訊科技	7,157	499	1,476
運輸服務	3,883	100	935
機器及設備保養	3,291	276	896
財務及會計	626	29	352
文化及康樂服務	534	54	185
其他	506	138	183
技術服務	495	411	162
社區、醫療及福利服務	410	48	149
培訓及教育	374	76	139
辦公室支援和行政服務	229	119	107
法律服務	149	199	90
人力資源管理	148	75	88
查詢中心	98	9	79
市場推廣、宣傳及公共關係	95	140	55
政策諮詢和管理顧問服務	81	43	34
印刷及分發	42	42	21
總數	84,993	3,296	13,799

　　按政府部門算，2006年，下列五個部門的開支佔每年外判服務開支總額的大部份（67%），依次為：房屋署、建築署、環境保護署、食物環境衛生署和康樂及文化事務署。與2004年及2008年的調查結果相若。（**表3.6**）

表3.6　每年外判服務開支（億港元）（按部門）

政府部門	2004	2006	2008
房屋署	45	35	41
建築署	19	15	14
環境保護署	19	13	-
食物環境衛生署	8	9	10
康樂及文化事務署	6	8	9
運輸署	7	5	-
政府資訊科技總監辦公室	0	4	5
入境事務處	3	3	3
政府產業署	2	2	4
民航處	2	2	-
其他	28	24	23
總額	139	120	-

　　2004至2008年，價值130萬元以下的外判合約所佔比率高達72%或以上，自2004年進行調查以來，價值較高的合約（200萬元或以上）所佔的比率持續上升。

　　2006年，價值500萬至1,000萬元的合約所佔百分率減少，主因是有96份物業管理合約轉交領匯房地產投資信託基金（平均每份合約價值600萬元）。

　　2006年，在所有服務提供者／外判承辦商中，有59.8%滿意獲批的合約金額，但有39.7%認為合約金額太小，即有差不多40%服務提供者希望承辦金額較大的合約。2008年，有65%滿意獲批的合約金額，但有35%認為合約金額太小，而認為合約金額太大者一個都沒有。

　　2006年，90.1%的服務提供者承辦合約的年期不超過三年，2008年則為88%。2006年，62.8%的服務提供者認為合約年期適中，33.1%的服務提供者認

為合約年期太短；2008年則分別為73%及23%。數據顯示不少承辦商認為當局可進一步延長合約年期，但對政府來說，年期太長的合約可能出現難以監管的問題。

　　2006年，政府部門主要基於實際原因把服務外判，頭四位的原因依次是：部門未能自行提供所需服務；讓部門把資源投放於核心服務；解決人手不足問題；獲取科技。在2008年，頭四位的原因大致相同，依次是：部門未能自行提供所需服務；解決人手不足問題；獲取技能；讓部門把資源投放於核心服務。「降低成本」這個理由在2006年只排行第五，2008年排行第六。

3.公共屋邨管理及維修服務的外判[9]

(1)背景

　　在1998年公共屋邨租置計劃（Tenant Purchase Scheme, TPS）和其他措施實施後，香港政府房屋署鼓勵租住公屋住戶購買其所有權，越來越多租戶成為業主。在租置計劃下，房屋署已不再提供租賃和內部維修服務，居民轉而成為業主。此外，新的所有者有權選擇私營物業管理公司，而不是房屋署的工作人員提供公共屋邨的管理及維修服務（Estate Management and Maintenance, EMM）。在這一情況下，屋邨的管理及維修服務從政府轉移到私營部門是一個自然的發展。根據租置計劃的政策，在1998至2007年的十年間，香港房屋委員會（「房委會」）將出售不少於25萬個現有的出租單位。有關的政策轉變將毫無疑問迫使政府認真考慮是否需要外判公共租住屋的管理及維修服務。據房委會在1998年的一項研究，即使房屋署停止招聘管理及維修的工作人員及填補自然流失職位，到2009年，將有1,300名工作人員過剩。另一個外判的根本原因是服務成本的考慮。1998年，行政長官提出「資源增值計劃」（詳見本書第九章），旨在實現政府開支的最佳使用，以確保公共服務持續改善。作為一個主要的在社區的服務供應者，房屋署考慮通過外判安排來降低成本已提上議

程。房屋署高級官員及公務員事務局在一些場合曾表示,公共屋邨的管理及維修服務外判計劃,將有助於政府到2009年節省超過港幣9億港元。

一位房屋署人員認為,外判計劃亦有政治上的考慮。面對一系列失誤的強大批評,如短樁事件,房屋署正努力採取行動,以重建公眾的信心。為解決上述關注,房屋署在1998年底委託顧問公司,探討加強公屋管理及維修服務的私營部門參與(Private Sector Involvement, PSI)的可能性和機會。1999年2月,顧問研究報告發表,提出了以下建議:

(1)根據外國的經驗,私營部門參與可節約成本約40%;(2)以公眾關注的程度考慮,應優先將公屋管理及維修服務外判給私營部門;(3)私營部門參與五選項:附屬公司、合資、私營公司、管理層收購(Management Buy–Out, MBO)[10]和分階段服務轉移(Phased Service Transfer, PST)中,以非核心服務的分階段服務轉移最能滿足需要和對現有員工影響相對較低;(4)合約期限不應這麼久,即二至三年,可續期;(5)管理層收購方案是一個可能的措施以促進實施PST;(6)房屋署應安排有潛力的承辦商,以移交房屋署工作人員在選定的私營物業管理公司(Private Management Agency, PMA)工作;(7)五至七年是一個合理的時間,以完成公共屋邨管理及維修服務的PST;(8)房屋署應審查任何提前退休計劃的可行性,以解決工作人員的過剩問題。

(2)公共屋邨的管理及維修服務外判計劃的實施

顧問報告發表後,房屋署廣泛徵詢員工意見。雖然員方表示保留,並安排一系列抗議,房屋署仍決定實施這項計劃,因為迫切需要採取確保改善部門效率、服務質量和解決預期租置計劃所帶來的人手過剩問題。房屋署同意顧問報告,指出分階段服務轉移是最可行的方法,但管理層收購應選擇考慮並行。房委會在1999年5月6日舉行的會議原則上贊同採用PST方法外判屋邨管理及維修服務的建議。隨後,房委會成立一個工作組,研究外判計劃的實施細則,包括規模和進度、PST的安排、投標資格、工作人員轉移的安排、對MBO的可行

性選擇以及房屋署工作人員的離職條件和物業管理公司表現的監督機制等。

1999年12月，該工作組公佈報告，房委會於2000年1月27日舉行的會議通過了工作組以下建議：

(1)通過使用PST方法轉移屋邨管理及維修服務給私營部門，在2000/2001和2001/2002年分別將不超過25,000及50,000個公屋住宅單位投入外判計劃；

(2)為確保離開房署的職員的就業機會，選定物業管理公司須聘請前房屋署職員，建議水平不低於總數的20%。如果房屋署聘用的工作人員在第一個合約任期內下崗，有關的PMA要聘請另外一個前房屋署職員更換；

(3)通常第一個任期內的合約將為期三年，表現令人滿意的可續約；

(4)每一PST合約將包括約8,000至10,000個住房單位，涉及二至三個屋邨；

(5)實施MBO可為受影響的房署人員轉移到私營部門提供一個替代方式的選擇。然而，應對管理層收購的公司實行一些限制，以確保穩定。這包括由房屋署的工作人員擁有最低的51%股權，此外，不少於50%的主管人員和30%的其餘下屬人員應當從前房屋署具有相關經驗和資格的職員中招募。作為一項措施，以支持房屋署職員退出並成立MBO公司，應給予這些員工自組的公司招標上的優先考慮。

為了配合實施PST和安撫不滿的員工，政府推出一個自願離職計劃（Voluntary Departure Scheme, VDS），為選擇離開房署職員提供一具有很好條件的待遇。將給予房屋署的工作人員到2003年2月三年時間決定是否加入或不加入自願離職計劃。房屋署亦承諾逐步移交服務安排的步伐應配合自願離職計劃的進展，以確保無錯配的情況。

公眾最初的反應是對該計劃的執行情況普遍支持，除了一些評論指出房

屋署職員自願離職計劃可能過於慷慨；管理層收購公司的特別對待可能破壞市場機制的公平競爭。

2000年1月，工作組的報告通過後，公共屋邨管理及維修服務外判安排便全面展開。2000年，共批出16個外判合約，涵蓋145,000個出租房屋的單位，其中五份合約，涵蓋34,000個出租房屋的單位，根據第一階段的外判計劃授予員工自組公司。2001年7月，房委會同意到2003/2004年，增加外判180,000個公共租住屋單位。基於這樣的假設，約3,300名房屋署職員會退出並參與自願離職計劃。另一批88,000個單位會列入第二階段的外判計劃，其中52,000個單位授予MBO的公司。

最後一批外判合約是在2003年初頒發。到此時，房委會已外判81條公共屋邨的管理及維修服務予14間物業管理公司和15間員工自組公司，分別涉及超過320,000個單位，佔公共房屋總數約50%。關於自願離職計劃的進展情況，房屋署職員近3,000人在2003年2月申請日期截止後選擇離開該部門，涉及超過4億港元退休金和特別付款。

(3)公共屋邨的管理及維修服務外判計劃的財政影響和資源調配安排

據一位房屋事務經理所說，物業管理公司管理團隊員工的薪酬成本遠遠低於原房屋署人員。首先，房屋署房屋事務經理的月薪大約是港幣60,000元，薪金可以聘請兩名物業服務經理。房屋事務主任和物業服務主任之間的工資差異甚至更大，房屋事務主任的工資為港幣30,000元，可以抵銷約四名物業服務主任的工資，其工資一般介乎港幣7,000元至港幣8,000元。除基本薪金外，有關人員的大量開銷費用，例如不同類型的工作相關津貼、休假和醫療優惠，使房屋署管理團隊的經營成本遠高於PMA的團隊。在競爭激烈的招標投標中，許多物業管理公司只提出了一個非常低的投標價格，以贏得合同。

對於物業管理公司和員工自組公司，其平均營運成本為每個屋邨單位每月305至400港元的範圍。相反，儘管出現了一直向下調整的趨勢，房屋署直接

管理下每個單位平均經營成本每月仍高於前二者逾港幣400元。（**表3.7**）

表3.7　房屋署直接管理下出租公共房屋每單位平均營運成本

	1998-1999（$）	1999-2000（$）	2000-2001（$）
房屋署直接管理下出租公共房屋每單位平均營運成本	13,400（每年） 1,116（每月）	11,340（每年） 945（每月）	10,200（每年） 850（每月）

資料來源：香港房屋委員會：《公司計劃》，1999-2000年，2000-2001年， 2001-2002年和2002-2003年。

　　另一方面，比較兩個不同的管理模式，PMA的項目組有更多的靈活性和效率，使資源調配得以應付緊急情況。例如，要提供更多以客為本的服務和提高資源調配的靈活性，外判屋邨的辦公時間可從下午5時延長至晚上8時。據一位房屋經理所說，當值的PMA管理團隊物業服務人員得隨時更改工作以處理突發情況。在某些時候，當物業服務經理長期空缺時，PMA會增加薪酬，以吸引市場上潛在的候選人加入其團隊。此外，很多物業管理公司，特別是大型的公司，可以在很短的時間間隔重新部署大量的工作人員，如保安員和工人，以應付緊急情況。鑒於行政及招標程序的限制，類似的安排在公務員團隊是罕見的，甚至是不適用的。

(三)公營部門與私營機構合作

1.概述

　　20世紀90年代，英國率先提出了公營部門與私營機構合作（Public-Private Partnership, PPP）的概念，它主要是英國的公共部門與私人部門關係演變的自然結果。PPP被認為是政府提供現代、優質的公共服務以及提升國家競爭力戰略的關鍵因素，是政府現代化進程的基石。

　　PPP或PPPs，又譯為「公私合作夥伴關係」，在台灣地區也譯作「公私協

力關係」，大抵是指一種由公私營部門雙方共同提供公共服務或進行計劃項目的安排。在這種安排下，雙方透過不同程度的參與和承擔，各自發揮專長，產生協同效應（synergy），收相輔相成之效，達到雙贏。[11]有關安排的特點如下：

- 大規模長遠高價計劃項目，通常涉及興建為特別服務設計的新設施；
- 政府指定服務的質和量，以及提供服務的時限；
- 私營機構負責提供指定的服務，政府則主要擔起規管和採購服務的工作；
- 雙方建立長期合作關係，一般由10至30年不等，視乎將會提供的設施、資產或服務的性質而定；
- 雙方各按專長共同分擔責任和風險；
- 私營機構及／或政府先為項目提供資金（全部或部份），私營機構及／或政府然後從合約期內收取費用或款項以取回投資金額；
- 鼓勵私營機構以創新和靈活的方法，在整段項目使用期內提供合乎成本效益的優質服務；
- 以一條龍方式提供項目設計、建造、營運和保養服務。

PPP的概念自英國最早提出以來，在美國、加拿大、法國、德國等主要西方國家以及澳大利亞、新西蘭和日本諸國得到了廣泛的回應。歐盟、聯合國、經濟合作與發展組織以及世界銀行等國際組織也將PPP的理念和經驗在全球範圍內推廣，至此，包括中國、印度、巴西、墨西哥在內的很多發展中國家紛紛開始學習和嘗試公私合作制。但是，各個國家和組織機構對公私合作制的理論認識和實踐進展還是存在著一定的差異。

目前，PPP在全世界的應用已經成為一種趨勢。據世界銀行統計，僅在基礎設施領域，1984至2002年，世界各國82%的供水項目和92%的道路交通專案採用了不同的PPP模式，另有9%的能源專案和3%的通訊專案是採用PPP模式進

行投資的。[12]

　　公營部門與私營機構合作的方式多種多樣，包括有：(1)私營機構融資計劃。利用私營機構的技能和資金開展新的服務計劃，從而善用公營部門的資產，包括有形資產及知識；(2)合資經營。公營部門與私營機構建立夥伴關係，共同管理雙方湊合的資產、資金和專門知識，讓雙方利益得以長期增長；(3)合夥公司。在政府擁有的業務引進私營機構的擁有權，同時藉法例、規管、合夥協議，或保留特定的政府股份，以維護公眾利益和公共政策目標；(4)合夥投資。公營部門與私營機構建立夥伴關係，公營部門為私營機構的投資項目提供資金，目的是確保公營部門可分享項目的投資回報；(5)特許經營權。政府給予私營機構特許經營權，以便按議定的期間提供公共服務。相關私營機構需在此段時間支付特定費用，以賺取就服務所得的全部或部份收益。[13]

　　PPP方式也可以理解為一系列專案融資模式的總稱，包括BOT（Build-Operate-Transfer）（建造─營運─移交）、BOO（Build-Own-Operate）（建造─擁有─營運）、BOOT（Build-Own-Operate-Transfer）（建設─擁有─營運─移交）、DBO（Design-Build-Operate）（設計─建造─營運）、DBFO（Design-Build-Finance-Operate）（設計─建造─融資─營運）、TOT（Transfer-Operate-Transfer）（移交─營運─移交）等具體模式。[14]

　　「設計─建造─融資─營運」等模式的主要好處，在於透過把風險（例如造價超支的風險）由納稅人轉移至私營機構，以及引入私營機構的創新和效率，提高物有所值的程度。道路基建的「設計─建造─融資─營運」合約在衡工量值方面平均可達到節省15%的幅度。[15]

2.外國的經驗

　　英國是實施公營部門與私營機構合作計劃的先驅，推行此計劃相當有成績。目前英國已簽訂超過620項、總值近600億英鎊的公營部門與私營機構合作

計劃。這數目可能超過全球各地的總和。計劃廣泛應用在不同種類的服務，包括運輸、教育、監獄、醫療、國防、康文、政府辦公室、環境、房屋、法院及資訊科技。在英國，主要的公營部門與私營機構合作計劃採用服務合約、土地換取服務、聯營及投資項目管理等模式推行。

在澳大利亞，雖然各省均有推行不少公營部門與私營機構合作計劃，但維多利亞省政府是率先全面採用這種合作模式的省政府。維省的政策、做法和指引已成為全國的楷模，並成為國際公認的標準。2000年6月，維省政府推出維多利亞省夥伴合作政策綱領，讓私營機構投資公共／社會基建，重點在於為市民提供符合成本效益和公眾利益的服務。除非另有宣佈，否則與私營界別合作時，政府投資的所有公共基建和相關附屬設施均受這項政策規管。

加拿大在推行公私合營計劃方面，累積了豐富的知識和經驗。當地廣泛應用公私合營模式提供聯邦、省和地方等各級政府的服務，成效卓越，廣為市民所接納。就體育和文化等範疇而言，加拿大更可能是應用公私合營模式的世界先驅。各國政府亦在加拿大設立專責機構如Partnerships British Columbia，專責推動發展善用公私合營計劃。[16]

3. 香港的經驗

到目前為止，香港在公營部門與私營機構合作方面的嘗試主要在道路交通的基建工程方面，即回歸前五條隧道的建造及回歸後一些大型基建項目的進行。從這些項目所得經驗中發現，私營機構參與公共服務這個模式，以往只應用於經濟基礎建設方面，而實際上這一模式有很大的發展空間，尤其是在發展社會基礎設施和其他服務。根據英國和澳大利亞等的相關經驗，更令香港政府相信可進一步開拓這種模式的應用範疇。

(1)紅磡海底隧道、東區海底隧道、西區海底隧道、大老山隧道與大欖隧道
　　及元朗引道

　　香港由於其海島地理及丘陵地貌，隧道顯然是重要的公用事業。獅子山隧道、香港仔隧道及其他較小型的隧道都是由政府斥資直接建造，但有五條較大型的隧道則是由私人財團通過BOT（建造─營運─移交）形式集資興建的，它們是紅磡海底隧道（1972年通車啟用）、東區海底隧道（1989）、西區海底隧道（1997）、大老山隧道（1991）與大欖隧道及元朗引道（1998）。BOT的安排是隧道由公司建造及按政府與公司雙方協定的專營期營運，專營期屆滿後，公司資產須歸予政府，即隧道由公司移交政府，屬政府所有。例如紅磡海底隧道本來也是由私人公司興建及營運，2002年專營期屆滿後，便歸政府所有。

　　建造和營運紅磡海底隧道的是海底隧道有限公司，公司的股東包括Victoria City Development Co.,Ltd.等。政府持有10%的股份，以後增加至最高的25%。公司按照《海底隧道條例》授予的專營權營運，為期30年。隧道公司須向政府繳付專營權費，按營運收入的12.5%的比率計算。

　　建造和營運東區海底隧道的是新香港隧道有限公司，公司的股東包括Kumagai Gumi Company Limited、中國國際信託投資有限公司、保華建築有限公司及Lilley Construction Limited。另外，政府持有5%的股份，當由沙田範圍經大老山之下或大老山範圍的隧道通往東九龍的接駁幹道開放供公眾使用時，再持有2.5%的股份。（見《東區海底隧道條例》，第13(1)條）公司按照《東區海底隧道條例》授予的專營權營運，為期30年。

　　建造和營運西區海底隧道的是香港西區隧道有限公司，公司的股東包括Adwood Company Limited、The Cross-Harbour Tunnel Company Limited、招商局集團（香港）有限公司、嘉里集團有限公司及中信泰富有限公司。公司按照《西區海底隧道條例》授予的專營權營運，為期30年。

　　建造和營運大老山隧道的是大老山隧道有限公司，公司的股東包括Nishimatsu Construction Co., Ltd.、怡和有限公司、Trafalgar House Public Limited Company、C. Itoh & Co., Ltd.、新世界發展有限公司及華潤（控股）有限公司。公司按照《大老山隧道條例》授予的專營權營運，為期30年。與其他隧道不同，大老山隧道須向政府繳付專營權費：首五年按營運收入的2.5%的比率計算，其後按5%的比率計算。外加另一項專營權費：首五年按超過預計淨營運收入的15%的比率計算，其後按30%的比率計算。（見《大老山隧道條例》，第9條）

　　建造和營運大欖隧道及元朗引道的是三號幹線（郊野公園段）有限公司，公司按照《大欖隧道及元朗引道條例》授予的專營權營運，為期30年。[17]

(2)數碼港計劃

　　數碼港計劃包括數碼港部份及附屬的住宅發展部份。該計劃於1999年由政府與盈科拓展集團合作進行。數碼港部份旨在吸引領先的資訊科技及資訊服務公司和專業人才匯聚香港，而住宅發展部份則會帶來收入，用以支持該項目。該項目計劃耗資130億港元，2001年開始興建，到2007年分期建成。

　　根據有關計劃協議，發展商盈科負責提供及籌集資金，以應付項目的所有開支。盈科須投入158億港元並承擔一切建築及財務風險。而政府的資本付出額則為數碼港發展商獲批給發展權時住宅發展部份的地價。發展商須專為此而設立公司，透過該公司將已竣工的數碼港部份交回給政府，並將住宅部份推出市場公開發售。發展商有權獲取出售住宅單位所得的部份收入，而政府則取得從數碼港部份所收取的租金和其他收入。

(3)東涌吊車工程項目

　　東涌吊車工程項目為一項為期30年的專營項目，於2002年批予地鐵公司，按BOT（建造－營運－移交）的公私營機構合作，為該吊車系統提供融

資、設計、建造、營運及維修。根據獲行政會議批准的實施綱領，政府於2001年發出項目大綱，邀請有興趣的機構就該項目提交詳細的建議書。政府接獲三份建議書，然後選出兩家建議者，包括地鐵公司，於2002年1月作進一步洽談。

　　2002年7月，政府與地鐵公司簽訂臨時協議。臨時協議准許地鐵公司在政府給予該公司專營權之前，展開項目的工程。根據臨時協議，地鐵公司進行的初步工程包括為東涌吊車系統及其配套發展擬備合適的設計、進行必要的環境及技術研究，以及完成所需的法定程序。

　　《東涌吊車條例草案》於2003年2月12日提交立法會。該條例草案旨在為發出專營權提供法律綱領。條例草案亦訂出了專營者於專營期內的權責。條例草案於2003年5月28日通過。有關建造及營運吊車系統的詳細規定，由地鐵公司與政府於2003年11月19日簽訂的計劃協議規管。

(4)亞洲國際博覽館工程項目

　　亞洲國際博覽館位於香港國際機場，由三個機構共同注資和擁有，該三個機構分別為政府、機場管理局以及一個私營財團。政府和私營財團負責支付建築費用，而機管局則負責提供場館用地。該私營財團亦須負責博覽館的設計、興建、管理和營運工作。

　　博覽館首期設施可提供66,000平方米的展覽空間，並在2006年首季全面投入服務。博覽館可因應市場需求，將展覽空間進一步擴展至100,000平方米。博覽館已安排於2005年年底試業。

　　博覽館首期工程的建築費用預計約為23億港元。政府撥款20億港元以內的數目，以支付總建築費用的85%，其餘15%則由有關的私營財團負責。2003年2月28日，政府及機管局就該項工程項目招標。2003年8月23日，政府、機管局及有關的私營財團就博覽館的設計、興建和營運工作簽訂合資企業協議。

(5)與旅遊有關的工程項目

前水警總部

前水警總部的翻新工程，是香港回歸後首個讓私營機構參與，將具重要歷史價值的建築物保存，並發展為文物旅遊設施的項目。該項目於2003年5月批予Flying Snow Limited，土地契約為期50年。

中區警署、域多利監獄及前中央裁判司署

政府決定讓私營機構參與保存、修復及發展的其他文物旅遊項目，包括中區警署、域多利監獄及前中央裁判司署。政府計劃於2004年為項目進行投標。中標者將獲批為期50年的土地契約。2010年10月，投標揭盅，中標者為香港賽馬會。[18]

回歸後，香港政府對PPP開展考察和研究的活動亦時有進行。2004年6月7日至11日，統籌香港政府公營部門改革的效率促進組安排來自各局和部門的22名人員到澳洲維多利亞省的墨爾本，考察公營部門與私營機構合作計劃，使各部門更深入認識公營部門與私營機構合作的模式，並且加以運用。這類考察屬首次舉辦，有助於香港公務員親身體驗並大大加深了解澳大利亞的公營部門如何與私營機構合作，提供社區服務。2005年4月18日至29日，效率促進組則安排前往英國考察公營部門與私營機構合作計劃。

2006年6月，效率促進組又安排香港公務員前往加拿大，考察當地的公營部門與私營機構合作計劃，進一步使各部門更深入認識公私合營模式，並且加以運用。

效率促進組亦經常為公務員舉辦有關PPP的研討會及培訓班。自2005年4月至2006年9月共舉辦了12次有關研討會，逾1,500名公務員參加。效率促進組在2003年8月印製了一份《公營部門與私營機構合作的簡易指引》，列出了公私營機構合作的基本概念及陳述有關公私營機構合作的主要問題，以加深公務員及私營機構對該模式的認識。

效率促進組曾參與多項公營部門與私營機構合作計劃和項目，擔任不同督導委員會、專責小組及／或跨部門工作小組的成員，不時就公私合營的問題提供諮詢服務和意見。

效率促進組專門協助各局和部門，就任何計劃研究是否適合以PPP模式進行，並會不斷提供所需支援，直到計劃落實為止。另外，香港特區第一任行政長官董建華在其《施政報告》中曾經指出，政府會「更廣泛採用其他模式，例如公私營界別合作，進行工務計劃下的大型工程項目。」上任行政長官曾蔭權也曾說：「過去幾年，我們努力研究世界各地所採用的各種公營部門與私營機構合作模式，在本港推行多項計劃。我們也曾派代表團到澳洲和英國考察，了解當地以這個模式提供的多種服務的情況。我們對公私營機構合作可帶來的好處及可拓展的服務範疇，已有相當認識。無可置疑，這個模式是傳統提供服務方式以外另一個可行的模式。我們認為，因應個別發展項目的特別情況，假如公私營機構合作模式是最佳的方案，理應加以採用。」[19]過去數年，歷任財政司司長在他們的《財政預算案》演講詞中均重申，政府的長遠政策是讓私營機構參與提供公共設施及服務，從而鼓勵創新、提高生產力，加快施工和提供服務速度，以改善服務質素和效率，以及增加投資香港的機會。政府鼓勵各政策局／部門讓私營機構參與提供公共設施及服務。

4.意義及啟示

毫無疑問，公營部門與私營機構合作代表新公共管理一種趨勢及價值，符合建立起催化作用的政府的精神，即將掌舵與划槳分開，政府應「掌舵」（政策和規則制定），而不是「划槳」（服務提供和執行）。PPP這個模式可廣泛應用於下列範疇：隧道、交通基建；機場、快速運輸系統和公路的維修保養；城市和樓宇重建；能源效益和循環再造；濾水和污水處理；體育及娛樂；藝術和文化；醫療護理；法庭服務；懲教服務；泊車系統和駕駛考試；資訊科

技；地方保健計劃（如興建一站式的醫護服務大樓）；教育夥伴；市區重建和廢物處理；公共房屋；監獄。

而這個模式的優點包括：[20]投資和運作更有效率；市場競爭取代政府專營；顧客／市民獲賦予更多權力；在公共服務方面引入商業運作常規；把規管和提供服務的職責分開；更有效地分散風險——把風險由納稅人轉移給投資者；通過競爭和多元化服務，改革公營部門；工程項目準時竣工的數目較往常增加三倍（以往是25%，現在是75%）；減少直接借貸及／或耗用儲備；降低項目使用期內的成本，使利潤增加；更多借助私營機構的專才、技術及經驗、科技知識及創新精神，以提供更佳的公共服務；維持一個小政府及精簡的公務員隊伍；大大提高公共設施及服務的質素；促進經濟增長、創造就業及投資機會。

根據外國及香港經驗，公營部門與私營機構合作，在一定條件下可發揮它的優勢，包括：[21](1)在適合的計劃中，公營部門與私營機構合作能有效地提升服務的經濟效益及質素；(2)高層的領導及承擔對於推動公營部門與私營機構合作極為重要，缺乏領導及承擔將令部門難以捨棄以往的工作模式；(3)政府內部必須通過政策、指引及專業意見，提供支援，這亦避免部門浪費資源重複相同步驟；(4)公營部門與私營機構合作的方案能應用於各種公共服務上，但不一定是照搬人家的模式。每一計劃必須考慮個別情況、政策及目標進行獨立設計；(5)公營部門與私營機構合作不適用於規模較小的計劃（在英國是指2,000萬英鎊以下）；(6)相類似的計劃能提供借鑒之處，公營部門可從以往經驗中得到啟發，透過更有效地評估及掌握風險而減低成本。而私營機構方面，亦能從中汲取知識，有助其成立專業隊伍及制定投標成本；(7)儘早諮詢受影響員工的意見，增加透明度是重要的；(8)計劃要成功，公營部門及私營機構的密切合作至為重要；(9)公營部門能夠確保服務供應商在整段合約期間提供指定的服務，才能令公營部門及私營機構合作發揮最大效益；(10)需要審慎研

究公營部門及私營機構的服務供應能力，推出計劃時，需要循序漸進，適量及適度地推行，以確保市場維持均衡的競爭；(11)維持競爭有助於公營部門提供最具成本效益的服務。

　　但公營部門與私營機構合作模式可能出現的問題有：[22]政府失去控制權；私營機構對公眾的問責性不足──年期長達30年，較難直接問責；服務水平不可靠；缺乏靈活性，特別是就較長的年期而言；服務中斷，而公營部門在行使介入權時，會產生費用；未能平均分配公營部門及私營機構的風險；私營機構可透過清盤及利用有限公司的身份來逃避債務；在找不到合資格的公私營機構合作承建商時，會因競爭不足而導致成本增加；撤換表現欠佳的承建商時，會遇到更大困難及付出更高昂費用；私營機構融資的成本較高；保密程度較高及缺乏透明度，導致公營部門無法分享利益；職員的利益受損──可按公營機構的聘用條件僱用職員。

註釋

1. 參見效率促進組網站：http://www.eu.gov.hk，2011年5月31日；效率促進組：《服務市民 — 善用私營機構服務，政策與實踐》，第二版，2007年1月，載於效率促進組網站：http://www.eu.gov.hk。

2. 效率促進組網站：http://www.eu.gov.hk，2011年5月31日。

3. 參見Chan, Wai Kueng, *Outsourcing Public Service Delivery: A Study of Public Estate Management in Hong Kong,* MPA Dissertation, University of Hong Kong, 2004.

4. 見 Efficiency Unit, "2008 Survey on Government Outsourcing", October, 2008, Retrieved from Website of Efficiency Unit: http://www.eu.gov.hk.

5. 同註3。

6. 同註2。

7. 同註3。

8. 見Efficiency Unit, "Survey on Outsourcing of Government Activities 2000", October, 2000; "2002 Outsourcing Survey", October, 2002; "Survey on Outsourcing of Government Activities in 2004", October, 2004;《二零零六年政府外判服務調查》，2006年10月; "2008 Survey on Government Outsourcing", October, 2008, Retrieved from Website of Efficiency Unit: http://www.eu.gov.hk.政府外判服務分為工程合約和非工程合約，只有非工程合約才屬民營化中外判的定義，所以本章節所錄調查數據只涉及非工程合約，工程合約的數據已被剔除。

9. 同註3。

10. 「管理層收購」(MBO)：指某部門的僱員自行集資購買政府部門的資產，並自組公司負責提供服務。這類計劃一般由管理層領導，但亦可讓全體員工參與。見效率促進組：《服務市民——善用私營機構服務，政策與實踐》。

11. 見效率促進組網站：http://www.eu.gov.hk，2011年5月31日；Yeung Chong-tak, Clarence, *Hong Kong's Major Highways : A Public-Private Partnerships Approach to Their Construction and Management,* MPA Dissertation, University of Hong Kong, August, 2003.

12. 見唐興霖、周軍：《公私合作制(PPP)可行性：以城市軌道交通為例的分析》，第三屆「廿一世紀的公共管理：機會與挑戰」國際學術研討會論文，澳門，2008年10月。

13. 效率促進組：《服務市民——善用私營機構服務，政策與實踐》，第22頁。

14. 見Wong Kwok-hung, Gary, *A Feasibility Analysis of Using B.O.T. in the Management of Public Fill in Hongkong,* MPA Dissertation, University of Hong Kong, 2002.

15. 見香港立法會秘書處資料研究及圖書館服務部：《選定地方採用建造—營運—移交模式及略有差異的近似模式興建運輸基礎設施的情況》，2006年2月21日，載於香港立法會網站：http://www.legco.gov.hk。

16. 同註2。

17. 見拙著：《論港澳政商關係》，澳門：澳門學者同盟，2007年4月，第172-173頁。

18. 見李敏儀：《公私營機構合作》，香港立法會秘書處資料研究及圖書館服務部，2005年3月8日，載於香港立法會網站：http://www.legco.gov.hk。

19. 《善用公私營機構專長，提高公共服務成效》，2005 5月25日第二屆公營部門與私營機構合作亞洲峰會，政務司司長曾蔭權先生主題發言，載於效率促進組網站：http://www.eu.gov.hk。

20. 見李敏儀：《公私營機構合作》；效率促進組網站：http://www.eu.gov.hk，2011年5月31日。

21. 同註2。

22. 同註20。

第四章

起催化作用的政府——
民營化III

一、澳門

(一)民營化在澳門

澳門也像香港一樣，早在回歸以前，大部份的公共服務／產品都已進行民營化，交由私人／民營機構提供，例如社會福利服務。教育方面，除幾間官辦中葡學校外，絕大部份的中小學亦是在政府財政資助下由民營非牟利團體興辦，主要包括明愛、工聯和街總三大民間組織。

澳門實行民營化的另一種方式是外判，主要涉及清潔、保安、設備維修及保養、顧問及學術研究、印刷等範圍。根據澳門財政局提供的資料，現在獲得政府判給合同的私人公司及機構約有120多個。

至於公用事業，現時除郵政服務仍由郵政局負責（即所謂部門方法）外，所有其他公用事業都全由私人公司興辦。據政府的劃分，這類公司非常多，計有：澳門清潔專營有限公司、澳門廢物處理有限公司、澳門電訊有限公司、澳門電力股份有限公司、澳門國際機場專營股份有限公司、機場管理有限公司、澳門航空股份有限公司、澳門屠宰場有限公司、澳門自來水股份有限公司、澳門電訊有限公司、澳門泊車管理股份有限公司、澳門新福利公共汽車有限公司、澳門公共汽車有限公司、南粵鮮活商品批發市場有限公司。[1]

上述這些公用事業都一律是以特許合同方式，將經營權轉移給私人企業。澳門政府的特許分為公共工程的特許和公共服務的特許，前者指政府將不動產或公用設施的建造權，通過給予專營權而移轉於他人，由其自行負責和承擔風險；後者指將滿足公共需要的適當工具（如公共交通、電力、電訊等）之經營權，以專營方式移轉於另一方，由其自行負責和承擔風險。**表4.1**總結出澳門民營化的三種機制／方式及情況。

表4.1　澳門民營化三種機制／方式

機制／方式	例子
外判、承包、合約轉營	清潔、保安、公園管理、公廁管理、公共泳池管理、設備維修及保養、咪錶管理、公共停車場管理、保健護理、社會工作、文化藝術、科學研究、顧問及學術研究、印刷、澳巴、新福利巴士、維澳蓮運
資助、津貼	工聯、街總、明愛、各非牟利私營機構、各非官辦中／小學
專營權、特許經營	公用事業：澳電、澳電訊、澳門自來水、澳門機場

(二)外判、承包、合約轉營

1.概況

　　如前所述，香港政府在服務外判前利用效率促進組的「諮詢」或「顧問引介」功能，因應情況引入相適應的顧問服務進行項目調查研究，在服務外判前進行充分的分析並提交報告，從而加強政策推行前的民意採集及實務操作分析，為日後服務外判決策時提供有力的依據。澳門政府各部門在服務外判的統籌及決策上，仍處於領導層個別決策的模式，由於缺乏詳細的科學研究作決策依據，至今仍未對政府服務外判等的常規性作業提出標準化流程或統一的指引性文件，令人深感有關機構的工作仍有待進一步強化。現時部份澳門政府的公共機構都有進行服務外判，但有關工作就欠缺中央統籌及資訊分享平台，澳門政府現行的政府服務外判實施機制主要仍以各自為政的方式進行，除了沒有統一的採購標準外，亦缺乏專責的監察機構就政府服務外判提供意見。[2]

　　現時，澳門政府的服務利用「外判」形式要求民間企業提供各類服務，主要涉及的範圍為環境衛生、物業管理、設備維修及保養、顧問及學術研究、印刷等。當局早在2007年9月已對公共部門外判清潔和保安服務工作的人員實行最低工資制度。[3]現時在財政局登錄的政府部門、委員會、辦公室及公共機關等共有82個單位，當中有61個實施外判清潔服務、51個實施外判保安服務。[4]

　　有些外判項目在回歸前已進行。1984年，前政府就所屬的五個停車場經營的專營權進行了國際性招標，當時共有18家海內外公司遞標書競投，最後由澳門馬氏家族為主的澳門泊車管理股份有限公司奪得專營權，外判合約於1986年正式簽署，合約為期25年。直至2003年，經澳門特區政府與專營公司協商後，專營權於2003年提前結束，並於同年政府就所屬的五個停車場及街道咪錶的公開競投進行研擬工作，所判給經營合同具有為直接公益而提供勞務的性質。[5]而屬運輸工務範疇的交通事務局先後於2005年及2010年，把全澳街道收費泊車位的設立及經營權進行外判的公開招標，進一步提高街道咪錶的使用率，增加車輛停泊的流動性，提升本澳整體街道咪錶的管理水平。

　　1991年7月，前澳門政府正式對廢料／垃圾清理服務公開招標，在眾多的投標者當中，接納了三個符合投標條件的集團參與競投。政府決定將專營合約批給以太古保福廢料處理有限公司牽頭的集團。合約為期七年，在合約期內，政府將向中標者提供澳門幣505,963,200元作為服務費用，即每月提供600多萬元。太古保福公司隨後於1992年7月成立澳門清潔專營有限公司，負責提供全澳的廢料／垃圾清理服務，直至今天。[6]

　　從1999至2005年，澳門文化中心成立後首採外判模式將其經營判給盛世設施管理股份有限公司到澳門麗音音響再回到盛世，2005年後則轉回「官辦」模式。採用「外判承包」方式來營運，無疑能減少官僚架構與文化發展本質上的對立矛盾，亦能減少公帑開支及減少官方色彩。然而，由商業機構來營運，在商言商，難免會採用「將貨就價」方式來提供節目及服務，兩次投標均是價低者得的情況，就更容易出現這種「將貨就價」問題，但卻難有機制去評定節目及服務的質素，流弊顯而易見。民政總署決定終止過去多年來將中心核心工作採用的單一投標外判方式的做法，很明確地指出，因為商業機構難免以利益為前提，難以顧及鼓勵本地藝術創作，培養本地藝術的專業工作者，推動本土文化藝術普及教育和有效的活動宣傳及市場拓展。由民政總署接手後的文化中

心的確比起之前的外判時期大為不同，變得更為積極和主動了，尤其加大了力度在推動本地創作及本地與外地的交流合作計劃上。以「民營模式」來發展澳門演藝文化，最後發現「此路不通」，確實相當令人唏噓。[7]

另外，因應提供公共汽車服務的專營權合約2010年將到期，會引入新的外判管理模式來貫徹落實「公交優先」的施政理念。交通事務局以取得服務形式對澳門道路集體客運政府服務做公開招標，由行政當局訂立集體客運政府服務的要求（包括服務質素、巴士路線及班次等），中標之營運公司只需按照要求提供服務、車輛、設備、人員及後台設施等，然後向澳門特別行政區收取合同訂明的服務費用，而乘客所支付的票款則屬澳門特別行政區所有。新的巴士經營模式就是「政府採購服務」，即由政府直接向巴士營運者提供服務費，巴士公司再無須擔心線路盈虧問題而導致如現時的失衡情況，營運者只需要因應政府要求而發車，所有車費收入歸於政府。政府一再重申，未來巴士會以低票價營運，以符合推行公交優先政策。[8]

新經營模式著重於巴士服務質素的提升，消息指當局會引入獎懲機制，獎賞達到一定服務水平的營運者；相反，對未能達到質素要求的營運者，會根據合同處罰。評核包括巴士「飛站」、服務態度、車廂整潔度以至班次是否準時及達標等，在處罰制度中都會有明確規定。[9]

新聞局定期刊物《澳門》雜誌中文版採編、出版、發行及相關服務通過公開招標實行外判，2009年2月12日公開開標，共收到四份投標書。四家投標公司及其投標價如下：

九鼎傳播有限公司：175.56萬澳門元；凱利達（澳門）發展有限公司：274萬澳門元；三思文商傳訊有限公司：246萬澳門元；晨輝出版有限公司：210萬澳門元。

《澳門》雜誌中文版為雙月刊，每年出版六期。甄選委員會在短期內會根據招標方案、承投規則的規定，審閱投標人的投標書，並撰寫報告，以便判

給實體選出合乎招標條件的被判給人。《澳門》雜誌英文版採編、出版、發行及相關服務的公開招標亦同期進行。[10]

目前，社會上有建議參照香港的六年驗車制度，政府可能未有能力應付大量驗車工作，但可將驗車工作外判予私人企業，保留營業車輛在政府驗車中心檢驗，私人車輛則可在認可的私人驗車中心進行，減輕政府工作壓力。同時，由現時十年才需驗車，降低為六至八年，淘汰殘舊車輛，提高養車成本。目前香港達到六年年檢期限的汽車，已由指定的23家外判驗車中心進行，大大減輕了政府檢車中心的負荷，商用車輛及事故車的檢驗則由政府驗車中心進行。[11]

社會上亦有建議，鑒於建築置業界正面對前所未有的困境，希望運輸工務範疇的行政當局在保留審批權的前提下，加大力度，並考慮增加部份公共工程及建築前期資料準備工作、項目設計工作及招標書製作工作外判予澳門工程專業界，一方面可改善業界現時所面對的問題，另一方面可以使行政當局的人力資源更合理地投放。業界並建議行政當局可以在一定限度及規定下，適當地外判有關工作予澳門工程專業界，以達至澳門社會共贏的局面。相信有關建議所提供的就業機會，必定會對修讀相關學科的新畢業生無論在經驗上、實踐上，還是在信心上造成正面影響。因此希望特區政府為著這些學子們及其他年輕人，提供更多從事自己修讀專業所相關的工作機會，從而為培養澳門未來建築工程業界專業人士，做出資源的投入。[12]

2.九澳老人院的外判

澳門政府社會工作局（「社工局」）直接經營三所長者服務機構，即九澳老人院、筷子基頤康中心和下環老人中心。根據2002年8月22日社會文化司司長批示，社工局將其經營了20餘年的九澳老人院承包給澳門工會聯合總會。

九澳老人院位於澳門路環島，成立於20世紀80年代，前身為一所麻瘋病

院，該院成立之後先後由教會團體、衛生局、社工局負責管理運作。社工局接手後，該院的基本開支，包括員工薪金、水、電等一切費用皆由社工局承擔，該院舉辦專項活動時，則透過遞交建議書的形式，向社會工作局行政管理委員會申請撥款。

由於九澳老人院由社工局管理，以政府部門的形式運作，其運作過程中存在著與一般部門同樣的通病，包括：(1)開支與效益不對稱。由於九澳老人院以政府部門形式運作，其開支較同規模的民營老人院高出很多，當中人力資源開支已佔了總開支的大部份；(2)運作效率低下。由於九澳老人院的運作需遵從繁瑣的法律法規和行政程序，致使老人院在運作過程中效率低下；(3)對「市場」需求不了解。由於九澳老人院的運作資源長期由政府提供，缺乏競爭，造成對使用者的需求不夠了解，往往未能為使用者提供最貼身的服務；(4)工作人員之上下班制度。由於員工是按一般公職人員之辦公時間上下班，造成很大的不便，例如院舍員工下班時間為下午5時45分，院友的晚飯不得不安排在下午4時半以前。

由於九澳老人院在社工局附屬之下運作，存在上述的不足，且住院的老人多數年事已高，生活自理能力漸趨萎縮，對較深層次的護理服務有較迫切的需求，急需24小時照顧服務，然而，如若採取完全公營管理模式推行此項服務的話，所需成本顯然十分高昂。考慮到澳門工會聯合總會在澳門有多年開展社會服務的經驗，尤其在老人服務方面在社會上有甚佳的聲譽，故此，政府決定將九澳老人院的24小時老人照護工作採取合同承包形式，外判給民間機構──澳門工會聯合總會（「工聯」）。

九澳老人院原有九名社工局工作人員，在轉型後，社工局只保留三名工作人員在院內，一方面負責監督澳門工會聯合總會在院內提供服務的質素，另一方面亦與澳門工會聯合總會合作，為九澳老人院的整體運作提供協助和協調部份非照護性工作。

　　社工局以每月定額預付形式向工聯購買24小時照護服務和其他基層服務，而作為承包單位的工聯則必須每月向社工局呈交包括薪津發放表在內的財務報告。[13]

(三)資助、津貼

1.澳門社會福利服務民營化的發展歷程[14]

(1)政府淡化時期

　　1938年前，殖民地政府在社會福利服務的介入甚少，對社會福利的管理及發展可謂沒有任何的規劃。由於當時政府提供的福利未能滿足社會的需要，所以一些宗教組織和慈善團體，如仁慈堂、鏡湖醫院、同善堂等以救濟形式提供社會福利服務。該期間由於經濟不景氣以及資源匱乏，援助方式多以實物或物質的東西提供，如派米、派衣服、贈醫施藥、安置居所等，當時政府與民間組織的關係較疏離。這時期人們基於宗教、同鄉或鄰舍的情誼而展開各種互助的活動，市民對社會福利的看法視為熱心人士的恩惠。

(2)政府推動民營化服務初期

　　1939至1967年，隨著國內和周邊不同國家的政治環境的改變，大量難民和尋求庇護的東南亞人士進入澳門，令社會服務的需求不斷增加。除早期的宗教團體和慈善機構繼續承擔重要的救濟工作，不少社團與服務機構，如澳門婦女聯合總會、澳門工會聯合總會、澳門母親會和利瑪竇社會福利服務中心（澳門明愛的前身）等亦相繼參與福利工作行列。福利服務的形式雖仍以濟貧為主，而政府則開始透過立法徵收慈善印花稅成立慈善救濟會，以資助慈善活動與監管救濟機構的工作，正式把公共救濟事業規範化和制度化，以及提升政府對社會福利服務的資助和監管。對給予私人慈善機構的津貼改為按每間機構的受惠人數而釐定，建立官助民營資助模式的雛形。但當時政府對澳門社會福利

服務的提供仍以回應社會的突然需求，屬短暫性，沒有長遠規劃。而民間社團在受到政府資助社會福利服務後，開始了緊密的夥伴關係。

(3)政府推動民營化服務全盛期

1968至1998年隨著經濟的穩定，政府對社會福利服務的工作投入提高，並建立起相關的法規，推動民間機構發展多樣化的社會福利服務的活動。當時的社會服務機構由1979年的26間擴展至1994年的80間，並透過建立第22/95/M號法令之財政輔助、技術輔助或設施讓與的方式輔助各非牟利的民間組織或團體。新的社會服務機構如澳門街坊會聯合總會亦在此期間加入社會福利工作中。各色各樣的社會福利服務，如兒童、青少年、長者、殘疾人、藥物依賴、家庭和社區等的服務迅速發展起來，而專業訓練與人力資源在政府和民間機構共同合作下，亦不斷地為社會福利服務界提供專業人才。

(4)政府對民營化服務的調整期

1999年回歸後至今，隨著賭權的開放，澳門經濟急速的成長，居民每月工作收入（工資）中位數由2000年每月4,848澳門元升至2007年的每月7,772澳門元，但由於基層不少居民的收入增長不多，卻需面對物價上漲的壓力，形成貧富懸殊差距的社會問題。同時，社會福利機構在賭場、酒店以高薪聘請員工的影響下也紛紛表示人力資源緊張和資源不足。政府於2006至2007年期間除透過二次調整支援弱勢社群的維生指數及透過對受資助社會福利機構增加20%或以上資助，以支援社會福利機構營運的困難，反映政府在財政豐裕的今天，對民間機構的支持。

同期，對於本澳社會福利服務質素，政府透過邀請香港樹仁大學對本澳受資助社會福利機構進行服務質素持續改進機制基線研究，期望為本澳建立一套服務素質評估的工具及計劃於2009年推出資助制度整體改善方案。

2.澳門社會福利服務民營化現況

　　如上所述，上世紀80年代，澳葡政府在撤離澳門前，已開始實施資助社團政策。透過以金錢、實物或技術輔助的方式，資助一些團體從事社會服務、教育、文化、體育活動。在本澳社會福利服務設施中，以2001年底的數字來說，由非牟利民間團體興辦的社會服務設施有119所，是總數的80%，只有六所即4%由政府直接經營，其餘由以營利為目的的私人企業興辦。**表4.2**列出政府、民間團體、企業提供社會福利服務的優劣對比。至2007年底為止，由社會團體興辦的社會福利服務設施共有124間（**表4.3**），佔總數189間的66%。社團興辦這些設施都端賴政府的資助，以款項算，1999-2002年間，社工局每年用於「給予私人機構的財政援助」（以1.技術輔助；2.財政輔助；3.設施、設備或物料之讓與三種方式資助，見**表4.4**）佔其「社會服務範圍內的支出」高達65.5%。[15]

表4.2　政府、民間團體、企業提供社會福利服務的優劣對比

政府		民間團體		企業	
優勢	劣勢	優勢	劣勢	優勢	劣勢
財政穩健	開支較大	接近民情	管理欠善	講求效率	市場較小
人手充足	管理繁瑣	收費較低	欠缺交代	靈活性大	競爭較大
設備完善	制度僵化	開支較低	容易產生不公平	透明度高	收費貼近市場
膳食較佳	易官僚化	社會需求大	現象	以客為尊	需要課稅
規章清晰	收費與市場脫節	互助精神強（多	收入不穩		
	輪候服務時間較長	志願工作者）	欠穩定性		
		較受尊重	效率較低		
		免除課稅			
		無盈利壓力			

資料來源：李立全：《澳門老人福利官民合作模式研究》，澳門科技大學公共行政管理碩士論文，2007年12月。

表4.3　由社會團體興辦的本澳社會福利服務設施，2007年12月

設施類別	設施性質	數量
托兒所	津助設施	25間
兒童暨青少年院舍	津助設施	9間
安老院舍	津助設施	9間
傷殘人士院舍	津助設施	5間
社區中心／婦女中心	津助設施	23間
老人日間中心	津助設施	9間
耆康中心	津助設施	23間
復康日間設施	津助設施	8間
庇護工場	津助設施	2間
復康職訓中心	津助設施	4間
教育中心／學前教育中心	津助設施	2間
復康綜合服務	津助設施	1間
臨時收容中心	津助設施	4間
總數		124間

資料來源：社會工作局網站：http：//www.ias.gov.mo，2010年10月31日。

表4.4　社會工作局根據第22/95/M號法令提供的各類輔助

輔助形式	輔助範圍
技術輔助	・開展活動的計劃、組織及評估 ・培訓 ・資訊及文件
財政輔助	・運作上之經常開支：包括人員及裝備之開支、專用於開展社會援助活動之設施或設備保養及維修之開支； ・投資開支：取得、建造、改造或改善用於以上所指活動之設施； ・偶發性活動之負擔：用作輔助非長期之特定社工活動之開展
設施、設備或物料之讓與	・讓與設施、設備或物料，取決於根據法規規定簽訂之合作協議

資料來源：社會工作局網站：http：//www.ias.gov.mo，2010年10月31日。

　　根據政府與受資助民間團體簽訂之合作協議，機構需接受政府之監管，如不履行協議之規定，例如給予之輔助，用於有異於規定之目的，或服務與要求之質素標準不符，將受到處罰或解除協議。政府會委派人員定期到受資助機構，了解機構的服務情況。機構須定期提交活動報告和收支賬目等資料給政府審核。

　　澳門政府在資助法例上，除訂定對受資助機構的監管外，更要求本澳所有開展社會福利服務的機構（牟利和非牟利）必須申請牌照才能經營，這有助於政府對社會福利服務有更強的監管手段。[16]

　　教育方面，除幾所官辦中葡學校外，絕大部份的中小學都是在政府財政資助下由私營非牟利團體興辦。2005/2006學年全澳提供非高等教育的學校共123所，當中公立學校有19所，由社團興辦的私立學校則有104所，佔84.6%，反映私立學校持續為本澳教育系統的主要組成部份。而2008/2009學校的統計顯示：公立學校有13所（約佔15.9%）、私立學校有69所（約佔84.1%）；公立學校學生3,175人（約佔4.2%）、私立學校學生73,234人（約佔95.8%）；公立學校教師318人（約佔6.8%）、私立學校教師4,393人（約佔93.2%）。可見，無論在學生還是教師的人數，私校都佔總體超過90%以上的比率。在2005/2006學年由政府撥款予私立學校的津貼總額為6.28億元，佔學校總收入49.1%。[17]1995/1996學年開始推行免費和普及基礎教育，至今大部份私立學校已加入；2005/2006學年的104所私立學校中，有83所已納入免費教育系統內。

　　如上所述，澳門民間團體提供的福利活動比政府起步更早，現時仍然為澳門市民提供非牟利福利服務的社團、機構仍有不少，當中較具規模和歷史較悠久的有澳門工會聯合總會、澳門街坊會聯合總會、澳門明愛等。這些機構提供了包括老人服務、托兒服務、家庭服務、社區服務、教育等多樣性綜合服務，一直以來都為市民竭盡所能，為市民所稱頌。[18]

(1)澳門工會聯合總會

　　澳門工會聯合總會成立於1950年，是澳門各業工會的聯合組織。從50年代至今，工聯開辦了20多個涵蓋老人、青年、幼兒、社區、職業介紹、醫療、教育（包括基礎教育、成人教育和職業教育）等範圍的社會服務機構，以及文化、體育、康樂活動場所，為各行業職工和廣大市民提供多元化的社會福利服務。[19]

(2)澳門街坊會聯合總會

　　澳門街坊會聯合總會（「街總」）成立於1983年，由25個街坊會和居民聯誼會組成，是澳門各區街坊會的領導組織，也是重要的民間社會服務團體。除直接開辦的社區、老人、青年、家庭和托兒等13個服務中心外，街總屬下基層街坊會還設有12個老人中心、十個學生自修室、三所小學、三間診療所、兩間托兒所等社會服務設施。[20]

(3)澳門明愛

　　1971年，「利瑪竇社會服務中心」易名為「澳門明愛」，在這時期，創辦了嘉模聖母安老院、聖類斯公撒格之家。到了80年代，在安老服務工作上，除了接管聖方濟各安老院外，澳門明愛還開設了三所老人中心；在弱能人士服務上，先後接管了聖路濟亞中心及聖瑪嘉烈中心，並開辦了一所特殊教育學校。庇道學校、生命熱線、明愛婦女中心及傷殘人士駕駛訓練中心也在這一時期投入服務。進入90年代，澳門明愛又開展了青少年服務和露宿者服務，並開辦了托兒所、幼稚園、社區老人中心、日間護理中心等。[21]

(四)專營權、特許經營

1.概況

　　由於澳門地小、人少的特殊性，勉強開放市場，引入競爭有一定技術困難，甚至可能適得其反，因此澳門幾乎所有的公用事業都是以特許合同單一經

營，其中只有流動電訊市場於2000年末同時發出三個經營牌照，引入競爭。市場開放後，價格下降至成本的水平，「不但減輕企業和市民使用流動電訊的經濟負擔，更有助於促進該行業的技術革新和進步。」[22]但澳門現時只有一間電訊公司提供固網即固定電話服務，在單一壟斷的情況下局限了市民的選擇權。

澳巴的前身為「澳門海島市小輪有限公司」，當時為澳門與離島之間提供海上客運往來服務。其後通過收購早在上世紀50年代已為路環、氹仔兩地居民服務的各家巴士公司而開始經營公共巴士服務。1986年，小輪有限公司改名為「澳門公共汽車有限公司」。[23]現在，澳巴與澳門新福利公共汽車有限公司即新福利巴士一起，為本澳提供公共巴士服務。

新福利巴士於1988年註冊開業，取代創於1948年的澳門福利公共汽車有限公司，並獲得開辦澳門巴士服務的專營權。該公司於1999年被澳門消費者委員會評為最受歡迎的公用事業單位，2001年被澳門生產力暨科技轉移中心及澳門旅遊學院共同評定為澳門公共交通事業中最使市民滿意的服務行業單位。[24]

現時為本澳提供電力的是澳門電力股份有限公司，於上世紀70年代成立，澳電擁有澳門的電力專營權，包括發電、輸入和輸出、輸送、配置以及售賣電力。澳電逾八成的股份由兩大股東擁有：由法國蘇伊士里昂集團與香港新創建集團組成的中法控股（香港）有限公司佔其42%股份；由葡資企業包括大西洋銀行、葡國電子公司等組成的中葡投資公司亦佔42%股份；其餘股份則由中國電力國際有限公司（6%）、澳門政府（8%）及其他投資者擁有（2%）。[25]

1985年，澳門政府與中法控股（香港）有限公司簽訂新的《食水供應公共服務專營合約》，為期25年，中法控股擁有澳門自來水股份有限公司85%的股份。[26]

根據有關公用事業運作的法律條文，以下我們以澳門固網服務及流動電訊服務為例做出闡述。與澳門上述公用事業相同，澳門固網服務是由澳門電訊有限公司按特許合同獨家經營；流動電訊服務則由三家公司持牌經營。

2.澳門電訊有限公司

澳門固網服務在1982年從澳門政府郵電部門分離出來，實行民營化，由澳門電訊有限公司以專營權方式經營。澳電訊股權由英國大東電報局集團（51%）、葡萄牙電訊集團（28%）和香港中信泰富有限公司（20%）聯合擁有，澳門政府佔餘下1%股權。公司具體業務由英國大東電報局集團管理。[27]

澳門地區與澳門電訊有限公司於1999年12月10日簽署的有關固網服務之契約名為《澳門公共電訊服務特許合同》修訂本，[28]該合同第一條《特許之標的》訂明，澳門地區（簡稱「本地區」或「特許人」）授予澳門電訊有限公司（簡稱「CTM」或「被特許人」）專營權於本合同所明確規定的範圍內經營下列公共電訊服務，並安裝及管理就此目的而所需之一切電訊系統和設備：

本地服務：固定電話服務、電報服務及固定專線電報服務數據交換傳輸固定服務及租賃線路服務。

國際服務：必須具有通訊編址並於實時中進行的固定電話服務、電報服務和固定專線電報服務以及數據交換傳輸固定服務和租賃線路服務。

傳送服務：固定電話服務、專線電報服務、電報服務、數據交換傳輸固定服務。

3.澳門電訊有限公司、和記電話（澳門）有限公司及數碼通流動通訊（澳門）股份有限公司

如上所述，澳門流動電訊市場於2000年末開放競爭，政府通過公開招標，分別發給經營牌照予以下三家公司：澳門電訊有限公司、和記電話（澳門）有限公司及數碼通流動通訊（澳門）股份有限公司。

根據於2002年6月27日公佈的第157/2002號行政長官批示，澳門電訊有限公司獲准按照附於該批示並成為其組成部份的《牌照的規定及條件》，[29]建立及營運一個公共電訊網絡和提供公用地面流動電訊服務。

二、小結

新公共管理改革的結果是，過去那種「全能型」政府統治模式已被拋棄，政府不再扮演凌駕於社會之上包攬一切、管制一切、指揮一切的角色。社會資源的配置轉向以市場為基礎，經濟運作的主體不再是政府，而是市場、企業和生產經營者，政府的管理職能是掌舵而不是划槳，這些都是民營化的意涵所在。通過民營化，新公共管理將競爭機制引入政府公共服務領域，打破了政府獨家提供公共服務的壟斷地位。這一方面提高了公共服務的效率和表現，另一方面也緩解了政府的財政壓力。

開放一些公共服務的市場，如實行「政府業務合同出租」、「競爭性招標」，新公共管理認為，政府的主要職能固然是向社會提供服務，但這並不意味著所有公共服務都應由政府直接提供。

民營化的利弊：

民營化的主要目標，也是其優點，是縮減公共部門，提高公共服務的效率和表現及改進政府的財政狀況。

(一)縮減公共部門

現代經濟和社會生活由於技術的進步而趨向日益複雜，為著此顯而易見的原因，政府的活動日益增加。人們要求有一個大的和較有影響作用的政府。許多政府已過度膨脹，因為過大而導致無效、低效和僵化的管理。因應政府的過大，當局開始重新考慮他們的社會經濟角色。通過各種外判，使更廣泛地分配資產所有權和卸下不必要的社會責任或承諾以縮減公共部門的整體結構。沒有官僚等級制度，企業是完全獨立於政府的，不受以前政府規章的限制。他們只對股東和客戶負責而不是向政府各部門負責，且更願意滿足市民的需求。企

業的運作更有效率和方式更靈活，表現將得到改善。整個官僚機構得到改造，只負責那些必須由政府提供的服務，如社會治安，工業支援，維持良好營商環境及對民營化後的福利服務及公用事業等進行監管。

(二)提高公共服務的效率和表現

有廣泛的證據說明許多公共部門的經濟表現欠佳，大多數公共企業是向市民而不是向股東交代，他們還要開展許多非牟利業務。經濟理論認為，改善效率的表現不僅取決於所有權，而是市場競爭。在競爭而不是壟斷的市場條件下，企業表現會更好。民營化可以看作為一種提高表現的方法。民營化鼓勵私營企業和公營企業健康地競爭，為了留住合同和使顧客滿意，他們須提供優質的產品和服務。

(三)改進政府的財政狀況

民營化被看作是一個改進政府的財政狀況和減少公共部門債務的方式。額外的收入貢獻可以來自出售企業的收益和減少政府補貼大小公營企業。已有不少研究證明外判服務給私營部門可平均節省成本約20%-40%。

民營化的主要限制：民營化意味著削減成本，裁減就業和減少職業保障。工人和其工會抵制這些變化，他們的行動會拖延或推遲改革方案。在某些情況下，留住工人已經成為民營化能否成功的關鍵因素。常見的做法是給予僱員賠償損失，或私營部門繼續僱用受到就業保障的前公務員。若民營化導致任何裁員和社會困難，政府需要採取措施，以減少社會成本。

私人企業關注的是牟利而非服務質量，他們主要是為錢工作，而不是為公眾，其結果是由這些民營企業所提供的服務質量可能會惡化。此外，隨著越來越多的公共服務民營化，政府就失去了由自己提供公共服務的能力，政府參與社區決策的程度下降，公眾會越來越依賴私人機構。[30]

　　港澳自開埠以來便奉行自由市場政策，一貫堅持經濟及社會不干預方針，[31]對所有公共產品和服務都儘量交給民間機構興辦，政府不予插手，這便無意中走上在今天為各方及新公共管理所鼓吹的「小政府、大市場」之路。這個傳統一直延續到今天，造成兩地的民營化程度極高，國營企業絕無僅有，公共支出和公共部門的規模都控制在較為理想的範圍，[32]成為新公共管理模式及民營化的典範。

註釋

1. 見《澳門公共行政資訊》，載於澳門特別行政區政府入口網站：http://www.gov.mo，2011年5月31日。

2. 參見黃華欣：《港澳政府外判服務研究》，澳門科技大學公共行政管理碩士論文，2010年4月。

3. 《澳門日報》，2010年8月16日。

4. 《新華澳報》，2008年7月16日。

5. 見第35/2003號行政法規：《公共泊車服務規章》，載於印務局網站：http://www.io.gov.mo。

6. 參見司徒英杰：《澳門公營事業民營化前後的比較研究》，載於《澳門研究》，第14期，2002年9月，第101-124頁；Sou, Sao Man, *Measuring the Effectiveness of Privatization of Public Utilities in Macao: The Case of Privatization of Waste Collection,* MBA Dissertation, Macau University of Science and Technology, February, 2004.

7. 《訊報》，2005年3月12及19日；《澳門日報》，2009年4月30日及2009年5月7日。

8. 《市民日報》及《大眾報》，2009年6月26日；《澳門日報》，2009年8月8日；黃華欣：《港澳政府外判服務研究》，澳門科技大學公共行政管理碩士論文，2010年4月。

9. 《澳門日報》，2009年8月8日。

10. 《澳門日報》，2009年2月13日。

11. 《澳門日報》，2008年5月26日；《市民日報》，2010年1月3日。

12. 《新華澳報》及《華僑報》，2009年7月23日；《市民日報》，2009年12月18日。

13. 參見李立全：《澳門老人福利官民合作模式研究》，澳門科技大學公共行政管理碩士論文，2007年12月；張鴻喜：《澳門社會福利服務民營化研究》，載於《行政》，第17卷，總第63期，2004年，第1期；《九澳老人院管理轉型計劃》，社工局第133/DGLES/2002號建議書，2002年8月22日。

14. 參見羅淑霞：《澳門與香港安老服務政策的民營化比較研究》，澳門科技大學

公共行政管理碩士論文，2008年2月。

15. 張鴻喜：《澳門社會福服務民營化研究》，第16及19頁。

16. 同註14。

17. 見統計暨普查局網站：http://www.dsec.gov.mo。

18. 見李立全：《澳門老人福利官民合作模式研究》。

19. 同上註。

20. 同上註。

21. 同註15，第12及13頁。

22. 澳門行政長官《施政報告》，2002年。

23. 見澳巴網站：http://www.tcm.com.mo，2011年5月31日。

24. 見新福利巴士網站：http://www.transmac.com.mo，2011年5月31日。

25. 見澳電網站：http://www.cem-macau.com，2011年5月31日。

26. 見澳門自來水網站：http://www.macauwater.com，2011年5月31日。

27. 見澳電訊網站：http://www.ctm.net，2011年5月31日。

28. 《澳門公共電訊服務特許合同》，載於澳門政府電信暨資訊科技發展辦公室網站：http://www.gdtti.gov.mo，2011年5月31日。

29. 《牌照的規定及條件》（附於第157/2002號行政長官批示），載於澳門政府電信暨資訊科技發展辦公室網站：http://www.gdtti.gov.mo，2011年5月31日。

30. 見Poon, Ka Yan, Maggie, *The Privatization of Public Housing Arrangements in Hong Kong: An Analysis of Modern Modes of Governance,* MPA Dissertation, University of Hong Kong, 2004.

31. 有關經濟不干預政策，參見拙著：《論港澳政商關係》，澳門：澳門學者同盟，2007年4月，第五章，第208-229頁；有關社會不干預政策，參見Lau Siu-kai, Society and Politics in Hong Kong (Hong Kong: The Chinese University Press, 1982).

32. 參見拙著：《論港澳政商關係》，第五章，第208-229頁；《澳門政府規模與服務質素研究報告》，澳門發展策略研究中心出版，2003年。

起催化作用的政府——
Quangos

　　在西方國家，除了政府部門架構以外而同樣提供公共服務的其他所有組織類別，都普遍被通稱為「quangos」（quasi-autonomous nongovernmental organizations），即半自主非官方機構。[1]文菲爾（Sandra Van Thiel）稱，quangos是「被賦予執行一個或多個公共政策為其主要任務的一些組織，它們由公帑支持但運作上與政府保持距離，且與部長或主管部門並無上下層級關係。」[2]亦有人稱之為「fringe bodies」，即邊緣組織。胡德（Christopher Hood）和舒胡伯（Gunnar Schuppert）則稱之為「para-government organizations」（PGOs），即半官方組織。[3]香港和澳門也有很多quangos，分別是香港政府的法定及諮詢組織與澳門政府的自治及諮詢機構。

一、香港

(一)法定及諮詢組織

1.概述

　　在香港，在中觀、功能或行業層面，很多具有不同背景市民及團體都被政府委任到各種諮詢委員會。這些組織都由官員——官方成員及社會人士——非官方成員組成。據香港政府每年出版一次的《各公務委員會及其他名表》所載，截至2007年7月31日，已成立的各種諮詢委員會共有413個，1990年有238個，1976年有142個，1962年有67個，所以是逐年增加。香港政府稱它們為「公營架構內的諮詢及法定組織」[4]。這些組織的成員都以個人身份（團體代表除外）及自願性質接受委任，服務社會。香港政府民政事務局備有《中央名冊資料庫》，政府可隨時從中挑選各界人士進入這些組織，任期一般為兩年。迄今為止，大約共有5,300多名市民被委任到這些機構，[5]作非官方成員。這些諮詢及法定組織分別隸屬於行政長官及三司12局，向其負責。

這些組織又分為法定與非法定兩大類，法定組織（statutory bodies）截至2007年7月31日，共有257個，按照法律規定成立，並履行法定職責；非法定諮詢組織共有156個，由政府行政部門自行成立，行政長官或相關司局長可隨時按需要改變其組織、職權及運作，亦可隨時將其取消、廢除或設立新的機構，因而比按照法律規定而成立的法定組織在各方面都更富有彈性。按政府劃分，這些組織有如下分類：⁶

(1)諮詢委員會——政府設立諮詢委員會，是希望這些委員會能就特定範疇和事宜，持續向政府提供有關資料信息和專業的意見，以及／或就政府制定政策的工作或所提供的服務提出意見，如青年事務委員會和文化委員會；(2)非政府部門的公共機構——為非商業機構，負責為市民提供服務。它們是獨立於政府，不屬政府部門或機構，但卻在政府的運作上執行特定的職能。醫院管理局和香港貿易發展局便是其中的例子；(3)規管委員會——可分為三類，即註冊委員會、牌照委員會和督導委員會。例如土地測量師的註冊事宜由土地測量師委員會規管；酒牌局負責向酒吧、餐廳及其他處所發出酒牌；選舉管理委員會負責督導和監管香港的公眾選舉事務；(4)上訴委員會——負責就上訴個案做出裁決，具有半司法功能，例如香港太平洋戰爭紀念撫恤金上訴委員會以及牌照上訴委員會；(5)信託委員會——是指為指定受益人的利益或特定目的而持有和管控財產的組織，例如李寶椿慈善信託基金會；(6)公營公司／公共公司——是依法成立的商業實體，負責提供貨品及服務，例如九廣鐵路；(7)其他的委員會——是指那些未能歸入上述任何類別的委員會，例如各間大學的校董會。

上述(1)類大部份是非法定組織，(2)至(7)類則大部份是法定組織。這些機構的命名多種多樣，大致上包括如下名稱：管理局、顧問局、發展局、監管局、研究局、訓練局、委員會、董事會、理事會、校董會、諮議會、議會及小組等。不論名稱為何，這些機構的最高管治或決策單位都採用「委員會」的架

構，即它們的組織形式是一個由主席及委員組成的委員會（或稱管理局、發展局等），成員中主席及委員由政府官員及民間人士組成。

各個法定及非法定組織的角色和功能不盡相同，性質各異。現時有400多個法定及非法定組織，包括181個諮詢委員會、15個非政府部門的公共機構、5個公營公司、47個規管組織、59個上訴委員會、75個信託基金和資助計劃的諮詢和管理委會（2006年5月的數字）。[7]

在2005年1月，共有223個法定組織，其中有46個為諮詢委員會、15個為非政府部門的公共機構（如醫院管理局、貿易發展局、藝術發展局、消費者委員會）、5間為公營公司（九廣鐵路、機場管理局、海洋公園公司、科技園公司及市區重建局）、47個為規管委員會和機構（如土地測量師委員會、酒牌局、選舉管理委員會）、52個為上訴委員會，以及43個信託基金和資助計劃的諮詢和管理委員會（如李寶椿慈善信託基金會、津貼學校公積金管理委員會、懲教署人員子女教育信託基金委員會）。[8]

如上述，法定組織性質有別於由行政長官和司局長以行政權設立的非法定諮詢組織，法定組織就是由法例成立的機構，一般具獨立法人地位，有法定權利，並享有處理資源、機構管理的自主性。香港法定組織的管治委員會通常由特首委任，部份行政首腦則通過專業招聘後由特首委任。

社會、政府和立法會願意設立自主的法定組織，必有其邏輯，因它們的工作有此需要。從工作性質分類，主要有：一、以商業原則提供服務的機構，如九鐵、機場，法例甚至規定此等機構需商業運作；二、推廣政策並負責撥款，如：藝術發展局；三、負責監管並執行法例，所謂watchdog，如：廉政公署、平等機會委員會、申訴專員公署、私隱專員公署、證券及期貨事務監察委員會等等。要最有效和最公正地推展以上各類工作，法定組織的專業自主，加上透明度和向公眾問責，是政府管治重要支柱之一。[9]

而根據1989年香港政府《公營部門改革》報告[10]，政府服務可分為三類不

同的類型：「核心服務」（如社會治安、政府對經濟的調控等）、「輔助服務」（如對政府其他機構提供服務的印務、車輛等）和「商業服務」（如以收費方式向市民提供的機場、郵電等的公共服務）。文件提出，政府的輔助服務和商業服務不一定需要政府親力親為地提供。文件確定了四種類型的公共服務提供機構：「傳統部門」（依靠政府財政資源，按照權威機制運行的部門）、「營運基金」（trading fund）（以準商業機制運行的政府部門）、公營公司／公共公司（public corporation）（按照商業機制運行的政府全資公司，詳見下文）和非政府部門的公共機構（non-departmental public body）（代替政府提供公共服務，但在資金運作上與政府保持距離的機構）。

　　文件建議根據三種服務和四種執行機構各自的特點等因素選擇合適的提供機構。（**表**5.1）[11]

表5.1　服務類別與提供機構的選擇

服務類別	服務舉例	建議採用的提供機構
核心服務	公共安全	傳統政府部門
核心服務	車輛登記	營運基金部門
核心服務	醫療服務	非政府部門的公共機構
核心服務	城市改造	公共公司
輔助服務	信息處理	營運基金部門
輔助服務	物業管理	公共公司
商業服務	出版	營運基金部門
商業服務	城市公共交通	公共公司

資料來源：陳瑞蓮、汪永成：《香港特區公共管理模式研究》，北京：中國社會科學出版社，2009年5月，第296頁。

2.香港法定及諮詢組織的人員組成

　　香港法定及諮詢組織由三類成員組成：政府官員，即官方成員；非官方成員，包括社會人士，即個人成員及社會團體代表，即團體成員。他們都是由

行政長官或相關司局長正式委任。以個人身份委任或邀請相關的社會團體委派代表加入諮詢機構，主要視乎有關安排能否令該等組織的成員組合更多元化，更能廣納意見。

官方成員外，只含有團體成員的諮詢委員會例如建造業訓練局委員會，其成員包括由行政長官委任的建訓局成員及其他獲推選之人士。[12]

官方成員外，只含有個人成員的諮詢委員會例如工業貿易諮詢委員的職權範圍是「就影響香港工業及貿易（紡織品及成衣貿易除外）的事務，向工商及科技局局長提供意見」。它擁有的20名非官方個人成員，全部是香港工商業有影響力人士。紡織業諮詢委員會的職責是「就影響紡織及成衣業的事務（勞工事務除外），向工商及科技局局長提供意見」，同樣由13名業內知名人士組成。香港航運發展局就一切有關維持及進一步鞏固香港作為國際航運中心的地位等事宜，通過經濟發展及勞工局局長向行政長官提供意見，13名非官方個人成員均來自航運及船務界。

官方成員外，由團體及個人成員組成的諮詢委員會包括有共建維港委員會。

表5.2顯示香港政府諮詢委員會（部份）的官方成員及非官方成員的數目。

表5.2　香港政府諮詢委員會（部份）的官方成員及非官方成員的數目

諮詢委員會	官方成員（數目）	非官方成員（數目）	諮詢委員會	官方成員（數目）	非官方成員（數目）
建造業訓練局*	2	11	港口保安諮詢委員會	7	11
製衣業訓練局*	2	15	勞工顧問委員會	1	12
粵劇發展諮詢委員會	3	19	共建維港委員會	6	23
漁農業諮詢委員會	3	18	香港物流發展局	3	36
郊野公園及海岸公園委員會*	9	14	食物及環境衞生諮詢委員會	4	16
輸入優秀人才及專才諮詢委員會	3	16	師訓與師資諮詢委員會	2	12

（續）表5.2　香港政府諮詢委員會（部份）的官方成員及非官方成員的數目

諮詢委員會	官方成員（數目）	非官方成員（數目）	諮詢委員會	官方成員（數目）	非官方成員（數目）
賑災基金諮詢委員會	3	6	電影發展委員會	2	12
電影發展基金審核委員會	1	7	建造業工人註冊管理局*	4	15
青年事務委員會	4	26	可持續發展委員會	5	12
教育統籌委員會	1	18	安老事務委員會	7	14
撲滅罪行委員會	8	8	社會福利諮詢委員會	2	20
專業服務發展資助計劃評審委員會	1	14	公司法改革常務委員會	4	19
語文教育及研究常務委員會	1	18	香港中醫藥管理委員會*	3	16
統計諮詢委員會	4	11	研究資助局	0	16
道路安全議會	9	7	婦女事務委員會	5	17
國際顧問委員會	5	14	古物諮詢委員會*	0	28
空運牌照局*	0	6	上訴委員會（旅館業）*	0	18
扶貧委員會	6	18	稅務委員會*	2	3
市區重建局*	4	20	九廣鐵路公司管理局*	2	8
航空保安委員會*	4	2	石棉行政管理委員會*	5	6
方便營商諮詢委員會	7	15	外匯基金諮詢委員會*	1	13
僱員補償援助基金管理局*	2	7	保護稀有動植物諮詢委員會*	4	12
僱員再培訓局*	2	13	地產代理監管局*	1	19
廣播事務管理局*	3	9	海洋公園公司董事局*	4	15
能源諮詢委員會	3	18	保險業諮詢委員會*	2	12
華人廟宇委員會*	1	7	環境諮詢委員會	1	17
香港吸煙與健康委員會*	1	15	香港出口信用保險局諮詢委員會*	2	9
職業性失聰補償管理局*	0	9	強制性公積金計劃管理局*	2	14
職業安全健康局*	2	16	公務員敘用委員會*	0	8
香港學術評審局*	0	20	氣體安全諮詢委員會*	0	10
香港考試及評核局*	0	16	魚類統營顧問委員會*	1	17
財經界人力資源諮詢委員會	1	23	津貼學校公積金管理委員會*	2	18
交通諮詢委員會	3	16	大學教育資助委員會	0	22

*法定組織

3.香港法定及諮詢組織的職權

　　作為政府的諮詢機構，其主要功能是聽取、吸納民意，以輔助政府決策。具體運作上，這些機構的一部份都只承擔諮詢職權，即就其功能範疇為政府決策或制定政策提出意見或作出建議。但也有個別機構被賦予行政管理權力，主要是操作細節上的政策制定、執行及監察權。故此，這些法定及諮詢組織可分為五類，**表5.3**列出它們在其中所屬類別。

　　第一類法定及諮詢組織只具有政策諮詢職權，**表5.3**顯示，不少香港政府諮詢機構屬此類。據政府解釋：「政府設立諮詢委員會，是希望這些委員會能就特定範疇和事宜，持續向政府提供有關資料信息和專業方面的意見，以及／或就政府制定政策的工作或所提供的服務，提出意見。」[13]這些組織大都牽涉較為重要的政策範疇，政府須保留最後決策權。

　　如漁農業諮詢委員會的職權範圍是就下列事宜向政府提供意見：[14](a)香港漁農業生產的發展；(b)漁農業及其他有關政策的制定；(c)任何其他有關漁農業產品的生產、供銷及統營的事宜。

　　又如食米業諮詢委員會的職權範圍是：「向工業貿易署署長提供有關實施食米管制方案的技術性意見及一切有關米業之意見；及依工業貿易署署長之委託，對食米入口及分配之各種事項做出考慮及建議。」

　　第二類法定及諮詢組織除發表意見、提出建議外，也可在有限制的範圍內，就一些操作或技術上的細節做出決定或決策。如大珠三角商務委員會的職權範圍是：向行政長官提出建議並在粵港合作聯席會議框架下運作，促使大珠江三角洲（大珠三角）地區在經濟上更緊密合作，負責：

　　(1)就加強粵港在經濟及其他方面合作所需的政策及推行策略提出建議，藉此推動兩地更多增值合作和可持續發展；(2)提供途徑，讓粵港兩地的私營機構就如何進一步促進雙向貿易及投資交流意見；(3)收集香港商界及專業界別對粵港合作事宜的意見，並轉達兩地政府；(4)協同中央政策組進行關於大

表5.3 香港政府法定及諮詢組織（部份）所屬類別

第一類	漁農業諮詢委員會、紡織業諮詢委員會、食米業諮詢委員會、勞工顧問委員會、公司法改革常務委員會、社會福利諮詢委員會、公務員薪俸及服務條件常務委員會、統計諮詢委員會、大學教育資助委員會、行政長官特設國際顧問委員會、策略發展委員會、扶貧委員會、中小型企業委員會、工業貿易諮詢委員會、經濟及就業委員會、能源諮詢委員會、太平洋經濟合作香港委員會、港口行動事務委員會、船舶諮詢委員會、香港特別行政區行政會議成員及立法會議員薪津獨立委員會、法律改革委員會、獎券基金諮詢委員會、郊野公園及海岸公園委員會*、保護稀有動植物諮詢委員會*、魚類統營顧問委員會*、香港出口信用保險局諮詢委員會*、公務員敘用委員會*、氣體安全諮詢委員會*、旅行社代理商諮詢委員會*、銀行業諮詢委員會*、外匯基金諮詢委員會*、保險業諮詢委員會*
第二類	船員管理協商委員會、粵劇發展諮詢委員會、方便營商諮詢委員會、大珠三角商務委員會、環境諮詢委員會、稅務委員會*、上訴委員會（旅館業）*、古物諮詢委員會*
第三類	家庭與學校合作事宜委員會、電影發展委員會、競爭政策諮詢委員會、香港物流發展局、促進種族和諧委員會、財經界人力資源諮詢委員會、香港航運發展局、香港港口發展局、青年事務委員會、撲滅罪行委員會、公民教育委員會、薪酬趨勢調查委員會、婦女事務委員會、九廣鐵路公司管理局*、香港機場管理局*、海洋公園公司董事局*、香港科技園公司*、市區重建局*、香港藝術發展局*、香港吸煙與健康委員會*、香港貿易發展局*、香港旅遊發展局*、香港生產力促進局*、僱員補償保險徵款管理局*、破產欠薪保障基金委員會*
第四類	旅遊業賠償基金管理委員會、港口福利事務委員會、可持續發展委員會、教育統籌委員會、安老事務委員會、語文教育及研究常務委員會、研究資助局、道路安全議會、愛滋病信託基金委員會、電影發展基金審核委員會、交通諮詢委員會、建造業訓練局*、製衣業訓練局*、職業訓練局*、僱員再培訓局*、津貼學校公積金管理委員會*、航空保安委員會*、石棉行政管理委員會*、廣播事務管理局*、香港中醫藥管理委員會*、李寶椿慈善信託基金委員會*、建造業工人註冊管理局*、園景師註冊管理局*、消費者委員會*、選舉管理委員會*、僱員補償援助基金管理局*、平等機會委員會*、地產代理監管局*、香港考試及評核局*、香港房屋委員會*、醫院管理局*、強制性公積金計劃管理局*、職業性失聰補償管理局*、香港護士管理局*、職業安全健康局*、城市規劃委員會*
第五類	土地及建設諮詢委員會、食物及環境衛生諮詢委員會、賑災基金諮詢委員會、共建維港委員會、港口保安諮詢委員會、投訴警方獨立監察委員會、專業服務發展資助計劃評審委員會、土地測量師註冊委員會*、酒牌局*、選舉管理委員會*、空運牌照局*、香港學術評審局*、證券及期貨事務監察委員會*、單位信託委員會*

*法定組織

珠三角地區日後經濟發展的策略研究；(5)與廣東的省市機關建立更緊密的聯繫。

第三類法定及諮詢組織被賦予執行某些工作細節的權力，因而也擁有對執行這些工作的相關政策制定權，如僱員補償保險徵款管理局是根據《僱員補償保險徵款條例》於1990年7月1日成立，負責向承保人收集僱員補償保險徵款，並分配予有關指定團體，其職能是：(1)收集由承保人轉交的徵款；(2)就徵款率向行政長官會同行政會議提出建議；(3)將管理局的資源淨額按照既定比率分配予各指定團體。

又如香港港口發展局就一切有關港口規劃及發展等事宜，通過經濟發展及勞工局局長向行政長官提供意見。具體而言，該局會：(1)在顧及對港口設施不斷轉變的需求，以及港口生產力和表現的情況下，評估香港港口發展的需要，並提升香港相對於區內主要港口的競爭力；(2)協調政府與私營機構參與規劃和發展港口服務的工作；(3)聽取並反映參與香港港口發展或受其影響之各方的意見；(4)舉辦宣傳活動以介紹香港港口；(5)制定和建議最佳的港口設施規劃及配置策略；(6)在認為有需要時成立專家小組；(7)執行可能由政府轉介與上述各點有關的其他工作。

第四類法定及諮詢組織具有行使整個政策過程各個行動的權力，即對某項政策的諮詢權和監察權，及其在操作或技術上的細節的決定及執行權，如建造業訓練局於1975年9月依照《工業訓練（建造業）條例》成立，其職責為：

(1)設立及管理工業訓練中心；(2)為建造業提供訓練課程；(3)輔助結業學員就業，而協助的方式可包括給予經濟支援；(4)就徵款率做出建議；(5)評核任何人在涉及建造業或與其相關的任何種類的工作方面已達至的技術水平，並就該等工作舉行考核或測試、發出或頒發技術水平證明書以及確立須達至的技術水平。

又如旅遊業賠償基金管理委員會是根據《旅行代理商條例》第32B條成立

的法定機構。其職能包括：(1)按照《旅行代理商條例》的規定持有、管理和運用賠償基金；(2)為已繳付外遊費但因旅行代理商不履行責任而受影響的外訪旅客，提供特惠賠償，以及為外訪旅遊途中遇上意外傷亡的旅遊人士，提供經濟援助；(3)授權旅遊業議會或任何其他人規定他人繳付賠償基金徵費及收集賠償基金徵費；(4)以其認為適宜的抵押或其他條款及條件借入款項；(5)將賠償基金內的款項投資於當其時根據《受託人條例》（第29章）獲特准的投資項目或獲財政司司長認可的投資項目；(6)為管理該基金而訂立規則；(7)按財政司司長的規定安排就旅遊業議會運用其資源的節約情況、效率及效能，進行財政司司長所指明的審核。

最後，第五類法定及諮詢組織除扮演諮詢角色外，也往往是某項相關活動的監察者。它們其中大量是規管委員會，「可分為三類，即註冊委員會、牌照委員會和督導委員會。註冊委員會負責批准新成員註冊加入有關專業或行業，藉以監管該專業或行業。舉例來說，土地測量師的註冊事宜便由土地測量師註冊委員會規管。至於牌照委員會，則負責規管處所或設備做指定用途的發牌事宜，例如酒牌局負責向酒吧、餐廳及其他處所發出酒牌。督導委員會負責規管特定的活動，例如選舉管理委員會負責督導和監管香港的公眾選舉事務」。[15]其他如單位信託委員會的職責是：「審批一般稱為互惠基金及單位信託基金的集體投資計劃；在認可該等計劃時施加條件及給予寬免」。

又如土地及建設諮詢委員會的職權範圍是：(1)檢討：甲.公營及私營機構之土地需求；乙.土地之供求及使用情況。(2)按照(1)項，考慮土地發展計劃是否足夠；(3)監察及評估有關規劃，土地和樓宇事項之政策與程序；(4)就以上(1)、(2)及(3)三項涉及之事項向政府提供意見。

4.香港法定及諮詢組織的監察

對法定機構，一般而言，政府透過以下方法監管它的營運：

(1)委派政府代表出任法定機構的當然成員或委派政府代表出席法定機構會議；

(2)要求法定機構（通常為公營公司、公共機構及執行行政職能的規管機構）：

　　(i)提交擬議的來年事務計劃書和收支預算，供政府批核；

　　(ii)向政府提交年報、賬目報表和核數師報告；

　　(iii)向立法會提交年報、賬目報表和核數師報告。

(3)行政長官如認為公眾利益有此需要，可向法定機構（通常為公營公司、公共機構及執行行政職能的規管機構）發出一般或特定性質的書面指示。

此外，法定機構（通常為公營公司、公共機構及執行行政職能的規管機構）同政府一般部門一樣，每年須接受審計署審計。當局亦會不時就這些組織的事務向立法會彙報和答覆議員的質詢。法定組織的高層管理人員亦會應邀出席立法會事務委員會的會議，就議員感興趣或公眾關注的事項做彙報。除了這些安排外，很多法定組織亦訂立服務承諾和指標，並定期在網站公佈機構各項活動的資料，以提高運作的問責程度和透明度。

至於人手編制和薪酬方面，受政府資助的法定機構（例如消費者委員會、香港演藝學院、申訴專員公署及職業訓練局），須遵守政府為管制和監察營運收入逾半是受政府資助的機構的最高三級行政人員的職級、架構和薪酬而頒佈的指引。各上訴委員會和委員團、大部份規管委員會、諮詢委員會，以及信託基金和資助計劃諮詢和管理委員會，都是由所屬決策局／部門提供支援，其人手支援屬有關決策局／部門編制的一部份。由於法定機構的種類甚多，政府監控這些機構的營運（包括人手編制）和薪酬制度的模式和程度不盡相同，沒有適用於全部機構的劃一或共通的監察或管制機制。[16]

政府正著手編製《諮詢及法定組織事宜指南》，輯錄所有有關諮詢及法

定組織的規定及指引，方便各政策局和諮詢及法定組織遵守有關規定。在問責制下，各主要官員負責制定及推行政府政策，當中包括其轄下的諮詢及法定組織的政策。主要官員亦要就委任有關組織的成員問責。此外，部份法定組織須根據相關法例條文，委任組織成員。但政府認為無須設立獨立專員，監察委任諮詢及法定組織成員的情況。[17]

5.公司化與公營公司／公共公司

在法定及諮詢組織中，享有最多權力的是公營公司或公共公司，即依法成立的公司化商業實體，負責提供貨品及服務，包括九廣鐵路（與地鐵合併前）、機場管理局、海洋公園公司、香港科技園公司、市區重建局。

公司化（corporatization）是將國有／國營企業脫離（hiving-off）政府架構，成為獨立法律實體，自主經營。公司化與公共公司在香港的起源最早可追溯到回歸前的1973年，那一年，著名的《麥健時報告書》（*Mckinsey Report*）發表，報告書最後一段提出，政府應將其部份架構及功能，例如機場、鐵路、食水供應和郵政服務等脫離出去，以改善績效及為中央行政機關卸載。報告書還說：「接著政府的角色是除了制定服務及收費等標準外，其他各方面都應交由機構的董事局及人員獨立管理。」[18] 1988年，當時的首席助理財政司山基（Colin Sankey）在由其主持的一項財政科對民營化的研究中指出，這種脫離過程就是「公司化」，即把政府資產轉移到政府架構以外的享有日常財政及經營自主權的公司實體，它是民營化的其中一個方式，地下鐵路公司及九廣鐵路公司就是明顯的例子。[19]《麥健時報告書》與山基其實是指出了一種叫公共公司的組織類別，它是公司化的產物。霍曉（W. Thornhill）的研究指出，公共公司在歷史上早已存在，1514年，英皇亨利八世就曾成立與政府分開的公司去管理燈塔。[20]

在某種情況下，政府可能需要把某項公共服務公司化，以達到雙重目

標：提供有效的公共服務，以及增加具商業價值的政府資產的回報。把服務公司化的目的，在於讓成立的公司按照商業原則經營指定的公共服務。雖然政府是唯一或主要股東，但該公司不屬於政府部門架構。該公司一般可按照私營機構的運作原則，自行管理員工和其他資源，開拓商機，並因應市場需求調整收費。[21]

在當今英國，公營事業或企業的組織形式有兩種方法，一是部門方法（departmental method），此方法下，企業行政及政策全由部長全權負責，其員工全是公務員，屬公務員編制；企業財政與政府預算掛鈎，受政府控制，所以企業與一般政府部門無異。另一種叫公司化方法（corporatization method），即成立公共公司（public corporation），它大致上有以下的法律及制度特質：[22]

- 公司是法定組織，依法取得獨立的公司法人地位，可被法院控告或作原告，可以自己名義擁有資產，可簽署合約；
- 公司由董事局經營，其成員由政府有關部長任命；
- 公司由國家全資擁有或上市後擁有51%或以上股權；
- 公司員工不是公務員，由公司按本身人事規則聘請；
- 公司財政不受政府控制，可自由在市場上進行集資、借貸；
- 公司通過董事局向有關部長負責。有關部長如認為公眾利益有此需要，可向公司發出一般或特定性質的書面指示。但如果發出的任何指示，規定公司在違反審慎商業原則下行事，則公司有權就此獲得政府的合理補償；
- 公司按商業原則營運，追求合理利潤，講求成本效益，並在市場上與私有及其他企業平等競爭；
- 公司化目的是使企業的營運儘量與私有企業看齊，使其在政府保留極少的干預下擁有最高度的經營及財政自主權。

公司化在新西蘭廣泛採用，成為著名的例子。[23]在中國內地，其眾多國營企業也是採用公司化（內地稱股份制改造）進行改革，並取得顯著的成績。[24]香港原是英國的殖民地，在政府提供公共服務或產品的模式上，當然會完全追隨英國的做法，如食水供應和郵政服務的提供便採取部門方法，分別由政府的水務署及郵政署經營；而海洋公園及機場等則採取公司化方法，成立脫離政府架構的公共公司去管理。

二、澳門

(一)自治機構

1.Quangos與澳門政府自治機構

澳門行政分為直接行政與間接行政。由行政機關（政府）直接從事的行政活動為直接行政，與行政長官是被領導和領導的直接控制關係；由行政機關以外的自治機構從事的行政活動為間接行政，與行政長官是監督與被監督的間接控制關係。[25]自治機構的建制在澳門回歸前已存在，乃前宗主國葡萄牙由本土引入，是quangos的一種。

據澳門政府1985年第63/85/M號法令，自治機構包括：「具行政自治權之部門、自治部門及自治基金組織」。以類似字眼，據1989年第86/89/M號法令，自治機構則包括：自治機關、自治基金組織及各市政廳（現已由民政總署取代）。根據我們對以2008年5月31日《澳門公共行政資訊》（見澳門特別行政區政府入口網站）所載的公共部門做的調查統計，該等自治機構共有41個。（詳細名單見**表5.4**）屬自治部門或自治機關的有民政總署、印務局、民航局、澳門貿易投資促進局、澳門金融管理局、消費者委員會、環境委員會等；屬自治基金組織的有澳門基金會、樓宇維修基金、社會保障基金、工商業發展

表5.4　澳門政府自治機構

自治機構	法律地位	監督	職權	內部管理架構及其組成人員（官員／社會人士）
澳門貿易投資促進局	公務法人	經濟財政司	負責協助澳門特別行政區制定及執行關於促進對外貿易、引資、管理及促進離岸業務等方面之經濟政策，並推動政策之實現	行政管理委員會 執行委員會 監察委員會 （官員及社會人士）
消費者委員會	公務法人	經濟財政司	對政府將訂定之保護消費者政策發表意見，並推動各項保護消費者之工作	全體委員會 執行委員會 （官員及社會人士）
環境委員會	公務法人	運輸工務司	協助行政長官制定澳門特別行政區的環境政策，並確保協調當局推動及執行有關計劃、措施及活動	全體委員會 執行委員會 （官員及社會人士）
社會保障基金	公務法人	經濟財政司	執行社會保障制度及管理有關資源	行政管理委員會 監事會 （官員及社會人士）
海關福利會	公務法人	保安司	旨在向其受益人提供補充性福利	行政委員會 執行委員會 （官員）
治安警察局福利會	公務法人	保安司	旨在向其會員提供補充性福利	行政委員會 執行委員會 （官員）
港務局福利會	公務法人	行政長官	旨在向港務局工作人員提供補充性福利	行政委員會 執行委員會 （官員）
消防局福利會	公務法人	保安司	旨在向其會員提供補充性福利	行政委員會 執行委員會 （官員）
民政總署	公務法人	行政法務司	城市規劃、公共衛生和清潔、文化、體育活動、環境和居民生活質素的維護和保障，促進及執行公民教育的培訓活動，以及鼓勵及輔助民間組織，以促進各社會利益和社群之間的互助和睦鄰精神	管理委員會 諮詢委員會 監察委員會 （官員及社會人士）

（續）表5.4　澳門政府自治機構

自治機構	法律地位	監督	職權	內部管理架構及其組成人員（官員／社會人士）
房屋局	公務法人	運輸工務司	確保社會房屋措施、計劃及工作之執行，以及協助及支援樓宇共同部份的管理工作	同政府一般部門（官員）
民航局	公務法人	運輸工務司	指導、管制及監察在澳門特別行政區領空與民航有關之活動	同政府一般部門（官員）
澳門金融管理局	公法人	經濟財政司	協助行政長官制定及施行貨幣、金融、外匯及保險政策，監管貨幣、金融、外匯及保險市場的運作	行政委員會諮詢委員會監察委員會（官員及社會人士）
澳門土木工程實驗室	公法人	運輸工務司	--	董事局（官員及社會人士）
澳門基金會	公法人	行政長官	促進、發展或研究文化、社會、經濟、教育、科學、學術及慈善活動，包括旨在推廣澳門的活動	信託委員會行政委員會監事會（官員及社會人士）
科學技術發展基金	公法人	行政長官	根據澳門特別行政區的科技政策的目標，對相關的教育、研究及項目的發展提供資助	信託委員會行政委員會監事會（官員及社會人士）
漁業發展及援助基金	公法人	行政長官	對有助於澳門特別行政區漁業發展的項目及活動給予援助	行政管理委員會（官員及社會人士）
樓宇維修基金	公法人	行政長官	對有助於澳門特別行政區私人樓宇安全及環境衛生的保養及維修工程提供資助	行政管理委員會（官員及社會人士）
工商業發展基金	公法人	經濟財政司	對有助於澳門特別行政區經濟發展所進行的項目及活動給予資助	管理委員會（官員及社會人士）
汽車及航海保障基金	公法人	經濟財政司	汽車及航海保障基金有權限對受強制保險約束之車輛造成事故而引致之死亡或身體侵害，作損害賠償	行政管理委員會諮詢委員會監察委員會（官員及社會人士）
退休基金會	公法人	經濟財政司	管理和執行澳門特別行政區公務人員的退休及撫恤制度和公積金制度	行政管理委員會諮詢會監察委員會（官員及社會人士）

（續）表5.4　澳門政府自治機構

自治機構	法律地位	監督	職權	內部管理架構及其組成人員（官員／社會人士）
教育發展基金	公法人	社會文化司	透過無償資助及優惠信貸，支援和推動在非高等教育領域內展開各類具發展性的教育計劃和活動	行政管理委員會（官員及社會人士）
澳門大學	公法人	社會文化司	澳門大學是一所公立大學，在人文、社會科學、科技及文化領域內以促進學術及教育為己任	校監——行政長官校董會校長（官員及社會人士）
澳門理工學院	公法人	社會文化司	負責在澳門特別行政區推行高等教育，推廣科技文化，開展學術活動	理事會諮詢委員會院長（官員及社會人士）
旅遊學院	公法人	社會文化司	就澳門特別行政區旅遊業及酒店業範圍內給予教育及培訓	理事會院長（官員及社會人士）
學生福利基金	行政、財政及財產自治的法人基金	社會文化司	資助社會暨教育援助活動	行政管理委員會（官員）
澳門公共行政福利基金	行政及財政自治基金*	行政法務司	在公職補充福利範圍內，資助社會、文化及經濟活動	行政管理委員會（官員）
法務公庫	行政及財政自治基金*	行政法務司	對登記及公證部門和法律及司法培訓中心的籌設及運作方面提供財政支援，以及對在法務局職責範圍內進行的法律領域及社會重返方面的特殊項目提供財政支援	行政委員會（官員）
居屋貸款優惠基金	行政及財政自治基金*	運輸工務司	對以貸款優惠制度購買居屋，政府所給予優惠的負擔及本地區居民在市場購買自住居屋之銀行貸款利息補貼的負擔，提供資金；並對購買以房屋發展合同制度興建之房屋的人士發放津貼	基金由儲金局負責管理（官員）

（續）表5.4　澳門政府自治機構

自治機構	法律地位	監督	職權	內部管理架構及其組成人員（官員／社會人士）
澳門監獄基金	行政及財政自治基金*	保安司	對澳門監獄職責範圍內的囚犯社會重返工作提供財政上的支援，使囚犯在工作、學業、培訓及社會方面均能融入	行政委員會（官員）
旅遊基金	行政及財政自治基金*	社會文化司	資助具推廣澳門特別行政區性質之活動，以及資助施政方針每年在旅遊領域內所定之活動	行政管理委員會（官員）
體育發展基金	行政及財政自治基金*	社會文化司	對體育運動之發展及體育基礎設施之負擔提供資金	行政管理委員會（官員）
文化基金	行政及財政自治基金*	社會文化司	資助文化局在遵從其職責之範圍內及行使其權限時所開展之文化活動	行政管理委員會（官員）
司法警察局福利會	行政、財政及財產自治的援助機構*	保安司	旨在向其會員提供補充性福利	行政管理委員會（官員）
印務局	行政、財政及財產自治的法人部門	行政法務司	執行澳門特別行政區政府之出版政策	同政府一般部門（官員）
郵政局	行政、財政及財產自治的法人部門	運輸工務司	提供澳門特別行政區之郵政服務、認證業務、管理通訊博物館，並兼有信貸機關之功能	同政府一般部門（官員）
衛生局	行政、財政及財產自治的法人部門	社會文化司	透過協調公共和私人衛生機構人員的工作和提供本澳居民福利所需的初級衛生保健和專科衛生護理服務，執行關於推廣衛生和預防疾病所需的工作	同政府一般部門（官員）
社會工作局	行政、財政及財產自治的法人部門	社會文化司	提供優質的社會福利服務，幫助解決或預防個人、家庭及社區之問題及推動民間社會服務機構的發展	同政府一般部門（官員）

（續）表5.4　澳門政府自治機構

自治機構	法律地位	監督	職權	內部管理架構及其組成人員（官員／社會人士）
澳門廣播電視股份有限公司	私法人	--	--	董事會（官員及社會人士）
澳門工業園區發展有限公司	私法人	--	--	行政管理委員會（官員及社會人士）
澳門電貿股份有限公司	私法人	--	--	董事會（官員及社會人士）
澳門國際機場專營股份有限公司	私法人	--	--	董事會（官員及社會人士）
澳門科學館股份有限公司	私法人	--	--	董事會（社會人士）

*為具行政和財政自治權之實體，不具法人地位。

資料來源：《澳門公共行政資訊》，載於澳門特別行政區政府入口網站：http：//www.gov.mo，2008年5月31日。

基金、科學技術發展基金、漁業發展及援助基金、退休基金會、澳門公共行政福利基金、學生福利基金、體育發展基金、旅遊基金、文化基金、居屋貸款優惠基金、汽車及航海保障基金、澳門監獄基金等。

　　自治機構的設置，使行政活動具有很大靈活性，保證行政對社會事務的有效管理，也避免政府因事設立行政機構直接管理而造成的機構龐大，符合當今在新公共管理及治理理論思潮影響下的公共行政潮流。

2.澳門政府自治機構的法律地位

　　法律上，人分為兩種，自然人和法人，前者指人類，後者指法律上視其為人之組織，在物理上並不存在，例如機關、公司、社團等。而依其設立之目的可進一步分為公法人和私法人。從法律主體性之角度而言，澳門特別行政區政府如國家般本身屬一個公法人，自治機構則以不同的法人地位獨立於政府架構以外。這些法人大致分為以下五類：一、具法人資格的機關即公務機關法

人，如民航局、澳門貿易投資促進局、澳門金融管理局等；二、公共財團即公共基金會，如澳門基金會、社會保障基金等；三、公共企業，如澳門土木工程實驗室；四、公共團體，如律師公會等；五、私法人，如第四屆東亞運動會澳門組織委員會股份有限公司（現已取消）、澳門廣播電視股份有限公司、澳門國際機場專營股份有限公司、澳門工業園區發展有限公司、澳門電貿股份有限公司、澳門科學館股份有限公司。[26]

在眾多不同自治基金組織中，可以分成兩類：一、具有法律人格之基金：根據各該組織法將其定性為公務法人（instituto publico），如社會保障基金；公法人（pessoa colectiva de direito publico），如科學技術發展基金；或僅稱之為具有法律人格之機構，如學生福利基金。二、不具法律人格之基金，其性質為具行政和財政自治權之實體（entidade dotada de autonomia administrativa e financeira），如文化基金、澳門監獄基金。[27]

由於自治機構具有執行某些工作、計劃的行政管理權力（見下文），它們要擁有本身財產；也要聘用人員推行這些工作、計劃；並以自己名義在銀行開立賬戶、簽訂合同及進行司法訴訟（若有的話），所以這一類組織必須是獨立的法人機構，具有行政及財政自主／自治權。例如第17/2001號法律規定民政總署屬行政、財政及財產自治的公務法人；第33/94/M號法令規定澳門貿易投資促進局為具有行政、財政及財產自治的公務法人；第1/2006號法律規定澳門大學是擁有本身的機關及財產的公法人；第14/2004號行政法規規定科學技術發展基金為具有行政及財政自治權、並擁有本身財產的公法人；第8/2003號行政法規規定工商業發展基金為一在經濟局內運作的公法人，具有行政及財政自治權並擁有本身的財產；第7/2001號法律規定澳門基金會為一行政、財政及財產自治的公法人；第18/2000號行政法規規定澳門金融管理局為具有行政、財政及財產自治的公法人；第16/2006號行政法規規定退休基金會為具有行政、財政及財產自治權的公法人；訂定教育發展基金制度的第16/2007號行政

法規規定教育發展基金為一享有行政、財政及財產自治權的公法人;第4/2007號行政法規規定樓宇維修基金具有行政及財政自治權和擁有其本身財產的公法人;第3/2007號行政法規規定漁業發展及援助基金具有行政及財政自治權和擁有本身財產的公法人;第3/1999號法律規定印務局為一行政、財政及財產自治的法人部門。

從**表**5.4所示,取得公務法人法律地位的往往都是大型組織,即有很多僱員及／或佔用預算龐大者,如澳門貿易投資促進局、社會保障基金、治安警察局福利會、民政總署等。公法人則次之,如澳門金融管理局、工商業發展基金、樓宇維修基金、旅遊學院等。至於較小型組織,即僱員並不是很多及／或佔用預算不大者,如澳門公共行政福利基金、澳門監獄基金、體育發展基金、旅遊基金等,則只須授與行政和財政自治權便可,無須取得法人地位。可見政府給予這些組織甚麼法律地位並不是隨意的,而公務法人位階最高。

個別行政機關也成為具有法律人格之部門,這是因為它們自具收入來源,如印務局及郵政局,可自負盈虧,需要擁有財政自治權,成為獨立法人。衛生局及社會工作局則直接或間接經營很多業務,亦需擁有財政自治權。民政總署屬公務法人是承襲自其前身——澳門市政廳及海島市政廳的自治性質。最後,澳門廣播電視股份有限公司、澳門工業園區發展有限公司、澳門電貿股份有限公司、澳門國際機場專營股份有限公司及澳門科學館股份有限公司屬「官資民辦」的「私人企業」,與一般公司無異,是私法人。[28]

3.澳門政府自治機構的內部管理架構、人員組成及經費來源

與法人一樣,澳門政府自治機構的內部管理架構的設立是隨著機構的規模而有不同的安排。如果機構屬大型組織,則其領導機關往往採用三重管理架構模式,包括澳門貿易投資促進局的行政管理委員會、執行委員會及監察委員會;民政總署的管理委員會、諮詢委員會及監察委員會;澳門金融管理局的行

政委員會、諮詢委員會及監察委員會；澳門基金會和科學技術發展基金的信託委員會、行政委員會及監事會；汽車及航海保障基金的行政管理委員會、諮詢委員會及監察委員會；退休基金會的行政管理委員會、諮詢會及監察委員會。（表5.4）

　　例如退休基金會的行政管理委員會由最少五名、最多七名行政管理人組成，其中包括一名主席及兩名副主席；行政管理人由行政長官以公佈於《澳門特區公報》的批示委任，每一任期最長為兩年，且可續期。行政管理委員會行使旨在確保退休基金會運作良好及履行該基金會職責所需的權力。諮詢會由行政管理委員會主席負責主持會議，成員包括：行政管理委員會副主席、監察委員會主席、澳門金融管理局行政管理委員會主席、行政暨公職局局長、財政局局長、行政法務司司長及經濟財政司司長的代表各一名、一名金融管理局行政管理委員會成員，以及最多三名在經濟財政或保險領域具經驗且被公認為傑出的人士。諮詢會具職權就與履行退休基金會職責有關的事宜發表意見。

　　退休基金會的監察委員會由最少三名、最多五名成員組成，其中包括一名主席；該等成員由行政長官以公佈於《澳門特區公報》的批示委任，每一任期最長為兩年，且可續期。監察委員會具有的職權包括：監察對適用於退休基金會的法律及規章性規定的遵守情況；須每三個月審查一次退休基金會的賬目及有關預算執行情況。[29]

　　如果機構屬次大型組織，則其領導機關往往採用二重管理架構模式，包括海關福利會、港務局福利會及消防局福利會的行政委員會和執行委員會。

　　例如港務局福利會之行政委員會之組成包括一名主席、一名副主席、一名秘書及一名委員；主席由港務局局長擔任，副主席由港務局副局長擔任，秘書由港務局行政及財政廳廳長擔任，而委員則由財政局的一名代表擔任。行政委員會的成員透過行政長官批示委任。執行委員會由五名成員組成，分別為協調員一名、司庫一名、秘書一名及委員兩名。[30]

　　如果機構屬小型組織，則其領導機關往往採用單一管理架構模式，包括教育發展基金、漁業發展及援助基金、樓宇維修基金、文化基金及工商業發展基金的行政委員會或行政管理委員會。

　　例如教育發展基金的行政管理委員會由五名成員組成，其中兩名成員分別為教育暨青年局局長及財政局代表，前者擔任主席一職；行政委員會的成員及其任期，由行政長官以批示委任和訂定。[31]樓宇維修基金由一行政管理委員會管理。行政管理委員會由一名主席及兩名委員組成，其中一名委員為財政局的代表，各成員均由行政長官以批示委任。房屋局局長在其屬下的公務人員或服務人員中指定行政管理委員會秘書及有關代任人；秘書須列席會議，但無投票權。[32]漁業發展及援助基金由一行政管理委員會管理。行政管理委員會由至少三名、最多五名成員組成，其中兩名成員分別為港務局局長及財政局代表，前者擔任主席一職；行政管理委員會成員及其任期，由行政長官以批示委任和訂定。[33]

　　至於這些內部管理架構的人員組成，有兩種情況：一是由官員及社會／民間人士組成；一是由純官員組成。大致上，一些大型組織，因佔用預算龐大、且有很多僱員，例如澳門貿易投資促進局、科學技術發展基金，其管理層往往包含社會人士，以提高其透明度及收監察之效。一些面向市民，為大眾提供服務的自治機構，如民政總署、社會保障基金，為了吸納民意，其管理層往往也包含社會人士。澳門金融管理局、澳門土木工程實驗室則需要社會上的專家參與管理，以提高其專業性。一般的、特別是小型自治機構，如學生福利基金、體育發展基金，由相關官員管理便可，無須社會人士參與。（**表5.4**）不論是社會人士或官員，他們一律都是由行政長官委任產生。

　　至於管理層以外的一般員工，如果本身沒有人員編制配置，會根據自治機構各自的組織法規，以私人勞務合同方式聘用人員。[34]他們不屬公務員／公共行政工作人員[35]，不受澳門公職法，而受勞資關係法所約束，與私人公司員

工無異。

　　例如民政總署在接收兩個臨市局全體員工時規定：新入職者一律以私人勞務合同聘用，現臨市局實位人員維持現行編制；合同位及散位人員可繼續任職，至合約終止也可續期，或根據相關法規選擇以私人勞務合同任職。[36]

　　但一般的小型基金組織，由於員工不多，會以借調方式聘用公務員履行職責。如教育發展基金附屬於教育暨青年局而運作，該局負責向該基金提供行政包括員工及技術上的援助；房屋局負責向樓宇維修基金提供技術及行政支援；港務局負責向漁業基金提供行政及技術支援。

　　最後，經費方面，大致上，**表**5.4所列自治機構均由公帑支持，如教育發展基金是在政府庫房的一間代理銀行開立一個無回報的銀行賬戶，所有收支均透過該賬戶提存；該基金首階段共有14億，從2008年開始，分四年使用，每年3億5,000萬。基金不能以投資賺取回報，只能通過銀行利息、捐款以及貸款回報本金為收入來源。四年以後，特區政府是否繼續增加基金金額，須視乎特區政府的財政收入。[37]

　　科學技術發展基金的資源來自澳門特區政府的撥款；小部份來自本地或外地的公、私法人或自然人的津貼、撥款、捐贈、遺產、遺贈或贈與；利用本身財產投資賺得的收益等。在啟動資金方面，該基金的財產包括一筆澳門幣二億元的啟動資金，該款項由澳門特別行政區政府及澳門基金會平均分擔。[38]工商業發展基金的宗旨為運用其資源，對有助於澳門特區經濟發展的項目及活動的進行給予資助。該工商基金具有本身收入，例如包括：一、根據每年由行政長官訂定的百分率，從按適用法例徵收的產地來源證簽發手續費中抽取的金額；二、任何公法或私法實體所給予的共同分享收入及津貼；三、工商基金依法運用本身可動用資金或享有收益的任何財產所帶來的利息或其他收益等等。[39]

　　自治機構是政府部門架構以外而同樣提供公共服務的組織類別，這一類機構雖然由公帑支持，但其人員包括管理層領導人員理應或主要由非官員／公

務員組成，這才符合quangos的定義（見上文），澳門政府自治機構基本上具有這方面的屬性。

4.澳門政府自治機構的職權

毫無疑問，澳門政府自治機構在本質上是分權／權力下放的組織——這也是quangos的另一個屬性。[40]用現今流行的治理理論術語，即如果其管理層是由官員與社會／民間人士組成，它是一種「聯合治理架構」（co-governance）。[41]換言之，這些機構都被賦予不同程度的行政管理實權，主要是操作細節上的政策諮詢、制定、執行及監察權，也就是整個政策過程的權力。（**表5.4**）

例如退休基金會具有的職責包括：管理和執行澳門特區公共行政當局公務員及服務人員的退休及撫恤制度；運用和管理與該制度的執行有關的資源；管理和執行澳門特區公務人員公積金制度；研究和建議優化兩制度所需的措施以及法律賦予的其他職責。經行政管理委員會作出決議並獲監督實體確認後，退休基金會可聘請住所設於澳門特區或外地的管理公司，以便將財務運用的全部或部份管理工作交予該等公司負責，以及設立或參與設立財務運用的管理公司。[42]

教育發展基金行政管理委員會具有下列職權：經聽取教育暨青年局及教育委員會的意見後，向監督實體建議有關推動和資助非高等教育發展的計劃及方針；許可按法律規定屬教育發展基金負擔的開支；編製教育發展基金的本身預算案、有關的修正及修改，並將之呈交行政長官核准；每年編製財務及活動報告以及管理賬目，將之呈交監督實體核准，並將其內容知會教育委員會等等。

在行政管理委員會中，主席具有下列職權：將一切須由行政管理委員會議決的事宜送交該機關審議，並建議採取其認為對教育發展基金的良好運作屬

必要的措施；在法庭內外代表教育發展基金；促使執行監督實體的決定及行政管理委員會的決議等。[43]

5.澳門政府自治機構的監察

由於自治機構不屬政府部門架構，且其成員具民間人士，對其監察存有一定的灰色地帶，而這可謂是世界上所有quangos的一個通病。[44]因為在公共領域，一般人說的監察應該是「民」監察「官」，而不是倒過來的「官」監察「民」，所以澳門政府也沒有設立監察自治機構的專門機構。不過自治機構也不是「無王管」的「獨立王國」。澳門行政長官及五個司司長負有「監督」其轄下自治機構之責。（**表5.4**）

例如退休基金會受行政長官監督。行政長官有權委任退休基金會的機關成員；核准退休基金會的本身預算草案及有關追加預算，以及管理賬目；有權核准屬澳門特區公共行政當局公務員及服務人員的退休及撫恤制度範疇內的有關財務運用的計劃及方針；屬澳門特區公務人員公積金制度範疇內的投資計劃及有關運作，以及年度財務報表等；還有權訂定指引並發出指令，以貫徹退休基金會的目標等。行政長官亦可將其對退休基金會的監督權授予任何一政府司長。[45]

教育發展基金的監督實體為社會文化司司長，其職權包括核實行政長官每年批示訂定的時間表；提交基金本身的預算提案；向特首建議基金管理委員會成員；訂定指引及發出指令，令保證基金履行職責。核准關於推動和資助非高等教育發展的計劃及方案，亦包括核准年度活動計劃、管理報告、上年度年終帳目等；同時確認基金會與其他公共或私人實體簽訂的協議或議定書。[46]

此外，自治機構同政府一般部門一樣，每年須接受審計署審計。

然而，澳門行政財政自治機構過分獨立、不受監管、不遵守一般性的行政指導規章、放任自流導致本身架構臃腫、浪費資源等例子在過往亦屢見不

鮮。按目前的預算綱要法，澳門特區預算的提交，特別是有關行政財政自治機關和基金預算方面的提交，並沒有明確的規定。自治機構賬目提交的制度只能顯示該等機關開支的一部份。澳門特區立法會，除了每年通過政府財政預算外，無論是全體大會還是所有委員會，都無須為審察政府開支的工作舉行會議和做出任何決定。政府財政預算的追加，重大的公共工程撥款和新增的行政人員開支撥款，均完全不經議會審議。[47]

　　由於40多個行政、財政及財產自治的公務法人、公法人和法人機關等在每年財政預算通過之後再做出的追加和調整，例必使實際的財政收支遠遠超過立法會通過的數字。據2001年度預算執行情況報告，庫房綜合賬較去年增加七億，公共預算開支與實際開支平衡，但當中自治機構嚴重超支達17億；2005年舉辦的第四屆東亞運動會同樣發生嚴重超支問題。自治機構編製預算過於籠統，使有臨時活動加入後開支便超出預算。再者，一般部門與自治部門的預算及會計格式採用之方法及要求不一致，立法會對自治部門財政監管無門，因此，需要加快預算綱要法之立法。[48]

　　對自治機構預算的監管是一個備受關注的問題，政府須履行承諾，提出完整的預算制度。2007年3月，政府在書面回覆立法會議員的質詢時指出，特區政府從未間斷地就公共財政管理制度進行深層次的檢討，並藉著第6/2006號行政法規：《公共財政管理制度》的頒佈和已於2007年1月1日起全面實施，進一步加強對自治機構的財政控制，及對以分散方式規範在不同法規中的各方面事宜加以系統化，使之不單在澳門特別行政區預算方面，尤其是涉及公共開支，受到更嚴謹的程序規則所規範。[49]

6.與香港比較

　　香港政府也有類似於上述澳門政府自治機構的實體，就是「法定組織」。據官方統計，至2005年1月，香港共有223個法定組織：46個為諮詢委員

會、15個為非政府部門的公共機構、5間為公營公司、47個為規管委員會和機構、52個為上訴委員會，以及43個信託基金和資助計劃的諮詢和管理委員會。[50]（見上文）除諮詢委員會及上訴委員會外，其餘類別均與澳門政府自治機構相似，同樣可歸類為quangos的一種。

法定組織就是由法例成立的機構，一般具獨立法人地位[51]，有法定權利，並享有處理資源、機構管理的自主性。（見上文）例如香港貿易發展局（「發展局」）依據《香港貿易發展局條例》[52]成立，該條例規定：「現設立一個名為香港貿易發展局的發展局，發展局是一個以該名稱成立的永久延續的法人團體，能起訴與被起訴，並在符合本條例的規定下，能作出和容受法人團體可合法作出和容受的所有其他作為及事情。」（第3條）

發展局的職能為──(a)促進、協助和發展香港與香港以外的地方的貿易，尤其是出口；(b)就發展局認為可達致香港貿易增長的任何措施向政府作出其覺得適合的建議。(第4條)發展局有權──(a)獲取、承租、購買、持有和享用任何財產，並出售、出租或以其他方式處置該等財產；(b)在香港及香港以外地方設立和維持辦事處；(c)訂立任何合約；(d)出版期刊、冊子及其他書面材料，以及製作或贊助製作紀錄影片及其他視聽材料，並按發展局認為適合而在收費或不收費的情況下以售賣、借出、租出或其他方式將其分發；(e)不時委任一名總裁為發展局的總行政人員，並在香港及香港以外地方委任發展局認為為確保有效率地執行其職能而屬必需的其他人員、受僱人及代理人。（第5條）

發展局的管理層由以下成員組成──(a)由行政長官委任的主席；(b)當然成員八名如下──(i)香港總商會主席，(ii)香港工業總會主席，(iii)香港中華廠商聯合會會長，(iv)香港旅遊發展局主席，(v)香港銀行公會委員會主席，(vi)香港中華總商會會長，(vii)商務及經濟發展局局長，(viii)新聞處處長。（第11(1)條）獲委任為發展局成員者，任期為兩年或行政長官做出委任時就任何個別情

況所訂定的較短任期，而任何該等成員可不時再獲委任。（第11（3c）條）

經費方面，在每個財政年度，須從立法會撥款中向發展局支付行政長官批准作協助發展局行使其職能之用的款項。（第21條）

可見無論在法律地位——俱為獨立法人組織；職權——俱擁有行政管理實權；經費來源——主要由公帑支持，上述香港政府法定組織（公營公司、公共機構及執行行政職能的規管機構、信託基金和資助計劃的諮詢和管理委員會）均與澳門政府自治機構相類似。此外，兩地該等機構的員工基本上都不是公務員，由機構按本身人事規則聘請。

不同之處為：在內部管理架構方面，澳門自治機構採用三種模式，即三重管理架構模式、二重管理架構模式及單一管理架構模式（見上文）。香港法定組織則一律是單一管理架構模式——稱之為發展局、管理局、顧問局、監管局、研究局、訓練局、委員會、董事會、理事會、校董會等。其人員組成亦一律是由官員及社會人士組成，不像澳門有兩種情況：一是由官員及社會人士組成；一是由純官員組成。

對法定組織，一般而言，政府透過以下方法監管它的營運：(a)委派政府代表出任法定機構的當然成員或委派政府代表出席法定機構會議；(b)要求法定機構：(i)提交擬議的來年事務計劃書和收支預算，供政府批核；(ii)向政府提交年報、賑目報表和核數師報告；(iii)向立法會提交年報、賑目報表和核數師報告。(C)行政長官如認為公眾利益有此需要，可向法定機構發出一般或特定性質的書面指示。[53]（見上文）

例如《香港貿易發展局條例》第5A(1)條訂明：「行政長官會同行政會議如認為為公眾利益而有需要，可就發展局根據本條例行使其權力和履行其職責，向發展局發出書面指示，而發展局須遵從該等指示。」發展局每年須在財政司司長指定的日期前，向財政司司長遞送下一財政年度的建議活動計劃書，並連同或收納同一年度的收支預算，以供行政長官批准。（第22(1)條）發展

局須就所有收入及開支備存妥善賬目，並須就該等賬目保存妥善及充分的紀錄。在每個財政年度終結後，發展局須在適宜的情況下盡快安排擬備該財政年度的發展局收支結算表，以及在該財政年度最後一日的發展局資產負債表。（第23條）發展局須委任核數師，核數師有權隨時取用發展局的所有賬簿、付款憑單及其他財務紀錄，並有權隨時要求取得他們認為適合的關於上述賬簿、付款憑單和財務紀錄的資料及解釋。核數師須盡快審計根據第23(2)條擬備的各報表，並須就該等報表向發展局做出報告。（第24條）發展局須在每個財政年度終結後，盡快向行政長官做出發展局的活動報告，並須連同該報告向行政長官傳送根據第23(2)條擬備的各報表一份及根據第24(2)條做出的報告，並公佈各報告及各報表。行政長官須安排將他收到的各報告及各報表呈交立法會會議席上省覽。（第25條）

此外，法定機構同政府一般部門一樣，每年須接受審計署審計。至於人手編制和薪酬方面，受政府資助的法定機構，須遵守政府為管制和監察營運收入逾半是受政府資助的機構的最高三級行政人員的職級、架構和薪酬而頒佈的指引。

可見港澳兩地政府在對其法定組織及自治機構的監察機制方面亦相類似。一是法定組織及自治機構的管理層都有「政府代表」或「政府董事」；二是兩地行政長官都享有向該等機構發出指示的權力；三是該等機構均須定期向兩地政府提交賬目及活動報告等。

最不同者是香港法定組織還須向立法會提交年報、賬目報表和核數師報告，讓其省覽，澳門則沒有這樣的規定。同時，按照香港公共財政法律，任何追加預算都須經由立法會的財務委員會審核通過，所以，一直以來，香港法定組織都未出現過像澳門自治機構那樣的超支問題。但香港法定組織也有自己的監察不周問題需要克服，因為正如上述，這是世界上所有quangos的一個通病。例如法定組織以高薪聘請管理人員問題，在2001年審計署的報告中便曾批

評康體發展局的行政總裁、總監、經理的最高薪點,分別比公務員相類職位高出10%-26%。[54]2008年初,審計署亦揭發旅遊發展局前總幹事以十萬元為家人購買額外醫療保險,這是香港法定組織出現監察上的紕漏的最新例子。[55]

7.澳門官資民辦企業與公司化

在澳門行政架構當中,既可歸類為自治機構且擁有私法人地位的「官資民辦」公司並不多。(**表5.4**)將其歸類為自治機構,是由於這些公司與自治機構一樣是獨立的法人機構,具有執行某些工作和計劃的行政管理權及財政自主權,又與自治機構一樣擁有本身財產和聘用人員的權力,以及能以自己名義在銀行開賬戶、簽訂合同及進行倘有的司法訴訟。

而「官資」的定義為當政府佔有超過公司50%的股份時,即可將之歸納為一「官資」機構;「民辦」是指這些「官資」機構在組織架構上與一般企業／私人公司無異,設有股東會、董事會、公司秘書及監事會等公司機關,並以私人公司的形式運作。故此,這些企業實與上述香港公司化後的公共公司類似,與香港的機場管理局、海洋公園公司、香港科技園公司、市區重建局一樣,性質屬公司化的「國有企業」。

以下為澳門六間「官資民辦」公司的簡介。[56]

(1)澳門國際機場專營股份有限公司

澳門國際機場專營股份有限公司(Macau International Airport Company Limited, CAM)是一間私營機構,成立於1989年1月18日,由澳門特區政府委任為澳門國際機場之經營者,獲授25年的專營合約,主要負責機場發展、財務安排及市場拓展和推廣。

該公司的註冊資本為澳門幣40億元,在股權分配方面,澳門特區政府佔55.24%,澳門娛樂有限公司佔33.03%,餘下股份分別由中資及本地的商家和社會機構擁有。公司機構為股東會、董事會、公司秘書、監事會及執行委員會

（由四名董事會成員組成，包括兩名由政府委派的董事）。

(2)澳門電貿股份有限公司

澳門電貿股份有限公司（Transferência Electrónica de Dados-MACAU EDI Van S. A., TEDMEV）為澳門特別行政區政府全資機構，成立於1999年。其標的為提供電子數據交換及電子商貿的服務，經營相關設備，提供電子數據交換及電子商貿領域的顧問及分析服務。

該公司的註冊資本為澳門幣750萬元，澳門特區政府全數擁有所有的股份。按照法律及公司章程的規定，由董事會管理及代表公司，而董事長必須為政府代表，由代表澳門特別行政區股東的董事提名出任董事長，並由股東會議決。

(3)澳門工業園區發展有限公司

為了吸引更多的投資者，促進工業多元化，澳門政府於1993年在路環聯生填海區設立一個工業邨，同時成立了聯生工業邨有限公司負責管理工業邨。及後，為了更好地運用現有的資源，澳門特區政府於2004年5月將聯生工業邨有限公司改組成澳門工業園區發展有限公司（Macao Industrial Parks Development Company Limited, SDPIM）。

該公司的註冊資本為澳門幣200萬元，在股權分配方面，澳門特別行政區政府佔60%，澳門貿易投資促進局佔40%，可說是政府全資機構。公司機關為股東會及行政管理委員會，當中的成員必須為政府代表或政府董事。公司業務的代表和管理權限屬行政管理委員會。

(4)澳門廣播電視股份有限公司

澳門廣播電視股份有限公司（TeleDifusão de Macau S. A., TDM）簡稱澳廣視，旗下的澳門電台成立於1933年，於1948年起由政府管理，並於1983年接手原由政府外判給葡萄牙廣播電視公司管理的電台頻道，是澳門首家提供免費

無線電視廣播的公司。

澳廣視的註冊資本為澳門幣5,000萬元，其前身為澳門廣播電視公司，採取公有公營的模式，但因連年虧損及鬧出貪污醜聞，於1988年將49.5%的股份售予五間財團，改組為一間公私合營且享有法人資格的不具名有限公司，並改名為澳門廣播電視股份有限公司，於1990年簽訂為期15年之專營合約，在1995年的股權分配分別為：澳葡政府佔50.5%、澳門旅遊娛樂有限公司佔19.5%、南光集團有限公司佔15%、當時為該公司副主席的何厚鏵佔15%。2004年，澳門政府將澳廣視定位為公共廣播機構，取代原來的公私合營模式。現時澳門特別行政區政府是持有99.8%資本的主要股東。

(5)第四屆東亞運動會澳門組織委員會股份有限公司（現已取消）

為籌辦2005年東亞運動會，澳門政府於2000年成立了一個屬項目組性質之「二〇〇五年澳門東亞運動會協調辦公室」，負責籌組及策劃有關舉辦東亞運的一切活動及工作。該協調辦公室於2002年1月1日由第四屆東亞運動會澳門組織委員會股份有限公司（Macao 4th East Asian Games Organising Committee, Limited, MEAGOC）取而代之。

該公司的註冊資本為澳門幣5,000萬元，在股權分配方面，澳門特別行政區佔90%，體育發展基金佔10%，為一政府全資機構。根據第33/2001號行政法規的規定，該公司享有私法人人格及為一行政公益法人，而作為該公司股東的澳門特別行政區的權利透過由行政長官委任的代表行使。

第四屆東亞運動會澳門組織委員會股份有限公司的公司機關為股東會、董事會、公司秘書及監事會，董事會負責該公司一切活動的管理及作為該公司的唯一代表，且董事會主席必須由行政長官以批示委任。

(6)澳門科學館股份有限公司

澳門科學館股份有限公司（Macao Science Center Limited, MSCL）成立於

2005年，其宗旨為發展科學文化項目，在行政及商業上管理澳門科學館及與之相關的活動，以及實施與其經營有關的所有項目。

該公司的註冊資本為澳門幣1,000萬元，在股權分配方面，澳門基金會佔98%，澳門科學技術發展基金及澳門生產力暨科技轉移中心各佔1%。公司機關為股東會、董事會、執行委員會、監事會及公司秘書。公司業務及利益之管理權力屬董事會所有。

澳門政府沒有在澳門科學館股份有限公司的公司機關中派駐政府代表或政府董事，而董事會／監事會成員亦不需由行政長官批示委任，由股東會任命便可。

從上述可見，官資民辦公司在其股份分配、公司行政機關組成及運作模式有相同之處，**表5.5**為上述六間官資民辦公司的簡單比較：[57]

表5.5 澳門「官資民辦」公司比較

官資民辦企業	政府股份	行政機關	政府代表	運作模式
澳門國際機場專營股份有限公司	55.24%	股東會、董事會、公司秘書、監事會及執行委員會（由四名董事會成員組成）	有	董事會具代表及管理公司權限
澳門電貿股份有限公司	100%	股東會、董事會、公司秘書及監事會	有	董事會具代表及管理公司權限
澳門工業園區發展有限公司	60%	股東會、行政管理委員會及監事會	有	行政管理委員會具代表及管理公司權限
澳門廣播電視股份有限公司	99.8%	股東會、監事會、董事會及行政委員會	有	由董事會領導
第四屆東亞運動會澳門組織委員會股份有限公司	100%	股東會、董事會、公司秘書及監事會	有	董事會負責公司的管理及作為該公司唯一代表
澳門科學館股份有限公司	99%	股東會、董事會（其中一名為常務董事）、公司秘書及監事會	沒有	董事會具代表及管理公司權限

資料來源：朱佩雯：《澳門「官資民辦」公司之研究》，澳門科技大學公共行政管理碩士論文，2010年4月。

(二)諮詢機構

　　據2010年10月31日《澳門公共行政資訊》（見澳門特別行政區政府入口網站）所載，性質被澳門政府列為屬於「諮詢機構」的組織共有40個，由三類成員組成：政府官員，即官方成員；非官方成員——包括社會人士，即個人成員及社會團體代表，即團體成員。他們都是由行政長官或相關司長通過發出行政批示正式委任，該40個諮詢機構都包含有官方成員。官方成員外，只含有團體成員的諮詢機構有五個，包括婦女事務諮詢委員會、統計諮詢委員會、防治愛滋病委員會、交通高等委員會及社會協調常設委員會。

　　例如婦女事務諮詢委員會由下列人士組成：[58](1)行政長官，並由其任主席；(2)社會文化司司長；當行政長官不在或因故不能視事時代任之；(3)行政法務司司長辦公室主任、經濟財政司司長辦公室主任及社會文化司司長辦公室主任；(4)團體或組織代表，尤其是婦女、教育、文化、就業、衛生、社會互助、兒童及青年團體或組織的代表，由行政長官以批示委任；(5)委員會成員不超過30人。

　　統計諮詢委員會由擔任主席之統計暨普查局局長及下列委員組成：(1)統計暨普查局之一名代表；(2)澳門金融管理局之一名代表；(3)各獲授權統計之機關之一名代表；(4)由行政長官以批示指定之澳門特別行政區行政當局各職權範疇之代表，但數目不應超過七名；(5)經統計諮詢委員會主席建議，並由行政長官以批示指定之公認在澳門特別行政區享有聲譽且為重要之社團之代表，但數目不應超過七名。

　　官方成員外，只含有個人成員的諮詢機構有十個，包括澳門舊區重整諮詢委員會、公共行政改革諮詢委員會、文化諮詢委員會、燃料安全委員會、法律改革諮詢委員會、土地發展諮詢小組、生命科學道德委員會、文化產業委員會、環境諮詢委員會及公共房屋事務委員會。

例如環境諮詢委員會由下列成員組成：(1)運輸工務司司長，並由其擔任主席；(2)環境保護局局長，並由其擔任秘書長；(3)其他實體或政府部門代表，人數不超過七名；(4)在環境保護方面的其他社會知名人士代表，人數不超過20名。

公共房屋事務委員會由下列成員組成：(1)運輸工務司司長，並擔任主席；(2)房屋局局長，並擔任秘書長；(3)土地工務運輸局局長；(4)建設發展辦公室主任；(5)社會工作局局長；(6)土地工務運輸局城市規劃廳廳長；(7)房屋局公共房屋事務廳廳長；(8) 在公共房屋領域被公認具卓越成就、聲望和能力的社會知名人士，人數不超過14名。

官方成員外，19個諮詢機構由個人成員及團體成員組成，包括科技委員會、教育委員會、體育委員會、青年事務委員會、社會工作委員會、認可技術委員會、經濟發展委員會、旅遊發展輔助委員會、澳門醫療改革諮詢委員會、交通諮詢委員會、漁業諮詢委員會、長者事務委員會、禁毒委員會、復康事務委員會、社區服務諮詢委員會、會展業發展委員會、精神衛生委員會、慢性病防制委員會及非高等教育委員會。

例如會展業發展委員會成員如下：(1)經濟財政司司長，並擔任主席；(2)經濟局局長，並擔任秘書長；(3)海關代表一名；(4)貿易投資促進局代表一名；(5)旅遊局代表一名；(6)澳門世界貿易中心股份有限公司代表一名；(7)澳門中華總商會代表一名；(8)澳門會議展覽業協會代表一名；(9)澳門展貿協會代表一名；(10)澳門廣告商會代表一名；(11)其他商會代表以及與委員會職責相關領域內的知名人士，人數不超過九名。

非高等教育委員會由下列人員組成：(1)監督教育範疇的司長，由其擔任主席；(2)教育暨青年局局長，由其擔任副主席；(3)監督教育範疇的司長的辦公室代表一名；(4)教育暨青年局的一名副局長；(5)高等教育輔助辦公室主任或其代表；(6)最多14個依法成立的社團，由有關領導代表；(7)最多11名具有

公認功績的人士，教育範疇的專家或學者，學校校長或其他中、高層管理人員和教師。

　　安全委員會、博彩委員會、司法暨紀律委員會、總檔案委員會、健康城市委員會及土地委員會只由官員組成，沒有民間人士。據統計，2007年時澳門政府諮詢機構的成員共有653人（包括重複委任次數），當中399位為非官方成員／社會人士，254位為官方成員。[59]

　　政府設立諮詢機構，是希望這些機構能就特定範疇和事宜，持續向政府提供有關資料信息和專業方面的意見，以及／或就政府制定政策的工作或所提供的服務提出意見。故此，這些機構的大部份都只承擔諮詢職權，即就其功能範疇為政府決策或制定政策提出意見及／或做出建議。例如經濟發展委員會的職責為：「就澳門特別行政區的經濟發展方向及社會經濟發展策略發表意見及提出建議，及就人力資源發展政策發表意見及提出建議」；科技委員會的職能是「在制定科技發展及現代化政策方面向政府提供顧問性質的輔助」；旅遊發展輔助委員會是「在制定澳門特別行政區旅遊業發展策略及旅遊政策方面，行使諮詢職能及建議職能」；澳門舊區重整諮詢委員會的職能是「就舊區重整的各項問題收集社會不同階層的意見，做出評估並提出建議供政府及相關的機構參考」。[60]

　　但也有個別機構被賦予行政管理權力，主要是操作細節上的政策制定、執行及監察權。如土地委員會除須就特區公地的批出及佔用發表意見外，也擁有「批給、續批、解除及廢止土地臨時佔用准照」的行政管理權。同樣，社會協調常設委員會除須就澳門特別行政區社會勞動政策發表意見外，其屬下的執行委員會也擔負協調勞資關係的行政管理功能。此外，統計諮詢委員會除了發揮為統計編製機關在指引及協調澳門資料統計體系（SIEM）方面之諮詢功能外，也行使「監督對統計保密之遵守」的行政權力。

　　燃料安全委員會不但須就燃料安全事宜提供建議，亦須輔助政府「監察

燃料產品的零售（包括儲存）」，並「監察燃料產品設施的法律及規章的規定的遵守」。亦負責以下行政管理職能：「對營運燃料產品設施的地點定期檢查，以核實是否保持安全及是否符合經營的要件」及「透過發給專用的身份識別證確認負責監察工作的人員的身份」。防治愛滋病委員會負責「制定愛滋病預防及控制的計劃，並協調計劃的持續宣傳及實施，以及有系統地評估其成效」，並「對該疾病的監測、相關資料的收集及整理進行監督」。換言之，該委員會不單是「諮詢機構」，也被賦予政策制定、執行及監察等職責。

同樣，交通高等委員會的職責除「就交通有關之任何事宜發表意見」外，亦包括「監察對《道路法典》及其他關於交通法例規定之準確及嚴格之遵守」和「解決《道路法典》及其他關於交通法例適用時可能引起之疑問」；也行使以下的行政管理權：「在特別紀錄中組織駕駛員之個人紀錄，並應按規章內訂定之規定，在其內記錄駕駛員因違反交通之法律或與駕駛有關之違法行為而被科處之制裁及保安處分」。

個別諮詢機構更擁有決策權，如博彩委員會的職責是「對未來博彩業之發展和管理做出研究，並制定有關政策」。

需要指出的是，澳門政府諮詢機構的建制是傚效香港的諮詢委員會形式而成立，其最終淵源是英國。

三、小結

Quangos在西方國家極為盛行。以英國為例子，根據路得斯（R.A.W. Rhodes）的研究，自20世紀80年代初由戴卓爾（Mrs. Margaret Thatcher）執政以降，英國已由一中央集權的單一制國家（Unitary State）銳變為一「分化政體」（differentiated polity），並出現「國家空洞化」（hollowing out the state）的現象，[61]何解？因為在當今英國，由中央到地方，由內至外，傳統的官僚層

級統治（hierarchical governing）架構幾乎都已由政府與民間組成的聯合治理（co-governance）架構或民間的自我治理（self-governance）架構所取代。[62]

在中央及地方政府層面，英國在1979-1991年期間，通過民營化、公司化及合同外判等方式，共有50%的公營部門轉為私營，涉及僱員65萬人。國有企業佔GDP的比重由1979年的9%下降至1991年的5%。至1994年，國家成立了包括像香港諮詢及法定組織形式的quangos共有5,521個，各部部長／大臣共任命了七萬人出任其成員，這些人都取代了原由公務員或地方民選政府負責的職能。在外部，作為歐盟成員，國家很多事務如國防、稅收、對外貿易等都已脫離（hiving-off）出去，轉由歐盟負責。從此英國政府便出現架構分散化（institutional fragmentation），公共管理及服務的提供都分散到各級政府及政府以外的quangos，私人和志願部門及國際機構。政府的功能只集中在督導（steering）、監管（regulation）和協調（co-ordination）。政府對公共領域的統治便變為公共治理（public governance）；地方、地區、中央及超中央政府（指國際機構／組織）變為各個分級治理（governance levels）的架構──如過去的地方政府（local government）已由地方治理（local governance）取代。這是「治理革命」（governance revolution），也是「政府再造」（reinventing government）。這種新的治理模式（new governance），也是新的制度主義（neo-institutionalism），[63]現已普及到全世界很多國家和地區，香港、澳門也不例外。

如同世界上有多種多樣的quangos，被稱為屬於間接行政的澳門政府自治機構，仔細看之，也有多種形式和類別，如其組織規模，有由公務法人至私法人等不同法律地位及採取不同內部管理架構模式的自治機構。以管理層領導人員組成分，有些自治機構純由官員／公務員管理，且其屬下員工也全屬公務員；有些則由官員與社會／民間人士共同管理，其屬下員工大部份以私人勞務合同聘請，屬非公務員。前者幾與政府一般部門無異，只不過擁有行政及財政

自治權而已。

　　近今，像quangos包括香港法定及諮詢組織與澳門自治及諮詢機構這一類不屬政府架構的非官方或半官方組織都受到大力推崇，因為其設立符合當今在新公共管理及治理理論思潮影響下的公共行政潮流。「新公共管理」主張摒棄低效的官僚制、削減政府職能、減緩行政部門的擴張，讓私人及志願部門參與公共管理及公共決策，認為政府只須「掌舵」或「督導」（政策和規則制定），而不是「划槳」（具體的服務提供和執行）。香港法定及諮詢組織與澳門自治及諮詢機構的設置正好反映一種脫離官僚制的趨勢，目的是使組織、人事、任期等更具靈活性。政府通過制定法規政策進行宏觀把握，而把微觀的操作如公共服務的提供委託給非政府部門，由其代理執行。這樣可減少公務員人數及以較少的文官提供更好的服務。這是一種「政府再造」。[64]

　　香港法定及諮詢組織與澳門自治及諮詢機構的設置亦反映新公共管理的分權及權力下放主張，即將中央政府的職能下放給地方政府或半官方機構，好處是可提高效率（較小的行政單位），提高官員接觸民眾與獲取信息的機會（政府更貼近人民）。通過把權力或決策下放給法定及自治機構，政府變成一個授權者，而不是供給者。

　　香港法定及諮詢組織與澳門自治及諮詢機構的設置亦與治理的理念一致，傳統的政府是通過政府層級架構來統治，治理的含意則更廣泛、更有彈性，是指可將一切組織及關係，政府及非政府的，包含在其中的管理過程。[65]

註釋

1. J. Denis Derbyshire, *An Introduction to Public Administration,* 2nd edition (London: McGraw-Hill, 1984), p. 100; 有關quangos在各個西方國家的發展情況，見Christopher Hood, "The Rise and Rise of the British Quango", *New Society,* No. 25(1973), pp. 386-388; Geoffrey Sawer, "Ministerial Responsibility and Quangos", *Australian Journal of Public Administration,* Vol. 42, No.1(1983), pp. 73-81; Carsten Greve, "Quangos in Denmark and Scandinavia: Trends, Problems, and Perspectives", in Matthew V. Flinders and Martin J. Smith (eds.), *Quangos, Accountability, and Reform: The Politics of Quasi-Government* (Basingstoke, UK: Macmillan Press, 1999); Sandra Van Thiel, *Quangocratization: Trends, Causes, and Consequences,* Ph.D. Dissertation (University of Utrecht, 2001); Robert Elgie, "Why Do Governments Delegate Authority to Quasi-Autonomous Agencies? The Case of Independent Administrative Authorities in France", *Governance: An International Journal of Policy, Administration, and Institutions,* Vol. 19, No. 2 (April, 2006), pp. 207-227.

2. Sandra Van Thiel, *Quangocratization: Trends, Causes, and Consequences,* p. 5.

3. Christopher Hood and Gunnar Folke Schuppert (eds.), *Delivering Public Services in Western Europe: Sharing Western European Experience of Para-government Organization* (London: Sage, 1988), p.1; 除這些稱法外，在英文文獻中，還有"quasi-autonomous organizations", "quasi-autonomous agencies", "quasi-government organizations", "quasi-government", "extra-governmental organizations" 等稱法。

4. 見《公營架構內的諮詢及法定組織──角色及職能探討》，民政事務局發出的諮詢文件，2003年4月，載於香港政府網站：http://www.gov.hk。

5. 見香港行政長官《施政報告》，2000年，第121段。

6. 同註4。

7. 見《立法會：「完善諮詢及法定組織架構」動議議案，2006年5月10日》，載於民政事務局網站：http://www.hab.gov.hk。

8. 《立法會十一題：法定機構資料，2005年1月26日》，載於民政事務局網站：http://www.hab.gov.hk。

9. 《信報》，2003年11月12日。

10. Finance Branch, *Public Sector Reform - A Sharper Focus,* Hong Kong Government,

March, 1989, Retrieved from Website of Efficiency Unit: http://www.eu.gov.hk.

11. 見陳瑞蓮、汪永成：《香港特區公共管理模式研究》，北京：中國社會科學出版社，2009年5月，第296頁。

12. 各諮詢委員會的成員名單及職權範圍載於香港政府《各公務委員會及其他名表》的網頁：http://www.gov.hk, 2011年5月31日。

13. 同註4。

14. 各諮詢委員會的職權範圍載於香港政府《各公務委員會及其他名表》的網頁：http://www.gov.hk，2011年5月31日。

15. 同註4。

16. 見《立法會十一題：法定機構資料，2005年1月26日》；《立法會六題：法定機構的管治，2007年5月9日》，載於民政事務局網站：http://www.hab.gov.hk。

17. 同註7。

18. *Strengthening the Machinery of Government,* (The McKinsey Report), June, 1973, para. 87.

19. C. Sankey, *Synopsis of Speech on Government's View on Privatization,* Finance Branch, Government Secretariat, Hong Kong, 1988, pp. 3-4.

20. 見W. Thornhill, *The Nationalized Industries: An Introduction* (London: Thomas Nelson & Sons, 1968).

21. 見效率促進組：《服務市民——善用私營機構服務，政策與實踐》，第二版，2007年1月，載於效率促進組網站：http://www.eu.gov.hk。

22. 參見 R.S. Arora, *Administration of Government Industries: Three Essays on the Public Corporation* (New Delhi: Lessees of Arjun Press, 1969), pp. 36-38; Michael P. Barber, *Public Administration,* 2nd edition (London: MacDonald and Evans, 1978), pp. 156-171; D.L. Bevan, "The Nationalized Industries", in Derek Morris (ed.), *The Economic System in the UK,* 2nd edition (London: Oxford University Press,1979), pp. 504-522; Noel Branton, *Economic Organization of Modern Britain,* 2nd edition (London: Hodder and Stoughton, 1978), pp. 131-155; P.J. Curwen, *Public Enterprise: A Modern Approach* (Brighton, Sussez: Harvester, 1986); D.N. Chester, "Public Corporations", in Richard A. Chapman and A. Dunsire(eds.), *Style in Administration: Readings in British Public Administration* (London: George Allen & Unwin, 1971), pp. 254-274; Peter Donaldson, *Guide to the British Econ-*

omy (Middlesex, England: Penguin Books,1971), pp. 99-115; Peter Maunder, (ed.), *Government Intervention in the Developed Economy* (London: Croom Helm, 1979), pp. 130-159；W. Thornhill, *The Nationalized Industries: An Introduction* (London: Thomas Nelson & Sons, 1968); L.J. Tivey, *Nationalization in British Industry* (London : Cape, 1966).

23. 見A. Schick, *The Spirit of Reform: Managing the New Zealand State Sector in a Time of Change* (Wellington: Treasury, 1996); 陳振明主編：《政府再造：西方「新公共管理運動」述評》，北京：中國人民大學出版社，2003年8月。

24. 見Wong, Cham Li, "Corporatization and Reform of the State-owned Enterprises in China: A Comparison with Hong Kong", *Public Administration and Policy*, Vol. 13, No. 2(September, 2004), pp. 97-121.

25. 直接行政與間接行政的提法見諸《澳門公共行政資訊》，載於澳門特別行政區政府入口網站：http://www.gov.mo，2011年5月31日。

26. 參見《澳門日報》，2001年10月26日；《市民日報》，2007年3月13日

27. 同上註。

28. 《訊報》，2007年10月26日。

29. 第16/2006號行政法規：《退休基金會》，載於第四十七期《澳門特別行政區公報》第一組，2006年11月20日。

30. 《澳門公共行政資訊》，載於澳門特別行政區政府入口網站：http://www.gov.mo，2008年5月31日。

31. 第16/2007號行政法規：《教育發展基金制度》，載於第三十五期《澳門特別行政區公報》第一組，2007年9月3日。

32. 第4/2007號行政法規：《樓宇維修基金》，載於第十期《澳門特別行政區公報》第一組，2007年3月5日。

33. 第3/2007號行政法規：《漁業發展及援助基金》，載於第九期《澳門特別行政區公報》第一組，2007年2月26日。

34. 按照澳門公職法，私人勞務合同包括個人勞動合同、私法合同、包工合同及提供勞務合同等，見《澳門公職法律制度》（橙書），澳門：行政暨公職局/印務局，2006年3月。

35. 按照澳門公職法，以確定委任或定期委任方式任用的公共行政工作人員被賦予公務員身份，而以臨時委任或編制外合約方式任用的人員賦予服務人員身份。

為《澳門公共行政工作人員通則》的效力，公務員、服務人員及散位人員均被視為澳門公共行政工作人員。見《澳門公職法律制度》。本文所說的「公務員」是泛稱，指上述一切類別公共行政工作人員。

36. 見《澳門日報》，2001年12月15日。

37. 同註31。

38. 見第14/2004號行政法規：《科學技術發展基金》，載於第十九期《澳門特別行政區公報》第一組，2004年5月10日。

39. 第8/2003號行政法規：《工商業發展基金》，載於第十九期《澳門特別行政區公報》第一組，2003年5月12日。

40. 有關quangos的分權研究，可參見Anthony M. Bertelli, "Delegating to the Quango: Ex Ante and Ex Post Ministerial Constraints", *Governance: An International Journal of Policy, Administration, and Institutions,* Vol. 19, No.2 (April, 2006), pp. 229-249; Robert Elgie, "Why Do Governments Delegate Authority to Quasi-Autonomous Agencies? The Case of Independent Administrative Authorities in France", pp. 207-227; Mark Thatcher and Alec Stone Sweet, "Theory and Practice of Delegation to Non-Majoritarian Institutions", *West European Politics,* Vol. 25(2002).

41. Jan Kooiman, "Societal Governance: Levels, Modes, and Orders of Social-Political Interaction", in Jon Pierre (ed.), *Debating Governance: Authority, Steering, and Democracy* (New York: Oxford University Press, 2000), p. 146; Jan Kooiman, *Governing as Governance* (London: Sage, 2003).

42. 同註29。

43. 同註31。

44. 參見Anthony M. Bertelli, "Governing the Quango: An Auditing and Cheating Model of Quasi-Governmental Authorities", *Journal of Public Administration: Research and Theory,* Vol. 16, No. 2 (April, 2006), pp. 239-261; Paul Hirst, "Democracy and Governance", in Jon Pierre (ed.), *Debating Governance: Authority, Steering, and Democracy,* pp. 13-35; J. Denis Derbyshire, *An Introduction to Public Administration,* pp. 101-102 & 107-108; Stuart Weir, "Quangos: Questions of Democratic Accountability", *Parliamentary Affairs,* Vol. 48, No. 2 (1995), pp. 306-322.

45. 同註29。

46. 同註31。

47. 《華僑報》，2002年12月20日；《正報》，2004年9月23日。

48. 《市民日報》，2002年11月2日；《新華澳報》，2004年7月14日；《正報》，2004年9月23日。

49. 《華僑報》，2002年12月20日；2007年3月7日。

50. 見《立法會十一題：法定機構資料，2005年1月26日》，載於民政事務局網站：http://www.hab.gov.hk。

51. 香港實行普通法，不像實行大陸法的澳門，普通法沒有公法、私法之分，亦沒有公法人、私法人之分，只通稱為法人。

52. 該條例載於香港政府網頁：http://www.gov.hk，2011年5月31日。

53. 見《立法會十一題：法定機構資料，2005年1月26日》；《立法會六題：法定機構的管治，2007年5月9日》，載於民政事務局網站：http://www.hab.gov.hk。另參見Ian Scott, *Public Administration in Hong Kong: Regime Change and Its Impact on the Public Sector* (Singapore: Marshall Cavendish, 2005), pp. 129-158; Ian Thynne, "Statutory Bodies as Instruments of Government in Hong Kong: Review Beginnings and Analytical Challenge Ahead", *Public Administration and Development,* Vol. 26, No.1 (February, 2006), pp. 45-53.

54. 見羅永祥、陳志輝：《香港特別行政區施政架構》，香港：三聯書店，2002年6月，第244頁。

55. 《明報》，2008年4月29日。

56. 參見朱佩雯：《澳門「官資民辦」公司之研究》，澳門科技大學公共行政管理碩士論文，2010年4月。

57. 同上註。

58. 各諮詢機構的成員名單載於《澳門公共行政資訊》，見澳門特別行政區政府入口網站：http://www.gov.mo，2011年5月31日。

59. 林鎮昇：《澳門政府諮詢機構的改革》，澳門科技大學公共行政管理碩士論文，2007年5月。

60. 各諮詢機構的職權範圍載於《澳門公共行政資訊》，見澳門特別行政區政府入口網站：http://www.gov.mo，2011年5月31日。

61. R.A.W. Rhodes, *Understanding Governance: Policy Networks, Governance, Reflexivity and Accountability* (Buckingham, Philadephia: Open University Press, 1997), Chapter 5, pp. 87-111.

62. 同註41。

63. 同註61, pp. 89, 91 & 137-162.

64. 參見R.A.W. Rhodes, *Understanding Governance: Policy Networks, Governance, Reflexivity and Accountability*; Prakorn Siriprakob, "When Principal Holds the Upper Hand: Case Studies of Autonomous Public Organization in Thailand", Paper presented at The 4th International Conference on "Public Management in the 21st Century: Opportunities and Challenges", Macau, China, October, 2010.

65. 同上註

第六章

有事業心的政府

一、香港

(一)營運基金

1973年，英國國會制定營運基金法律，這是營運基金（Trading Fund）的起源。英國政府相信，營運基金在商業化制度下能更有效率地運作。根據經修訂的《1973年法令》，按法規指示運作及按規例釐定收費的機構均可取得營運基金的地位。自《1973年法令》通過後，23個營運基金相繼成立。當中四個營運基金其後私有化，現有營運基金的數目為19個。

公營部門的職責十分廣泛；很多政府都已發覺，除了傳統靠政府撥款運作的部門之外，亦需要不同體制的機構來履行各種不同的職責。現有的一系列體制正朝著更有彈性和更大商業自由的方向發展。1993年，香港政府傚效英國，制定《營運基金條例》，容許特定部門以較為商業化的形式運作，即依賴收入而非政府撥款營運。享有這種彈性的營運基金必須自負盈虧，並且取得某個議定的回報率。土地註冊處（1993）、公司註冊處（1993）、香港郵政（1995）、電訊管理局（1995）和機電工程營運基金（1996）在改以營運基金的方式運作後，服務質素和成本效益都大大提高。

1.營運基金的性質及目的

根據《營運基金條例》，立法會可通過決議設立營運基金，以管理及負責政府服務的運作，以便向政府、公共機構或其他人士提供服務。立法會訂明營運基金可提供的服務和基金須自負盈虧。營運基金是一項會計安排，免除部門（或其部份單位）受一般撥款程序約束。因此，營運基金通常傚效私營機構的商業行為，尤其是它與顧客的關係，不論這些顧客是其他政府部門、商業機構抑或廣大市民。不過，營運基金基本上仍屬政府一部份，在按照商業方式運作的同時，自由度仍受到掣肘。[1]

(1)營運基金的概念於上世紀70年代初源自英國，而香港藉通過《營運基金條例》於1993年引入此概念。營運基金是一個根據法律設立的財務及會計架構，以便政府部門或部門其中部份可以採用私人機構經常使用的若干會計及管理方法。

(2)營運基金以自負盈虧的方式運作，並且無須就其成立後的日常運作經費，向立法機關要求撥款。在決定一個部門能否以營運基金的形式運作時，最主要的考慮準則是該部門的營運能在一段合理的時間內達至收支平衡。

(3)營運基金——某些提供較商業化服務的部門，現在以營運基金方式運作。這種會計安排，讓這些部門可以保留收益並以財政上更自主的方式營運，最終達到改善服務的目的。這類部門的運作必須符合商業效益原則。[2]

　　《營運基金條例》指明，營運基金乃一財政與會計單元，但它不是獨立於政府的法律實體，它仍由政府擁有及承擔最終責任。財政司司長會委任一總經理（過常為該部門的首長）去管理該營運基金並向其負責。總經理須與相關政策局簽訂框架協議及定期提交業務計劃以供審閱。營運基金適合於以類商業化的形式運作並以收回成本為目的的政府部門，它的自主程度不及公共公司（見本書第五章），但比一般政府部門享有更高的財政自治權，儘管其員工仍屬公務員。

　　政府成立營運基金的目標是要從客戶收回服務的成本、提高效率和生產力、促進節約，並建立一個以客戶為導向的文化。這些「新公共管理」哲學的宏偉目標，無疑是任何現代管理所可取的情況。根據公共行政轉變的全球趨勢，新公共管理已被採用到重新設計公共服務的提供。從本質上講，它將私人領域的經營理念和實踐帶進公營部門管理。在私營部門，利潤額是衡量管理的能力、控制成本和保持良好的業務的基準，這個概念現在進入了屬公共部門的

營運基金，成為一個有利可圖的組織。[3]

有關機電工程營運基金及土地註冊處的利潤回報率載於**表6.1**和**表6.2**。

表6.1　機電工程營運基金的回報率

	1996/97	1997/98	1998/99	1999/2000	2000/01	2001/02	2002/03	2003/04	2004/05
目標回報率	13.5%	13.5%	13.5%	13.5%	13.5%	13.5%	13.5%	13.5%	13.5%
實際回報率	16.8%	28.8%	36.1%	37.1%	52.5%	56.1%	51.5%	34.7%	40.4%

資料來源：Mak, Chi-hang, The Role of Market Competition in the Performance of the Electrical and Mechanical Services Trading Fund, MPA Dissertation, University of Hong Kong, June, 2006.

表6.2　土地註冊處的回報率

	1993/94	1994/95	1995/96	1996/97	1997/98	1998/99	1999/2000	2000/01
目標回報率	10%	10%	10%	10%	10%	10%	10%	10%
實際回報率	9%	10.3%	14.7%	29.1%	37.3%	14.8%	23.6%	25.7%

資料來源：林潔儀：《營運基金的運作》，香港立法會秘書處資料研究及圖書館服務部，2003年2月18日，載於香港立法會網站：http://www.legco.gov.hk。

2.香港引入營運基金的背景

設立營運基金是本港推行公營部門改革的其中部份措施。在上世紀80年代末期，香港政府面對人力及財政資源需求不斷上升的情況，決定改革公營部門，以期達到使用較少成本實踐更多承諾的目標。財政科引入多項財政管理改革措施，而「物有所值」的概念其後擴展成為一項有系統的公營部門改革計劃。

效率促進組是為制定改革計劃而成立的。改革建議的其中一個重點，是找出適當的機構模式，以有效及有效率的方式提供服務。

1989年有關改革公營部門的討論，導致當局在1993年3月10日制定《營運

基金條例》。香港引入營運基金的概念，旨在透過體制上的轉變，提供適當的渠道及孕育新的工作文化，以改善服務質素及提高成本效益。

3.營運基金的法律依據

政府把營運基金界定為一個根據法律設立的財務及會計架構，以便政府部門或部門的其中部份可以採用私人機構經常使用的若干會計及管理方法。營運基金以自負盈虧的方式運作，並且無須就其每年的運作經費，向立法會要求撥款。《1993年營運基金條例》（下稱「該條例」）訂明，營運基金是在政府內設立的一個會計單位，但並無獨立的法律地位。營運基金仍屬政府的一部份，因為營運基金的資產仍屬政府資產，其員工仍然是公務員。

負責的局長及營運基金的總經理應就商業及非商業目的、財政目標、營運目標及其他令人關注的事項，例如定價機制，達成《概要協議》。

該條例使政府的若干服務可按財政司司長建議，在獲得立法會批准的情況下，以營運基金的形式提供資助。

根據該條例，營運基金由立法會通過決議設立。政府會把指定服務所動用的資金撥歸有關的營運基金，並可藉提供投資的資本及貸款的形式，分別從資本投資基金或貸款基金注入現金。

營運基金通常向政府繳付相等除稅後盈利約30%至50%作為紅利，以代替繳納利得稅。

4.營運基金的安排被視為適用於：

(1)政府根據收回部份或十足成本的政策而提供的核心服務；(2)通常向其他政府部門提供的政府支援服務，而這服務可收取費用；(3)向普羅大眾提供收費的商業性質服務。

在設立營運基金前，該部門必須符合以下多項條件，其中首兩項為法定要求：(1)以營運基金的資助模式提供服務，將會提高營運管理的效率和成

效，使有關服務符合適當的水準；(2)在合理的時間內，有關的營運應能達至收支平衡，而所涉及的收支可跨年計算；(3)基金的收入主要包括在營運過程中就提供服務獲得的收益；(4)指定設立營運基金是適當的做法，即有關部門從事類似商業活動的部門，而非提供需要使用大量公帑的社會服務。[4]

5.營運基金：成為營運基金的機會

營運基金的優勝之處：(1)管理上更具彈性、營運手法更加商業化；(2)更能迎合顧客要求和市場需要；(3)更善用政府的實物或資訊資產。

根據往績，服務質素和成本效益都會大大提高。部門的工作如能從收入中收回全部成本，便有機會改以營運基金的方式運作。有關的收入來源可以是現時向公眾徵收的費用（如土地註冊處、公司註冊處），或者是向政府內部顧客徵收的跨部門新收費（如機電工程營運基金）。

若下列一種或多種情況適用，營運基金可以帶來真正的好處：

(1)透過提高服務標準、水準和成本的透明度，政府可以取得更大收益（如機電工程營運基金）；

(2)管理人員需要較大彈性來調節服務水準，以迎合市場的需要（如香港郵政、電訊管理局、土地註冊處、公司註冊處等）；

(3)有機會更有效地運用實物或資訊資產；

(4)有關工作的規模龐大（通常牽涉整個或大半個部門），值得成立基金；

(5)社會人士（特別是商界人士）願意直接付款，以換取更好和更快捷的服務。

6.營運基金：效率促進組的往績

效率促進組制定賦權條例，並協助成立所有現存的營運基金。這方面的工作包括：

(1)與公司註冊處和土地註冊處合作成立營運基金，使該兩個部門成為首批營運基金部門；

(2)就所有商業化事宜向香港郵政提出建議，協助該部門改以營運基金方式運作；

(3)協助機電工程營運基金的高層管理人員制定五年公司計劃，以及確定核心業務範圍、訂立服務水準協議的最佳方式和市場推廣影響；

(4)制定把電訊管理局轉為營運基金部門的實行計劃。有關工作包括檢討業務計劃和架構協議，以及制定財務指標。

7.營運基金：效率促進組如何提供協助

效率促進組曾協助多個部門進行檢討，研究可否由傳統的政府部門改為以營運基金或其他類似形式運作。效率促進組可提供的支援如下：

(1)進行初步的高層評估，研究某個部門或某項工作是否適合成立營運基金；

(2)制定詳細的業務計劃，確保部門能以營運基金的形式有效運作；

(3)協助部門實行計劃，包括制定架構協議、公司和業務計劃，以及確定所需的法例、諒解備忘錄和服務水準協議。[5]

8.營運基金與傳統政府部門的分別

營運基金與傳統政府部門的主要分別在於資源分配。

(1)傳統政府部門

根據撥款會計制度，政府部門須參與每年的資源分配工作，以競逐資源。政府部門推出新服務或改善服務等工作，均受每年可取得的「新款項」所限制。儘管政府推行了一個新的營運開支封套撥款方式，以分配及控制未來四個財政年度營運開支的經常部份，非經常開支的資源分配工作仍會繼續如常進行。

　　各部門的支出不得超出其預算。一般而言，部門不能把撥款從一個分目撥入另一分目，以應付變化不定及有時難以預計的服務需求。即使當局有額外的資源，有關的資源分配仍須得到立法會財務委員會批准。

　　以往當部門的開支低於預算時，節省所得的款項通常會被庫務局收回，以進行重新分配。部門無形中因為沒有用盡經核准的預算而受罰，皆因當局可能會在下一年度削減其開支款額。此做法往往引致部門在財政年度即將完結時大撒金錢，以致可能出現浪費資源的情況。

　　由於一個部門為另一部門提供輔助服務時通常不會收取費用，故此服務提供者沒有提高效率的意慾，而使用服務的部門亦不會以更符合經濟效益的方式使用有關服務。

(2)營運基金

　　設立營運基金的主要好處在於能提高效率及改善服務質素。這些好處由營運基金的三項元素促成：

　　人力及財政資源的管理工作可更具靈活性，包括：

- ·營運基金按自負盈虧的基礎運作。員工成本及其他開支均由基金的收入支付；
- ·營運基金可保留營運的盈餘作為儲備金，無須將有關款項交回政府再做中央分配。營運基金可使用其儲備金再做投資，以加強現有服務及探討新的商業機會；
- ·只要收入足以支付成本所需，營運基金經理獲賦予自由度提供服務；
- ·適用於政府部門的某些人手編制控制措施，例如有關開設首長級職位的規定，仍會適用於營運基金。然而，只要符合財政及服務表現目標，當局並無就營運基金的非首長級編制設定上限。

新的顧客／服務提供者關係，包括：

- 營運基金按收回部份或十足成本的基礎向所有私人及公營機構的顧客提供服務，由此建立真正的顧客／服務提供者關係，繼而應可「推展一個由顧客帶動而非由生產者推動的體制」；
- 營運基金的運作須與外間的價格及服務表現作直接比較，此情況預計可改善服務水準及提高成本效益。

法例規定，營運基金的總經理須按照下列目標管理營運基金：

- 進行有效率及有效的運作，使有關服務達到適當水準；
- 在合理時間內，使該營運基金的收益，以跨年計算，足以應付開支及為應付該基金的債務而提供資本；
- 使所運用的固定資產取得財政司司長所釐定的合理回報。

表6.3將上述香港政府部門及營運基金運作情況作比較。

表6.3　香港政府部門及營運基金運作情況的比較

特點	營運基金	政府部門
財政預算	不斷進行 須向所屬政策局提交一份「中期營運計劃」及一份「週年業務計劃」	每年進行
收入／節省所得的款項	保留收入作為儲備，但須把部份收入交回給政府，以作為就政府的投資派發的紅利	通常撥作政府一般收入，但根據節用投資戶口的計劃，部門可保留部份未使用的撥款，供日後使用
在各分目間轉撥款項	無須事先獲得批准	可能須獲得財經事務及庫務局或立法會財務委員會批准，實施整筆撥款安排的部門可無須事先獲得批准，在各分目間轉撥款項

(續)表6.3　香港政府部門及營運基金運作情況的比較

特點	營運基金	政府部門
經費	以政府注資及貸款的方式獲撥資產；在運作收入方面自負盈虧	獲得撥款
財政目標	達到所投入資本的目標回報率	把開支控制在財政預算內
收費	收回部份或十足成本或賺取利潤	免費、補貼收費、收回部份或十足成本或包含徵稅成分
人手編制	主要是公務員	主要是公務員
僱用非公務員員工的靈活性	可根據非公務員合約僱用計劃靈活聘請合約員工，以及僱用臨時員工	與營運基金相同
營運基金獨有的人手管理靈活性	不受按薪級中點估計的年薪值（Notional Annual Midpoint Salary）的限制、非首長級人員編制最高限額及整體撥款控制等規限	不適用

資料來源：林潔儀：《營運基金的運作》，香港立法會秘書處資料研究及圖書館服務部，
　　　　　2003年2月18日，載於香港立法會網站：http：//www.legco.gov.hk。

(二)郵政署營運基金[6]

1.背景

　　郵政署營運基金按照立法會於1995年7月19日根據《營運基金條例》通過的決議案成立，於1995年8月1日開始運作。

　　郵政署負責提供郵政服務及支援電子商貿的服務。本身是公務員的郵政署署長擔任郵政署營運基金的總經理。郵政署署長與負責郵政署營運基金不同工作範疇的兩名政策局局長分別簽訂《概要協議》。有關的《概要協議》訂明郵政署營運基金的服務指標及財政目標。

2.人手安排

(1)人手安排的彈性及私人機構的專業知識

郵政署營運基金就人力資源管理擁有的彈性，與土地註冊處營運基金的安排相若。自1997至98年度起，郵政署已透過合約條款聘請九名具商界經驗的經理在業務發展部工作。總括而言，郵政署現時共僱用了45名經理級或同等職級的非公務員合約員工，他們都是透過公開招聘獲得錄取。在公開招聘員工時，所有應徵者，不論是否公務員，均須經過同樣的甄選步驟及符合相同的標準。

(2)員工人數及開支

郵政署營運基金在最初運作時，員工總人數為6,114人，包括5,504名公務員，以及610名非公務員臨時員工。截至2002年3月31日，郵政署的員工總人數為7,406人，較1995年的人數增加21.1%，公務員的人數則增至5,750人（增加4.5%），而在同一期間，郵政署處理的項目增加17%。

與此同時，自郵政署開始以營運基金的方式運作以來，非公務員的臨時及合約員工人數急升17%，佔2001至02年度員工總人數的22.3%。

自郵政署營運基金設立以來，員工開支佔運作開支的最大比率。在以營運基金方式運作後，除首年以外，員工開支在郵政署運作開支中所佔的比率持續超過60%。2000至01年度的員工開支為22億9,800萬港元，較1996至97年度（營運基金開始運作後的首個完整年度）增加14.3%。

3.市場結構

根據《郵政署條例》，郵政署享有在香港提供本地及海外郵遞服務的專利。郵政署在享有此項專有特權的同時，亦須肩負一項社會責任，就是須在香港提供全面的郵政服務，以及向所有客戶收取基本上相同的郵費。

郵政署署長表示，郵政服務面對私人營辦商日趨激烈的競爭，私人營辦商不但在送遞文件及貨物的商業服務範疇展開激烈競爭，競爭範圍亦包括國際

速遞及空郵業務。

　　審計署署長表示，近年來，郵政署在商業區及人口密集住宅區所佔的本地郵件量，不但須面對本地速遞公司的競爭，自行派遞賬單的公用事業公司亦影響郵政署派遞的本地郵件量。電子通訊及電子付款服務亦與郵政服務競爭。

4.收費

　　郵政署在釐定不同類別的收費方面設有不同的機制。根據《郵政署條例》第4條，郵政署署長在行政長官會同行政會議所做的任何指示的規限下釐定郵費。根據《概要協議》，郵政署署長在決定郵費和各項收費的水平前，會先行與經濟發展及勞工局局長磋商。與此同時，《郵政署條例》第3條載列的附設郵政服務的收費由附屬法例訂明，並須經立法會審議。

　　根據《電子交易條例》第35條，郵政署署長可就提供核證機關服務或其他有關服務，釐定及收取費用。有關決定無須經立法會審議。

　　郵政署的定價政策是達到固定資產平均淨值10.5%的目標回報率，並以逐漸消除郵政服務之間互相補貼的情況作為長遠目標。

　　當政府於1995年動議成立郵政署營運基金的決議案時，曾承諾透過把郵費增幅維持跟通脹大致相若，將郵費釐定於合理及市民可負擔的水平。關於調整郵費時考慮的「通脹」因素，政府參考的指數是反映政府提供服務所需成本的政府消費開支水平減物價指數，而非消費者物價指數。

5.財政目標及成果

　　郵政署的財政目標與土地註冊處營運基金的財政目標相若。郵政署營運基金的訂明回報率在1995年定為每年12%，自1996年起則調低至10.5%。郵政署亦同時採用目標收入及目標支出，作為財政表現的指標。

　　自郵政署營運基金成立以來，只曾在1996至97年度及1997至98年度香港郵票的需求驟增時，達到及超越10.5%的訂明回報率。（**表6.4**）

表6.4　郵政署營運基金的回報率

	1995/96	1996/97	1997/98	1998/99	1999/2000	2000/01	2001/02
目標回報率	10.5%	10.5%	10.5%	10.5%	10.5%	10.5%	10.5%
實際回報率	9%	47.8%	41%	3.1%	2.1%	1.8%	0.9%

資料來源：Wong, Margarita, The Survival of Hongkong Post： Organisational Design Issues and Prospects in Comparative Perspective, MPA Dissertation, University of Hong Kong, 2003.

　　由於郵件量下跌及集郵服務的收入減少，郵政署於1998至99年度、1999至2000年度及2000至01年度均錄得運作虧損。然而，由於利息收入較營運虧損的金額為高，郵政署營運基金仍能取得一個正數的回報率，基金整體仍薄有盈利。

　　不管是否出現運作虧損，郵政署仍向政府支付紅利，1995至96年度的紅利相等於除稅後盈利的30%，1996至97年度為40%，而自1997至98年度起為50%。2000至01年度的運作開支較1996至97年度（營運基金開始運作後的首個完整年度）增加8.7%。

　　由1996至97年度至2000至01年度期間，郵政署成功地把實際開支維持在目標水平；另一方面，郵政署只在1996至97年度及1997至98年度成功達到及超越有關的目標收入。儘管郵政署自此以後把目標收入調低，郵政署在隨後的三年仍未能達到有關的目標。

　　在1995至96年度最後八個月，處理每項本地郵件項目的單位成本為1.4港元，在2000至01年度則為1.59港元，上升13.6%。與此同時，生產力以每工時可處理的項目來計算，由1995至96年度最後八個月的108個項目，增至2000至01年度的116個項目，增幅達7.4%。

　　根據2002年發表的《審計署署長第三十八號報告書》，郵政署三個服務範疇的財政表現有可做出改善之處。該三個範疇分別為郵趣廊服務、郵電通服務及匯款服務。

審計署署長亦建議郵政署正視海外郵政機關、本地速遞公司及電子通訊方式日益普及所構成的威脅。根據郵政署於2001年的估計，海外寄件人繞過國際郵件服務系統令郵政署每年損失達2,400萬港元的收入。

6.服務目標及成果

(1)目標及表現

郵政署提供的主要服務包括：(1)收取、收集、交付、分發及派遞《郵政署條例》指明的郵件；(2)提供特快專遞及其他速遞服務；(3)透過櫃位或獲委任的代理人以零售形式售賣郵票或與郵政服務有關的產品；(4)集郵服務；(5)郵匯服務；(6)由《萬國郵政聯盟法規》所訂明的其他服務；(7)屬於或支援主要服務的附帶服務；(8)為政府部門、公共機構及公用事業機構提供的不牴觸與郵政有關的服務的代理人服務；(9)在不影響提供郵政服務的情況下，將並非即時需用於提供郵政服務的地方租出；(10)提供公共核證服務；(11)提供支援發展公開密碼匙基礎建設的應用程式所需的服務；(12)提供其他支援電子商貿的服務。

自郵政署開始以營運基金的形式運作以來，已就主要服務引入服務承諾，並每年進行檢討。郵政署至今已達到或超越定下的大部份目標。然而，部份服務承諾指標已多年沒有做出修訂。

(2)員工獎勵計劃

郵政署於1998年成立了一項「員工嘉許基金」，以郵政署營運基金的收入資助。基金贊助嘉許員工的活動、員工比賽及向員工致送紀念品，以嘉許員工在提供有效及優質服務方面的努力及貢獻，以及加強以客為本的服務文化。員工可獲得包括禮券等非現金的獎品作為獎勵。

(3)客戶的意見

郵政署設有多個收集客戶意見的渠道，當中包括顧客意見調查、客戶聯絡小組、造訪顧客、賬戶顧客管理、市場調查及喬裝顧客定期進行調查。

根據郵政署於2000至01年度就使用者對郵政服務觀感進行的每年調查，超過96%的受訪客戶認為郵政署提供的服務「滿意」及「非常滿意」，而在1996至97年度的調查，有關客戶的比率超過94%。比較兩項調查結果後可以發現，在表示「非常滿意」者方面，一般市民由24%增至42%，商界使用者由23%增至40%，而集郵人士則由15%增至59%。

(4)新增及改良的服務及產品

郵政署營運基金推出的主要新增服務包括：(1)推出處理政府賬單及公用事業賬單的郵繳通服務；(2)簡化郵寄包裹往海外的報關單；(3)發行「我的祝願」郵票及壓印郵票；(4)發展流動數碼證書，使流動電子商貿獲得安全穩當的支援；(5)自2000年1月起成立本港首間公共核證機關及簽發電子證書；(6)在空郵中心提供24小時接受投寄特快專遞服務；(7)擴展本地郵政速遞的服務範圍；(8)推出特快專遞貨運服務。

7.公眾問責性

郵政署營運基金簽訂了兩份《概要協議》。第一份《概要協議》列明經濟發展及勞工局局長與郵政署署長各自承擔的責任。他們須承擔的責任與房屋及規劃地政局局長及土地註冊處處長在土地註冊處營運基金《概要協議》所述的責任相似，唯一分別在於郵政署營運基金的服務指標由政策局局長經諮詢郵政署署長後訂定。

郵政署署長與工商及科技局局長簽訂的《概要協議》訂明，政策局局長負責制定政策架構，使郵政署可按照有關的架構提供支援電子商貿的服務。郵政署署長在提供支援電子商貿的服務方面負責下列職務：(1)管理及營運郵政

署的業務，以及達到郵政署的服務指標；(2)解答有關郵政署日常管理事宜的查詢；(3)應政策局局長的合理要求，提供任何有關郵政署的服務表現及計劃的資料。

自推行問責制以來，在《概要協議》下由前局長級公務員擔任的職責，均由政治任命的政策局局長接手負責。在工作的層面上，政治任命的政策局局長與常任秘書長分工合作。政策局局長負責整體的政策，而常任秘書長的職務則掌管管理及行政性質的職務。郵政署署長現時向常任秘書長直接彙報有關運作方面的事宜，並透過常任秘書長要求政策局局長指示政策方向。

每份《概要協議》均會由有關的政策局局長在諮詢郵政署署長後每三年檢討一次。如有需要更頻密地做出檢討，可在雙方同意的情況下進行。郵政署署長負責擬備及向有關的政策局局長提交「週年業務計劃」及「中期營運計劃」，訂明達到有關範疇的業務及政策目標的短期及長遠策略。

郵政署每年須把賬目送交審計署署長進行審核。郵政署須每年向立法會提交其年報、經證明的財務報表及審計署署長的報告。郵政署亦須接受審計署署長進行任何衡工量值的審計工作，就郵政署履行職務時是否符合經濟原則、是否講求效率和效益進行審查。當立法會的政府賬目委員會研究審計署署長所擬備的衡工量值的審計報告時，郵政署署長及政策局局長均須就立法會政府賬目委員會的質詢做出回應。

有關的立法會事務委員會亦負責監察郵政署的表現及任何相關的政策事宜。郵政署署長及政策局局長均須在有需要時出席事務委員會會議，向議員簡介公眾關注的事項及回答他們就郵政署運作提出的質詢。

二、小結

　　香港政府高層在總結營運基金的績效時，曾說：「通過靈活的運作模式，營運基金安排已經成功地改進了機構的效率和服務質量。其他政府部門可以參考它的經驗。」「營運基金的運作模式允許在資源運用有更大的靈活性，使機構能夠更有效應對市場需求和經營環境的變化。結果是，整體效率、生產力、服務質量和客戶為本的服務能夠得到加強。」[7]

　　毫無疑問，設立營運基金代表新公共管理一種趨勢及價值，符合有事業心政府精神，有收益而不浪費，掙錢而不是花錢。有事業心政府不僅將精力集中在花錢上面，亦要求得到投資的回報、追求利潤。新公共管理認為，政府應根據服務內容和性質的不同，採取相應的供給方式。政府可以把巨大的官僚組織分解為許多半自主性的機構，特別是把商業功能和非商業功能分開，通過收取費用賺取更多的錢，人們總是被營運基金的牟利目的所牽引。

　　儘管經濟效率所帶來的競爭使營運基金得到成功，但社會上仍有人擔心採取各種形式的業務審查和資金效益原則可能令政府成為商業公司的同類，讓成本和可測量的產出確定為提供公共服務的最重要的考慮因素。財政政策制定和人力資源配置都是為了實現最大經濟效益。有這樣一種思想，便有一種危險，即為了削減勞動和營運成本，公正、公平和平等的社會價值觀可能會被忽視或犧牲。[8]

　　事實上，片面追求政府的企業化管理原則，抹煞了公共部門與私營部門的本質區別。公共部門與私營部門的根本不同在於，政府部門追求公共利益最大化的公共性原則和私營部門以營利為目的的利潤最大化原則。新公共管理過於強調公共部門企業化，必然導致公共管理部門對公共利益的逃避，造成對公共利益的侵蝕。政府的存在是為了維護公共利益的實現，「自由市場這隻看不見的手，儘管它有不可懷疑的力量，但是它不足以確保許多牽涉到人類幸福以

及能讓人類持樂觀進步態度的社會目標的實現」。在市場經濟條件下，如從本質上混淆政府與企業等私營部門的區別，最終會從根本上喪失公共利益。因此，政府的管理可以借鑒私營部門的管理方法，但不能全盤照搬。企業家與政府官員，不論在思維方式還是在行為方式上，似乎都是水火不相容的。企業家的目標是為企業營利，而政府官員的目標卻是為公眾服務。[9]

註釋

1. 參見效率促進組：《服務市民——善用私營機構服務，政策與實踐》，第二版，2007年1月，載於效率促進組網站：http://www.eu.gov.hk。

2. 見Tang Oi-yee, Ivy, *The Post Office Trading Fund: Claims and Achievements,* MPA Dissertation, University of Hong Kong, 2000.

3. 參見Mak, Chi-hang, *The Role of Market Competition in the Performance of the Electrical and Mechanical Services Trading Fund,* MPA Dissertation, University of Hong Kong, June, 2006.

4. 見林潔儀：《營運基金的運作》，香港立法會秘書處資料研究及圖書館服務部，2003年2月18日，載於香港立法會網站：http://www.legco.gov.hk。

5. 見效率促進組網站：http://www.eu.gov.hk，2011年5月31日。

6. 同註4。

7. 見Ng Mei-har, Amy, *An Analysis of the Implementation of Trading Fund Arrangements in the Hongkong Post* (August 1995 to July 2001), MPA Dissertation, University of Hong Kong, August, 2002.

8. 同註3。

9. 參見http://www.baidu.com，http://www.yahoo.com.hk及http://www.google.com所載有關「新公共管理」(New Public Management)的中、英文網絡資料，2011年5月31日。

第七章

受顧客驅使的政府I

一、受顧客驅使的政府概述

(一)受顧客驅使的政府——新公共管理的觀點[1]

新公共管理認為，政府應以顧客或市場為導向，引入私營部門的管理方法，建立企業型政府。企業型政府應以顧客的需求為導向，以此為動力推動政府改善服務品質。新公共管理改變了傳統公共模式下的政府與社會之間的關係，重新對政府職能及其與社會的關係進行定位：即政府不再是高高在上、「自我服務」的官僚機構，政府公務人員應該是負責任的「企業經理和管理人員」，社會公眾則是提供政府稅收的「納稅人」和享受政府服務作為回報的「顧客」或「客戶」，政府服務應以顧客為導向，應增強對社會公眾需要的回應力。近年來，英、德、荷蘭等國政府採取的簡化服務手續，將群眾的滿意度作為評價政府績效的標準，制定並公佈服務承諾標準，在某一級行政區域和某些部門或行業開辦「一站商店」服務等，就是在這種新的政府一社會關係模式下所施行的一些具體措施。

受顧客驅使的政府的內涵包括：

1. 營造「顧客導向」的行政文化。「新公共管理」理論認為，政府的社會職責是根據顧客的需求向顧客提供服務，政府服務以顧客或市場為導向，只有顧客驅動的政府才能滿足多樣化的社會需求並促進政府服務品質的提高。於是，「新公共管理」理論改變了傳統公共行政的政府與社會之間的關係，政府不再是凌駕於社會之上的、封閉的官僚機構，而是負責任的企業家，公民則是其「顧客」或「客戶」。

2. 以顧客為中心。新公共管理把社會公眾視為政府的「顧客」，認為公共組織應以「顧客滿意」為宗旨，並且強調政府對顧客的有求必應、行政的可理解性與可接近程度、行政部門對顧客參與決策的公開程度是否存

在補救措施，而且，整個經濟效率須依賴於公共部門在提供商品及服務時如何對顧客需求做出反應。

3. 建設優質政府。主要內容包括：建立「一站式政務超市」；了解民眾對政府服務的需求和期待；根據公民的建議來改善官僚機構的組織和行為；公開政府的服務標準；以標準來衡量績效。這個目標的具體表現就是「顧客」的滿意。根據新公共管理的設計，公共管理把需要服務的公眾視為公共機構的顧客，通過調查，傾聽顧客的意見，建立明確的服務標準，向顧客做出承諾以及賦予顧客選擇「賣主」的權利，以實現改善公共服務品質的目的。這樣一來，就必然會把顧客放在公共管理的中心，即以公共管理的客體為中心而不是以其主體為中心。

4. 提供回應性服務。傳統的行政管理抹煞了個人、家庭和社會團體的積極性、主動性和創造性，無效率地生產和提供公共物品，扭曲市場法則，對消費者（顧客）提出的要求不敏感，追求整齊劃一的服務，忽視公共服務的多樣化；公共物品的生產不是消費者說了算，而是生產者說了算，這就造成公共物品生產與供給的高成本、低效率和浪費。「新公共管理」則強調顧客至上或顧客導向，它通過把公民變成消費者（顧客），以市場取代政府，提供回應性服務，滿足公民（顧客）的不同需求。它通過引入市場機制、公民參與管理、公共服務提供的小規模化等措施，給公民（顧客）提供「以腳投票」即自由選擇服務機構的機會，徵求他們對公共服務的意見和要求，並測量其滿意程度。在「新公共管理」模式中，公共管理者與公民的關係出現了變化。市場競爭機制的引入、顧客至上、結果導向等原則的採用改變了公民的純粹被動服從地位，公民變成顧客，要求公共管理有更明確的責任制，聽取公民的意見，滿足公民的要求，提供回應性的服務。

5. 政府服務應以顧客或市場為導向。新公共管理從公共選擇理論中獲得依

據，認為政府應以顧客或市場為導向，從而改變了傳統公共行政模式下的政府與社會之間的關係，對政府職能及其與社會的關係重新進行了定位。新公共管理認為政府的社會職責是根據顧客的需求向顧客提供服務。市場不僅在私營部門存在，也在公共部門內部存在。當市場在公共部門出現時，我們通常稱之為系統，如教育系統、職業訓練系統、心理衛生系統。但它們都是市場，就同金融系統、銀行和保健系統一樣都是市場。如果把市場導向的思想應用到公用系統上去，就能取得偉大的成就。

「企業家」在新公共管理思想中有其特殊的含意。並不是會做生意的人就是企業家。企業家把經濟資源從生產率和產出較低的地方轉移到較高的地方，企業家運用新的形式創造最大限度的生產率和效率。因此，企業家式的政府應該是能夠提供較高服務效率的政府。為了實現這一目標，政府服務應該以顧客需求或市場為導向。只有顧客驅動的政府，才能提供多樣化的社會需求並促進政府的服務品質的提高，因為這將使競爭進一步發展，不是政府管理人員選擇服務提供者，而是政府管理人員讓公民選擇服務提供者。企業雖然以盈利為目的，但受顧客驅使的機制使企業不斷尋求新途徑使顧客滿意。相反，政府是為公民服務的，但在大多數公共組織中甚至弄不清誰是它們的顧客或服務對象，以致服務水準低劣，所以，給公民以更多的選擇權，讓公民有機會來評價政府工作效果的「顧客驅動」機制將是一個推動政府改善工作的良好機制。

企業環境中，對「顧客」的定義是很清楚的，就是購買該企業的服務或產品的個人或團體。但對於公共部門來說，要界定誰是顧客有時是一件令人混淆不清的事情。在公共管理中，「顧客」一詞是個比擬的說法，將政府與公眾的關係比擬為市場中企業與顧客的關係。對政府機關而言，顧客是指受公共政策和公共管理行為影響的人，他們對公共管理的滿意與否，決定著政府的品質與命運。

根據奧斯本和普拉斯特里克（David Osborne and Peter Plastrik）的觀點，「顧客」、「執行者」以及「權益相關者」的定義可作如下描述：[2]

「顧客」：你的工作主要用來幫助的個人或團體。

「次要顧客」：你的工作用來使之受益的其他個人或團體（但是不如主要顧客那麼直接）。

「執行者」：那些應當遵守法律和規章制度者，例如，涉及國內稅務局的納稅人、涉及發證機構的開發商或涉及高速公路巡邏警隊的駕駛員。但他們不是顧客。

「權益相關者」：在公共系統或公共組織的績效下，有一定利益關係的個人或團體。例如，公立學校的教師，或涉及工廠安全機構的工會和企業團體。一些權益相關者可能是顧客，也可能不是。

以一所學校為例子，學校的主要顧客是學生及其家長，次要顧客則可算是學生所住的社區或者是日後僱用學生的僱主們，而教師則會被視為權益相關者，但不會被視為顧客。

雖然有了較明確的定義，但公共部門還是要小心地界定誰是顧客，以及進行界定時要視乎情況而加以轉化，因為以公眾利益為大前提的公共部門，不應忽視這核心思想。例如警察不應視罪犯為他們的顧客。

公共管理的顧客導向，指組織及組織成員站在顧客的立場上，仔細評估組織的管理績效，以追求顧客滿意為基本的目標。具體而言，顧客導向的內涵包括：

1. 站在顧客本位進行思考。組織關心的是顧客而非自身，重視的是產出而非問題。顧客導向的政府管理，是一種「倒流程」的政府管理方式。它好比一座倒過來的金字塔，將塔尖指向到顧客那裡，政府關注的焦點對準顧客的需要，政府職能、政府行為、政府改革等都要緊緊地圍繞著顧

客來展開，一切從顧客需要出發，一切以顧客的需要為轉移，並以顧客的滿意度作為政府運行的最大使命和考評標準。

2.將顧客視為主要資產。組織真正的資產是顧客，而非收支平衡、盈利增加或其他。組織一旦失去顧客，也就失去了它全部的資產。顧客導向的政府把顧客視為組織的主要資產，政府像管理其他資源一樣對顧客進行管理。

3.以顧客滿意作為組織的目標。組織的最終目標只有一個——顧客滿意，組織的工作重點在於達到顧客的合理期待和願望。顧客導向的政府必須做到顧客至上、民眾優先，針對顧客的需求生產和提供公共產品和服務，以顧客價值作為行政措施的產品和服務，為顧客創造利益和價值。

4.建立與顧客之間的長期互動關係。組織不僅根據顧客的需要來設計、提供理想的產品與服務，而且重視與顧客的直接互動，隨時了解顧客的期望，並將其作為改進工作和管理的方向。在顧客導向的社會中，公共服務系統是以市民的需要為中心來設計的，同時也要具備積極主動提供服務的工作人員，以及靈活應變、滿足需求的服務策略，這樣才能得到公眾的支持。

將顧客導向引入政府管理，對政府效能和服務質量的提高可產生重大的影響。結合奧斯本和蓋布勒和其他學者的看法，顧客導向的政府有如下七個方面的優點：[3](1)可促使服務提供者對他們的顧客真正負起應有的責任；(2)使組織成員在決策時能減少政治因素的不當干預；(3)可激發出組織成員更多的創新行為；(4)可讓民眾在不同種類服務之間做出多樣的選擇；(5)其產生較能符合大眾的需求，不容易形成浪費；(6)能培養顧客的選擇能力，並協助其了解本身應有的地位和權益；(7)可創造更多的公平機會。

政府以顧客為導向，把服務對象的需要放在首要位置，「把資源放到顧客手裡讓他們挑選」，這就改變了傳統的權威心態和政府為尊的狀況，改變了

傳統公共行政模式下的政府與社會之間的關係。政府不再是高高在上、滿足自身組織需要的官僚機構，而是把需要服務的公眾視為自己的顧客，通過調查、傾聽顧客的意見，建立明確的服務標準，向顧客做出承諾並賦予顧客選擇「賣主」的權利，以實現改善公共服務質量的目的。

總的來說，公眾希望政府更重視公眾的需求和選擇，對公眾提出的意見、建議和所要解決的問題給予即時回覆，於是提出了增進政府回應的問題。增進政府回應，就是政府在公共管理中，對公眾的需求和所提出的問題做出積極敏感的反映和回覆。增進政府回應是經濟社會發展的要求，特別是市場經濟發展的需要。在市場經濟條件下，公眾需要什麼服務、怎樣提供服務，公眾對政府都提出了新的要求。政府在公共管理過程中，應更加注重公眾的需求，更加注重公眾的意見和建議。政府需要靈敏的反映能力，注重服務方式，並對公眾提出的意見和問題做出極負責任的回覆。從另一方面來看，更重要的是，政府應該準確地了解公眾向政府提供的有關公共服務方面的要求、建議和意見，並且能即時地對這些意見和需求做出積極靈敏的反應，做出公眾滿意的答覆，按公眾的意願有效地解決公民所要求解決的問題。

對政府來說，注重回應就是注重公眾的聲音，注重公眾的疾苦，注重公眾的需求。盡可能滿足公眾的需求和解決公眾提出的問題是政府能力的表現，是政府以公眾利益為中心更加注重公眾服務的表現，是政府管理民主化的體現，也是政府富有責任感和效率的具體表現。對公眾來說，更加願意表達自己的意願，更加關注政府公共服務政策的制定過程，是公民參與政府民主管理的有效形式。[4]

奧斯本和蓋布勒認為企業型政府與企業一樣，都必須是以顧客為導向，但以往絕大部份的公共部門都不是這樣做，因為他們的經費都不是直接從顧客來的，企業卻是；顧客滿意，生意就興隆；顧客不滿意，生意就清淡。所以企業必須在激烈競爭的環境中想辦法吸引顧客，而公共部門則不需要，因為他們

的收入主要來自稅收，不需主動爭取亦能獲得。

再者，以往公共部門會漠視顧客的需要，因為公共部門提供的服務選擇很少，所以顧客在沒有選擇的情況下，亦只好使用該等服務。如果顧客不使用的話，造成的是顧客的損失，而非公共部門的損失。但隨著公眾教育水平的提升以及社會文化的改變，對於這種損失，顧客再不會逆來順受，他們會對公共部門表達不滿，以及要求改善。[5]

(二)香港政府的觀點——提供以客為本的公共服務[6]

政府在提供公共服務時，往往需要滿足市民極高的期望。以下旨在探討世界各地政府如何面對這項挑戰。

1.今天市民的期望

市民對公共服務的期望不斷上升。回顧20世紀50年代，不論政府提供甚麼服務，市民一概順從接受。時至今日，這種順從文化已由市場主導文化所取代。此外，由於市民的生活方式和需要多種多樣，他們對公共服務的要求亦有所不同。現今市民期望公營部門的服務水平，可以說與私營機構的無分軒輊——無論在選擇、方便程度以及提供服務的能力等各方面，都需要滿足不斷轉變的要求，與時並進。

公共服務市場有別於消費市場，消費者不一定可以選擇是否採用公共服務——如有重病時往往要使用公共醫療服務，又或是學童要接受強迫性教育。公共服務的客源通常十分複雜，例如懲教所的羈留服務，囚犯與市民同樣是該服務的相關利益者。此外，在消費市場中，消費者會付出更多金錢以獲取高質素的貨品和服務。可是，公共服務的經費卻因政府預算所限，往往需要在沒有額外撥款的情況下改善服務。

以民為本的公共服務的主要特點包括：

多種選擇——無論在服務提供者、服務種類或服務使用方式上，都能夠為市民提供選擇。有關選擇可由個人、代表（例如照顧者或專業人士）或組織（代表市民選擇的政府部門或機構）做出。

提供資訊——發放所提供的有關服務和服務使用方式的資訊。雖然科技進步開拓了不少提供資訊的渠道，但有些使用者仍需或屬意傳統的資訊渠道。

收集意見——讓市民以個別或集體方式與服務提供者溝通。為收集不同使用者的意見，政府通常採用以使用者為主導的方式，例如透過專題小組和意見調查等渠道，收集社會不同界別的意見。

樂於回應——政府需要聆聽或回應市民的意見。樂於回應，有助於服務提供者與顧客有效溝通。

容易取得服務——市民有需要以不同方式獲取服務，這些方式既要方便，亦要讓所有人士能享用。

消費研究顯示，在顧客服務上，市民對私營機構的評分高於政府。不過，在確保有需要人士能夠使用服務方面，政府的得分較高。由於上述兩項因素同樣重要，政府面對的具體挑戰是，如何在為廣大市民提供服務時，滿足個別市民的需要。

2.跨部門政府服務的新措施

傳統上公共服務是由個別部門或政府機構以一次性方式直接向市民提供。不過，近年科技的發展讓政府不同部門較易跨越組織、業務及地域界限，為市民提供綜合服務。

跨部門政府服務（joining-up service）模式，橫向（跨越部門或組織）或縱向（貫穿地方、地區及全國層面）皆可。有關方法包括合併不同地點的資產，或把數據或資源集中共用。後勤辦公室服務可以透過合併，提升效率及成效，同時維持多個前線辦公室渠道。此外，採用單一聯絡點提供不同服務，既

方便使用者,亦能改善數據管理。

　　跨部門政府服務對市民的好處包括:更容易接觸服務、處理更快以及數據管理更為整合。對於服務提供者而言,規模經濟的體現可提高運作效益,而共用數據及資源又能提升表現。此外,跨部門政府服務可精簡特定服務,以把服務伸展至難以接觸的使用群體。

3.公共服務更切合個人需要

　　公共服務個人化具有多重意義,一方面意味著更親切的服務態度,以及收集與回應市民的意見,另一方面,服務個人化可包括使用者更積極參與有關服務的決定,例如讓個別人士自由決定如何使用分配給他的款項。使用者也可透過管理個人預算或服務方案,改變服務的實質設計。

　　使用者參與監督和設計的服務,通常都涉及複雜的公眾服務,例如教育、健康護理和社會福利。不過,鑑於公平和平等的原則,有些服務範疇的政策如根據使用者的選擇制定,可能會引起爭議。因此,各地政府往往寧可在指定範圍內推行選擇制度,以便按實際情況管理服務,並為合適對象提供服務,例如學券制及由市民揀選出租公共房屋等。其他可參考例子不少見於社會福利服務,使用者一般透過管理個人預算,積極參與並共同設計這些服務。

　　服務個人化亦可採用集體形式,包括由代表某使用群體的專業人士特定的服務(醫護從業員代表病人管理預算),以及因應特定社群的需要而設的地區服務。

4.利用新科技以嶄新方式為使用者服務

　　新科技對市民使用和體驗公共服務的方式影響重大。一方面,科技推動現有服務發展,讓市民更容易使用服務,並且提高服務成效。科技帶來的好處包括:令服務普及和容易使用、更有效運用數據、提升方便使用的程度、加快交易流程,在某些情況下,科技也帶來高層次的社會效益,例如改善教育成

果；另一方面，開創和推展全新服務，無論是多媒體健康護理服務，抑或電腦輔助教育及技能傳授，都有賴於科技發展而得以實現。

5.使用公共服務的體驗

根據有關市民對公共服務意見的研究，市民不單關心公營部門提供服務的成果，對服務方式也同樣關注。服務質素是使用者體驗服務的重要一環。責任承擔和進行評估（即表現管理、回應收集而得的意見），以及設有適當聯絡點，確保服務有效執行和處理可能出現的問題，凡此種種都與服務質素有關。使用者體驗的另一層面較為個人——這關乎使用者與服務提供者的溝通，以及使用者的感受。這個層面涉及各種實際問題，除了提供使用者需要的資訊，還包括較為個人的元素，亦即如何切合使用者的個人需要，以及提供服務時對待使用者的態度。

(三)澳門政府的觀點——優化公共行政[7]

澳門特別行政區政府成立以來，一直致力於優化公共行政的運作，通過循序漸進的形式，有計劃、有步驟地推行改革。

2000年初，行政法務司司長頒佈了第1/2000號批示，要求公務人員執行接待任務時適當地表明身份，藉以拉近政府和市民之間的距離。同年10月，行政法務司司長的第13/2000號批示則規範了各政府部門必須優化行政程序和完善建議、投訴和異議的處理機制，為進一步深化改革奠定基礎。

服務承諾計劃是特區政府優化公共行政的戰略切入點，自2000年提出以來，政府致力於發展和完善這個計劃，並要求所有面向公眾的政府部門都必須參與這個計劃。服務承諾計劃是一套優質管理系統，它要求部門在優化行政程序的基礎上，向公眾公開承諾服務的水平，並通過有效的建議、投訴和異議的處理機制即時掌握服務對象的反饋；定期進行的市民滿意度評估，更有效地讓

部門掌握公眾的期望和感受，並把公眾的意見作為持續改善的參考和依據。基於這點，所有推行服務承諾計劃的部門，都必須開展優化行政程序的工作，都必須有完善的建議、投訴和異議的處理機制，都必須定期進行市民滿意度評估。近年，陸續有推行服務承諾計劃的部門獲得ISO 9001：2000品質管理系統的認證，這說明服務承諾計劃不但能有效地協助部門改善服務質素和提高行政效率，更能改善內部管理，政府部門可以在推行服務承諾計劃的基礎上，逐步與國際標準接軌。由此可見，特區政府現時推行的各項優質服務措施並非獨立存在，而是彼此間透過相互作用，從而優化特區政府的公共服務質素。

二、受顧客驅使的政府──香港政府的實踐

　　香港政府行政長官曾蔭權在《二〇〇五至〇六年施政報告》中表明其「以民為本」的施政理念。2007年10月行政長官發表《施政報告》，再次表明會貫徹「以民為本」的施政理念。行政長官以兩段的篇幅說明會繼續本著「以民為本」的信念去策劃政府服務及了解市民需要，令他們可以更快、更方便地得到服務。行政長官指出，公務員站在服務市民的最前線，面對資源增值的要求，仍須致力於維持服務質素。為了配合行政長官的政策以及支援各政策局和部門，效率促進組不斷鼓勵採用以民為本的方式推動持續可行及務實的發展。[8]

　　效率促進組專員認為：政府部門是否要像私營機構那樣注重顧客服務？答案應該是「有此必要」。是否要設法提供五星級服務？答案是「不一定」。那麼，政府各局和部門提供的服務，怎樣才屬理想水平？要持續改善顧客服務，如何確保措施適切有效？這些問題，沒有確實的答案。政府各局和部門大概不應嘗試提供五星級服務。不論喜歡與否，市民總會與政府部門接觸。與私營機構不同的是，政府無法藉建立品牌、吸引顧客長期光顧，或提高「顧客佔有率」，推動各局和部門改善服務。

反之，政府要採用有系統的方法改善顧客服務。政府應當參照私營機構的做法，看看有什麼值得借鏡的地方，可應用在公營部門服務。政府必須明確定位，善用良方，準備就緒，務求為市民提供優質服務。效率促進組正探討服務水平的問題，希望為香港政府各委託部門找到良方，以提升服務水平。[9]

(一)服務承諾

1.英國的「公民憲章」

英國推行的「公民憲章」（Citizen's Charter）是服務承諾實施的一個最早及成效良好的例子，該憲章要求部門訂定各自的顧客服務標準，並規定了六項原則，即每個公民有權得到：[10](1)明確的標準：制定、監督並發佈用戶合理要求的、明確的服務標準，公佈與此對照的實際績效；(2)信息和透明度：有關公共服務運作狀況、服務成本、服務狀況及管理機構的信息必須完整、確切，並用簡單明瞭的語言表達出來；(3)選擇和協商：公共部門必須在一切可行之處提供選擇，並有規範、有組織地與服務使用者進行協商。在對服務標準做最後決策時，要考慮用戶對服務的看法及其對服務改進的優先選擇；(4)禮貌和幫助：公共服務人員必須佩戴印有名字的徽章，為顧客提供禮貌和有幫助的服務。一視同仁地向所有公眾服務，並為其提供便利；(5)補償機制：如果事情有誤，必須做出道歉、完整的解釋及迅速有效的救濟。建立盡可能包括獨立審查在內而明確、便捷的申訴程序；(6)物有所值：在國家能負擔的資源限度內，經濟、有效地提供公共服務，並依據服務標準，提高服務績效的獨立有效性。

英國於1991年提出了「公民憲章」後，大部份公共部門開始對顧客進行調查，並以是否讓顧客滿意的方面來測量其績效。「公民憲章」的目的是建立公開且清晰的公共服務的標準，減少公共服務的秘密，向民眾宣傳完整且準確

的資訊，為民眾提供更多的選擇，為民眾提供方便的服務，建立公開而易於投訴的渠道。還有，「公民憲章」主要是要改變公務員的價值信念和組織文化，特別是英國的改革設法在公共服務中引入「顧客文化」，也就是公眾應該被當作顧客或者是消費者來對待，而不是懇求者。「公民憲章」所提倡要求公共部門設立顧客服務標準，標準內容例如90%的列車將在列車時刻表規定時間的十分鐘之內到達，或致電給就業中心，30秒以內將得到答覆。[11]

顧客服務標準這項工具非常有效，至少有15個國家以某種形式採用了該工具，包括澳大利亞、加拿大、比利時、法國、愛爾蘭、意大利、芬蘭、挪威、瑞典、葡萄牙、新加坡以及美國。[12]

2.服務表現管理：香港政府服務承諾的理念

增進專業知識、推行績效獎賞，一向都是香港政府的主要使命。效率促進組自1992年成立以來，一直倡導管理服務表現。服務表現管理不但配合政府推展成效為本管理的政策，對建立一個既負責任又有效率的政府也極為重要。服務表現管理措施包括：揀選衡量服務表現的主要範疇、制定衡量服務表現準則、搜集服務表現資料、根據目標衡量和彙報實際表現，以及不斷提升服務表現。

服務表現是公營部門改革的關鍵所在。所有直接服務於市民的政府部門都會公佈服務承諾，讓市民知悉部門提供的各項服務、有關的服務標準，以及監察服務標準的方法。政府推行這項計劃，是要確保為市民提供最佳服務，並培養以「客」為本的服務精神。適用於任何政府部門和決策局的服務承諾計劃目標是：[13]促進與「顧客」的關係；培養員工以「客」為本的服務精神；以服務承諾作為日常工作中的管理工具；為員工訂立服務表現標準；建立機制，讓「顧客」和市民得知部門的服務表現。

服務表現管理過程包括根據顧客需要訂定策略目標、確定主要成效範

圍、制定衡量準則、收集表現數據，以及盡量縮窄表現上的差距。目前的社會、經濟及政治環境瞬息萬變，一個有系統的服務表現管理過程，是不可或缺的。衡量服務表現是整體服務表現管理工作的重要環節，用以量化目標和評估成效。

服務表現管理措施應予訂定，以便：[14]協助當局確保施政方針能夠切合市民的需要和關注，並有助於當局與各界緊密合作，照顧社會的整體利益；為個別的局／部門訂立具體目標，讓政府上下均採取適當行動達至既定目標；建立一套服務表現衡量制度，確保各人都清楚了解須達到的目標，並奠定不斷改進的基礎；訂立機制，確保政府各類服務互相配合，達到施政方針所定的目標；監察邁向某些目標的工作進度，並向市民反映。

效率促進組正訂立一系列基準，作為服務表現管理工作的一部份。該組亦制定評估工具，務求提供一套有系統的綜合方式，根據市民的期望檢討政府所提供的服務。政府會以評估結果作為基礎來確定改善服務機會、促進交流經驗和訂立基準，以及參考其他機構所採用的最佳做法，不斷改善服務。[15]

在服務表現管理方面，效率促進組可協助各局／部門進行以下工作：[16](1)制定和改善與部門目標有直接關連的服務表現衡量方法，並訂定遠大而實際的目標，以達到預期目的；(2)協助推行服務表現衡量制度，以便收集、分析和傳送管理資料；(3)根據個別局／部門的獨特情況，培養講求服務表現的文化和制定處理轉變的方法；(4)選擇合適的方法和工具，制定／推行服務表現管理措施。

3.服務承諾計劃

香港政府各部門現在每年公佈服務承諾，簡明地列出市民可期望享用的公共服務的標準。這些服務承諾使市民知道有關部門已承諾的服務標準，不管他們是在申領牌照還是到診所就診。根據服務承諾計劃，所有直接服務於市民

的政府部門都會公佈服務承諾，讓市民知悉部門提供的各項服務、有關的服務標準，以及監察服務標準的方法。政府推行這項計劃，是要儘量為市民提供最佳服務，並培養以客為本的服務精神。[17]自1992年公佈服務承諾計劃以來，至2009年，政府75個局和部門提供的服務，以外部顧客為對象的佔七成，其餘三成則以政策制定和內部顧客為主。各局和部門共公佈了約1,200個服務承諾，當中91%與為外部顧客提供的服務有關（例如處理申請和登記、解答查詢），其餘則與為內部顧客提供的服務有關（例如為局和部門提供專業意見）。

　　這1,200個服務承諾亦可大致劃分為與「服務效率」（92%）和「服務質素」（8%）有關。與服務效率有關的承諾示例有「個別待辦事項的處理時間」和「緊急個案的抵達時間」等。與服務質素有關的承諾示例有「提供資料的準確程度」和「顧客對服務的滿意程度」等。[18]**表7.1**及**7.2**載列更多示例，闡明政府為外部和內部顧客所提供的服務，以及與服務效率和質素有關的承諾。**表7.3**列出漁農自然護理署的服務承諾。

表7.1　對外部顧客所做服務承諾示例

承諾性質	部門	服務承諾
效率	食物環境衛生署	輸入野味、肉類和家禽的進口許可在五個工作天內簽發
	香港郵政	本地投寄的信件於投寄後下一個工作天派達收件人
	入境事務處	香港身份證在十個工作天內簽發
質素	水務署	食水水質100%符合世界衛生組織在二〇〇六年所定的標準。鹹水供水水壓維持於15米的幅度
	運輸署	政府隧道內的能見度維持於消光系數每米0.005以下
	香港天文台	為國際航空和船運界提供的特別預報逾90%被評為「準確」或「非常準確」

資料來源：公務員事務局：《立法會CB（1）1959/08-09（01）號文件：立法會公務員及資助機構員工事務委員會檢討服務承諾》，2009年6月，載於公務員事務局網站：http：//www.csb.gov.hk。

表7.2　對內部顧客所做服務承諾示例

承諾性質	部門	服務承諾
效率	政府產業署	在兩個工作天內回應有關物業管理的投訴
	政府物流服務署	在接獲由用戶提出並經商訂的貨物規格後12個工作天內發出招標書
	庫務署	收到付款憑單或部門經網上授權付款予債權人日期起計八個曆日內處理發票
	政府資訊科技總監辦公室	在行政電腦計劃委員會批准有關建議後30個工作天內，提供一份資訊系統策略研究的工作計劃，徵求客戶同意
質素	公務員事務局 公務員培訓處	培訓課程獲80%學員在五級計分制之下評為「良」或「優」
	效率促進組	所有內部客戶提出的顧問項目，獲客戶評為「滿意」或以上級別

資料來源：公務員事務局：《立法會CB（1）1959/08-09（01）號文件：立法會公務員及資助機構員工事務委員會檢討服務承諾》，2009年6月，載於公務員事務局網站：http：//www.csb.gov.hk。

表7.3　漁農自然護理署的服務承諾

服務	預定所需時間
簽發除害劑進口／出口證（親來辦理）	15分鐘
簽發植物進口證／植物檢疫證明書	2個工作天
簽發或換領入口／供應／製造／重新包裝／零售除害劑的牌照許可證	2個工作天
換領海魚養殖業牌照（親來辦理）	50分鐘
換領海魚養殖業牌照（郵遞申請）	2個工作天*
簽發動物健康證明書	2個工作天
簽註動物健康證明書	2 個工作天
簽發動物產品衞生證明書	3個工作天
簽發動物輸入香港的許可證	3個工作天
簽發或換領動物展覽牌照／動物寄養所牌照／騎馬場地牌照／牛奶場牌照	3個工作天
簽發動物售賣商牌照	3個工作天
換領動物售賣商牌照	3個工作天
簽發瀕危物種公約的瀕危動 物出口／再出口／管有許可證	2個工作天
簽發瀕危物種公約的活生瀕危 物種 進口／從公海引進 許可證 連同第139章 規定 的許可證 不包括 第139章 規定 的許可證	5個工作天 2個工作天

（續）表7.3　漁農自然護理署的服務承諾

服務	預定所需時間
簽發瀕危物種公約的 動物和植物 再出口證明書	2個工作天
簽發在郊野公園內舉行有組職活動的許可證	3個工作天
換領海岸公園捕魚許可證	3個工作天
簽發在海岸公園舉行公眾集會／體育競賽／商業活動的許可證	3個工作天
簽發在海岸公園駕駛指明船隻許可證	3個工作天
簽發合作社／儲蓄互助社註冊證——簽發註冊證	3個工作天

*當收到填妥的申請表及所需牌照費用後，會在2個工作天內將牌照以掛號寄給申請人。

資料來源：漁農自然護理署網站：http：//www.afcd.gov.hk，2011年5月31日。

(二)一站式服務

1.跨部門合作——香港政府一站式服務的理念[19]

　　公共行政工作多種多樣，部份工作比較單一直接，容易處理；部份卻較為複雜或屬於「跨部門」性質，這對於採取「自上而下」管理機制的政府架構，造成難題。由於公眾慣於使用私營機構快捷、顧客至上的服務，期望日高，不能容忍零碎及割裂的公共服務。為此，各地政府研究新方法、新形式的組織及措施，以期解決服務分散的問題，並讓政府在處理新舊課題時，不再囿於傳統的組織架構。描述上述發展，最常用的是「跨部門合作」（Joint-Up Government）一詞。

　　不過，正如許多同類術語，「跨部門合作」意指各式各樣的措施及發展。一般來說，公營機構服務過於分散，跨部門措施旨在加強協調、整合，亦務求結合機構的動力、架構及文化，配合跨組織的重要工作。電子政府措施是連結公共服務較為常用的方法。不過，有效的跨部門合作並不止於電子政府服務。再者，跨部門合作並不限於政府內部組織，有些政府亦經常與非政府機構或民間團體以新形式協作。

(1)跨部門合作的重點及好處

　　跨部門合作可以有不同重點。舉例來說，跨部門合作可關乎組織層面（不同部門之間或國家與地方政府）、特定社群（退休人士、新移民）、政策事宜／界別（運輸、教育）、地區（鄰舍、地方郡縣）或服務方式（一站式服務、電子政府網站）。根據這些詮釋，「跨部門合作」可以解讀為「一些跨越固有界限的政策和做法，以改善為特定社群或人口組別提供的服務，同時加強政府與不同界別的協調」。

　　跨部門合作的好處包括：(1)改善對特定群體或地方的服務成效；(2)處理複雜的社會或經濟問題；(3)善用規模經濟；(4)藉其他服務方式，改善服務；(5)匯合背景及觀點不同的人士，倡導工作新思維；(6)協助公職人員更有效合作；(7)協助公職人員累積解決困難的經驗。

2.綜合電話查詢中心

(1)概述[20]

　　綜合電話查詢中心（1823政府熱線服務中心）提供24小時的一站式服務，處理一系列政府服務的查詢及投訴。中心提供多種聯絡途徑，包括電話、信件、傳真、互聯網和電郵，並在先進的電腦電話技術和資訊科技的支援下，由訓練有素的職員接聽市民的查詢及投訴。中心是香港公共服務電子化計劃另一重要組成部份，設立中心的目的，是希望可以取代繁多的電話熱線、傳真號碼、電郵和其他地址，為市民提供更快捷有效的服務。

　　中心於2001年7月啟用，並於2002年10月全面運作。1823——這個只有四個數字的電話號碼，簡單易記。1823政府熱線提供全年365日、每星期七日、每日24小時的服務，為市民解答查詢、提供資料和處理投訴。目前，中心為市民解答有關21個參與部門的服務查詢，並處理市民對政府決策局或部門的投訴。來電者無須擔心會找錯部門。只要查詢事項是屬於參與部門的服務範疇，中心的職員便會解答，提供所需資料，並處理投訴或服務要求。如果職員未能

即時答覆來電者或提供有關資料，1823會提供「覆電」服務，盡力找尋所需資料回覆。如查詢涉及非參與部門，中心會提供有關部門的聯絡資料。

投訴處理方面，有關決策局或部門會負責跟進投訴個案，中心則在有關當局與市民之間擔任重要的溝通橋樑，並為市民記錄投訴詳情及追查個案。中心致力確保跨部門的投訴得到適當的處理。另外，中心亦可應有關部門的要求將回覆轉交投訴人。中心除了為21個參與部門處理查詢和投訴外，還會為政府不時舉辦的推廣計劃或活動解答查詢。長遠來說，中心的目標是要把這個運作模式推廣至所有政府服務。綜合電話查詢中心目前由效率促進組負責管理。

(2)理想及使命[21]

理想：成為公營部門電話中心運作的楷模，在政府中積極推動跨部門合作。

使命：(1)提供體貼的一站式服務，為市民解答參與部門的查詢，並處理市民對政府的投訴；(2)提升中心處理來電的能力，以及中心服務的質素和問責性；(3)即時為市民提供準確而一致的資料；(4)提供有效的平台，處理跨部門投訴。

(3)21個參與部門[22]

漁農自然護理署	地政總署
建築署	土地註冊處
屋宇署	康樂及文化事務署
土木工程拓展署	海事處
公司註冊處	政府資訊科技總監辦公室
渠務署	差餉物業估價署
機電工程署	衛生署控煙辦公室
食物環境衛生署	社會福利署

香港郵政　　　　　學生資助辦事處

路政署　　　　　　運輸署

勞工處

(4) 綜合電話查詢中心優點包括：[23]

　　‧提供全日24小時的一站式服務；

　　‧查詢時市民無須先了解哪個部門負責哪些工作；

　　‧號碼簡單易記；

　　‧迅速回應；

　　‧服務表現有保證；

　　‧部門職員可專心提供回答查詢以外的服務；

　　‧回覆資料一致，準確可靠；

　　‧為部門提供管理資料；

　　‧利用提高效益所節省的資源，自資營運。

(5)最常見的查詢事項包括：[24]

　　‧狗隻牌照的申請事宜

　　　　（漁農自然護理署）；

　　‧寄發海外郵件的郵費

　　　　（香港郵政）；

　　‧持續進修基金的申請事宜

　　　　（學生資助辦事處）；

　　‧車輛牌照和駕駛執照的換領手續

　　　　（運輸署）；

　　‧電業工程人員的註冊事宜

　　　　（機電工程署）；

・填寫租賃詳情申報表須知

（差餉物業估價署）。

(6)1823電話中心服務表現[25]

1823政府熱線不但服務範圍廣泛，服務質量亦很高：

・每年接聽來電超過100萬個；

・每年處理的傳真、電郵和網上查詢達3萬個；

・接聽來電平均約需9秒；

・超過80%的來電可在12秒內接聽；

・未及接聽的來電不足2%；

・90%的查詢可在首次來電時解答（其餘10%獲中心服務員稍後致電解答）。

綜合電話查詢中心處理的來電，特別是市民直接致電1823政府熱線的來電，都高速增長。來電總數量由2004年的180萬個，增加至2005年的約250萬個，增幅為64萬個或35%。增長主要是來自致電勞工處、差餉物業估價署、香港郵政的部門熱線以及市民直接致電1823政府熱線的查詢。這充分說明了市民對1823政府熱線的認知程度與日俱增。

綜合電話查詢中心處理的來電，約96%的案件涉及一個部門，其餘4%是有關兩個甚至更多部門。20%的電話收到事項與1823電話中心所涵蓋的21個政府部門不相關。

自2001年成立以來，中心已接聽逾1650萬個來電。在2009年，1823電話中心處理了來自市民約294萬個來電及10萬個電郵。有關的衡量服務表現準則及1823電話中心於年內的表現如下（**表7.4**）：

表7.4　1823電話中心服務表現，2009年

衡量服務表現準則	2009年的表現
12秒內獲接聽來電	78%的來電於12秒內接聽
未能處理來電比率	3%的來電未能即時處理
首次來電查詢即獲解答比率	97%的查詢能於首次來電即獲解答
客戶滿意程度	4.2分（5分為滿分）

資料來源：1823電話中心網站：http：//www.1823.gov.hk，2011年5月31日。

個案性質（2009年）（**表7.5**）：

表7.5　個案性質，2009年

	百分比	數目
查詢	86	2,530,980
投訴	11	323,730
其他	3	88,290

資料來源：1823電話中心網站：http：//www.1823.gov.hk，2011年5月31日。

3.香港政府一站通[26]

香港政府一站通是香港特別行政區政府的一站式入門網站，讓市民輕鬆方便地獲取所需的公共資訊和服務。網站自2007年推出以來，不斷加入網上服務及強化內容，務求貫徹「一站通」的宗旨，服務市民。

(1)香港政府一站通的內容

香港政府一站通提供一系列超連結至政府的資訊和服務，並按客戶群及主題分類。客戶群包括：「本港居民」、「商務及貿易」、「非本港居民」、「青少年」。

在每組客戶群的版面分別再劃分為多個主題，例如：「教育及培訓」、「運輸及駕駛事務」、「房屋及社會服務」等。故此，你無須知悉政府部門的分工及服務範疇，亦能夠尋獲所需的資訊和服務。你也可訂閱香港政府一站通

的RSS頻道，定期獲得網站的精選資訊及服務。

(2)瀏覽香港政府一站通

　　香港政府一站通提供多種方法，讓居民、旅客搜尋所需的資訊和服務：網站備有強化的搜尋器功能，讓你搜尋網頁內及其他政府網站的內容；如你想尋找某一政府網上服務，可選按頁首的「網上服務」；如想搜尋個別政策局、政府部門或相關機構的網站，可按首頁的「政府機構」或「政府網站一覽」。

(3)香港政府一站通的持續發展

　　為適應數碼時代市民需求不斷變化，政府將透過開發新的應用程式、引入現代化介面，以及加強網站現有內容，以提升香港政府一站通的用戶體驗。網站會繼續跟各政府部門緊密合作，推出更多元化、更先進、更全面的電子服務及功能，擴展政府跟社會各階層的接觸。同時，政府也會積極擴展個人化服務，提供更符合市民需要和便捷的服務。無論你在香港居住、工作或旅遊，都能在網站找到切合需要的資訊和服務。

(三)投訴

1.香港政府投訴的理念[27]

　　概括來說，「投訴」一詞的定義是「需要回應的不滿意見」（英國內閣辦事處，1998年）。良好的內部投訴處理機制對機構的好處包括：以快捷有效的方式解決難題；促進與公眾的溝通；顯示公共服務的問題和缺點所在，以及可能需要改善的地方；避免對機構不利的負面報導。良好的投訴處理機制對公眾同樣有好處：公營機構的問題得以快捷直接、具成本效益的方式解決；公眾投訴有門；市民可以參與改善公共服務，使他們更有歸屬感；帶出一個信息，投訴會被認真處理，並會公正妥善對待投訴人。投訴處理機制要收效，需要方便市民提出申訴，並令到他們信任機制。對機構而言，必須推行良好的管理措

施，並有適當程序全面監察。一個良好的投訴處理機制，並不表示每個投訴人都會對結果感到滿意，而是確保每個投訴都會被認真、徹底地處理。處理投訴最重要的原則是易地而處，感同身受。為此，機構須儘快處理投訴，細心聆聽，並為錯失道歉。

(1)投訴途徑和對投訴處理機制的信心

　　投訴人向機構提出投訴是否容易，主要取決於機構設立的投訴途徑。投訴可經多種途徑提出，例如電話、面談及意見表格（網上或列印本）等。不過，市民往往不知道可用的投訴途徑。較為勇於革新的機構會採取策略，主動向特定對象發佈資料，讓他們知道投訴有門。有些人，特別是弱勢社群，在考慮是否投訴時，會擔心一旦投訴會受到歧視或滋擾。良好的管理指引機構應向投訴人表明不會因投訴而受到歧視，這樣他們便不用擔心會遭到報復。另一個良好的做法是，訂立內部跟進程序，確保投訴人不會因投訴而受到歧視。跟進程序可包括抽樣聯絡投訴人，查看投訴是否受理和得到解決，以及投訴人有否因投訴而遇到任何困難或滋擾。員工對投訴也會有顧慮，他們或會擔心成為投訴對象而受到責難，因而對投訴產生恐懼。為免員工擔憂，良好的管理指引建議：應締造環境，讓員工視投訴為改善服務或制度的機會；以及令員工有信心會得到內部程序支援。

(2)機構內部對投訴處理機制的管理

　　風險評估是良好投訴處理機制不可或缺的一環，因此往往成為良好管理指引的一部份。部份機構採用風險評估工具，其中一項包含三個步驟：首先把投訴按後果分類，然後評估引起投訴的事件有多大機會再次發生，最後根據首兩個步驟的評估結果釐定投訴的風險水平。投訴若涉及多個機構在同一地點提供不同服務，或共同提供某項服務，又或服務涉及私營機構參與或擔任計劃夥伴，對處理投訴都會構成考驗。在這些情況下，各機構應就執行法例、制定政

策，以及處理投訴的工作和職責，清楚闡明，並廣為公佈。若這些資料有欠清晰，公眾便難以知道如何及向哪個機構投訴。除了涉及不同界別、機構的問題外，有時純粹因為公營部門架構複雜，市民會對界定投訴對象感到困難。針對這種情況，一些機構、界別現正計劃設立單一聯絡點，以方便接受投訴。許多公務人員處理投訴時面對另一考驗，就是如何對待「難應付」的投訴人。「難應付」的投訴人可能關乎語氣和態度、敘述能力，又或無理投訴。要果斷得體地處理這類投訴，機構必須訂定良好的程序及標準，而員工亦須具備適當技巧及能力。良好管理指引建議，機構應制定指引，針對難應付的投訴人，詳細列明對不同投訴途徑的處理方法，如親身投訴、電話或投訴信。機構亦應訂明按照管理階層決定終止處理投訴的程序，以及訂明如何處理相關問題。現時，不少主要公營機構都接受市民以電子方式投訴。常見的措施包括在網頁加入電郵連結，讓市民以電子方式提出意見或投訴；就特定計劃提供網上連結至預設投訴表格；接受市民在網上填寫和傳送表格以及設有可供下載、列印和郵寄給機構的投訴表格。同時，公營機構會運用資訊科技妥善儲存投訴資料、向投訴人或有關機構傳達信息，以及查詢處理投訴的進程。機構需要定期評估投訴處理機制是否有效運作。做法良好的機構通常會抽樣檢視投訴個案，評定處理這些投訴的方式孰優孰劣、解決問題的程度，以及與投訴人溝通的程度及質素。機構內部建立互相支援的文化，對妥善處理投訴至為重要。投訴機制要收效，需要得到高層管理人員的支持。值得留意的是，不少做法良好的機構，行政總裁都倡導積極處理投訴，而處理投訴的經理或單位，都會直接向行政總裁或高層管理人員負責。由於前線人員需經常直接處理投訴，管理層應理解他們的壓力，儘量給予支援，幫助他們把工作做好。

(3)全方位審視投訴處理機制

超越機構層面，我們也應從「整個政府」的宏觀角度看待投訴處理，並涵蓋個別機構的處理程序。這主要涉及投訴分類和確保各部門均可借鑒相關經

驗。關於投訴分類，多個國家和界別均鼓勵採用「梯級制」——投訴通常被分為三級：第一級是最初接獲投訴時，由獲授權的前線人員處理，這通常涉及簡單投訴；第二級是若投訴人仍感不滿，由較高級人員或指定投訴主任做內部檢討或調查；第三級是如機構內部未能解決問題，投訴將會被轉介至外間機構（例如申訴專員）複檢，或循另一排解糾紛程序處理。

　　總之，一套良好的投訴處理制度，具備以下特質：(1)以民為本；(2)便捷的投訴途徑；(3)因應個別投訴人的情況，謹慎迅速處理投訴；(4)公開問責、公正持平；(5)糾正錯誤、勇於道歉。

　　良好的機制亦包括參考投訴人的意見和汲取教訓，改善公共服務設計和提供形式。有效的投訴處理制度能令機構檢討或會引起投訴的程序和制度，從而為公共服務制定適時的改善措施，使機構更具效率，提升服務質素，提高員工士氣及改善與市民之間的關係。

2.綜合電話查詢中心的投訴機制

　　香港政府一向十分重視市民提出的投訴，因為政府部門可透過市民對各項政策的效率及各項服務的價值的觀感，從中取得寶貴的回饋意見。制定有效的投訴處理系統，不僅可確保各部門妥善處理各項投訴，亦有助於部門查找系統或政策上的不足之處。[28]由於公眾投訴有助於引起政府注意改善服務的契機所在，投訴處理自然成為公共服務的核心功能之一。綜合電話查詢中心一直與21個委託部門保持緊密合作，接收來自公眾的投訴（約佔所有來電的10%）。[29]（見上文）

　　綜合電話查詢中心所轉介有關部門處理的投訴大多關於：[30](1)公眾地方的垃圾和衛生問題；(2)未經許可結構，危險建築物；(3)危險山坡／斜坡；(4)損壞的行人路、欄杆、沙井；(5)道路工程；(6)下水道和排水渠堵塞；(7)道路照明／過路設施損毀；(8)郊野公園和批發市場的清潔；(9)街道小販，行人路阻塞；(10)食品衛生；(11)滲水等。

中心收到的投訴較多的五個政府部門依次為食物環境衛生署、屋宇署、漁農自然護理署、路政署和控煙辦公室。按照案件的性質，完成一宗投訴實際所需的時間各有不同，涉及食品進口或出口的可長達六個月。涉及垃圾和墳場不衛生的，則短短不到一天就可完成。中心處理投訴程序的指導原則是：[31](1)提供全日24小時一站式服務，為市民處理投訴；(2)按照預先設定的準則，在迅速採取行動的基礎上，將投訴轉介到適當的部門；(3)根據《服務水平協議》，監測參與和非參與部門的反應（包括案例確認，臨時答覆，最後答辯），讓市民知悉案件進展情況；(4) 當投訴涉及多個部門，中心須努力協調及回應。

3.1823電話中心投訴處理的顧客滿意程度調查

綜合電話查詢中心已委託香港大學政策21有限公司就該中心的投訴處理進行顧客滿意程度調查。效率促進組希望能憑藉上述調查，掌握綜合電話查詢中心處理公眾投訴的滿意程度，通過衡量中心的服務質素，從中找出顧客對服務要求的重點，以及改善服務的契機。[32]問卷調查每季度進行一次，在調查進行前三個月內由綜合電話查詢中心所完成的投訴個案中，隨機選出約1,000名來電者作為問卷調查對象。首項調查已於2008年7月展開。迄今，已進行五輪調查，問卷回應率都超過八成（**表7.6**）[33]。受訪者就同理心、服務保證、跟進及有效回應各方面，對1823電話中心的表現做出回應。

表7.6　問卷調查回應率

問卷調查季度	受訪者人數	回應人數	問卷回應率
2009年7-9月	1210	1000	82.6%
2009年4-6月	1162	1008	86.7%
2009年1-3月	1100	1001	91%
2008年10-12月	1093	1006	92%
2008年7-9月	1170	1002	85.6%

資料來源：Policy 21 Ltd., "Customer Satisfaction Survey of the 1823 Call Centre", Prepared for Efficiency Unit, October, 2009 & March, 2010, Retrieved from Website of Efficiency Unit： http：//www.eu.gov.hk.

(1)1823工作人員處理投訴滿意度調查，2009年7-9月[34]

同理心（Empathy）

調查中，有三項問題涉及同理心。絕大多數的受訪者表示同意：「1823工作人員回答我的電話有禮」（91.3%），「1823工作人員能夠耐心地聽我的申訴」（91.2%）和「我的印象是1823工作人員表示同情和關注我的申訴」（88.4%）。其次，在李克特尺度（Likert scale）10上，「1」表明「完全不同意」和「10」表明「完全同意」，其給予評分為6或以上。換言之，投訴人一般的看法都認為1823工作人員在處理投訴有著良好的同情與慰問。

服務保證（Assurance）

調查中，有三項問題涉及服務保證。絕大多數的受訪者表示同意：「1823工作人員能夠從我的申訴收集到足夠的情況細節」（86.8%），「1823工作人員能準確地記錄我對投訴所提供的資料」（86.2%），「1823工作人員能夠識別負責處理我的投訴的有關政府部門」（82.2%）和「1823工作人員能回答我對投訴所提出的問題」（75.3%）。其次，在李克特尺度10上，其給予評分為6或以上。換言之，投訴人對1823工作人員在處理投訴的服務保證有一個良好的印象。

跟進（Follow-up Services）

調查中，有五項問題涉及跟進。該調查結果顯示，大約有66.4%的受訪者認為「1823工作人員會定期告知處理我的投訴在有關政府部門的進展」，「我得到的印象是，當有關政府部門對我的投訴不採取迅速行動，1823工作人員能夠幫助我」（69.6%），「我得到的印象是，1823工作人員會要求有關政府部門告知處理我的投訴的進展」（73.2%），「我得到的印象是，當投訴正由有關政府部門處理時，1823工作人員會繼續跟進我的投訴」（70.2%）和「我得到的印象是，如果我的投訴不得到有關政府部門妥善處理，1823工作人員可以做的不多」（68.2%）。

有效回應（Responsiveness）

調查中，有兩項問題涉及有效回應。調查結果顯示，大部份受訪者（78.4%）同意「我得到的印象是，1823工作人員能夠即時轉介我的投訴到有關政府部門」和「1823工作人員很快回答了我的來電」（84.4%）。換言之，大部份受訪者的意見是1823工作人員在處理投訴時具有良好回應。

1823工作人員整體表現的滿意度

大部份的受訪者（86.8%）對1823工作人員處理投訴的表現感到滿意，其給予評分為李克特尺度10的6分或以上。

1823意識（Awareness）

大部份的受訪者（89.0%）表示他們知道1823服務。約2.9%的人不知道1823，他們只是打到政府部門的熱線，而電話卻被轉到1823。

對1823未來發展的意見

調查中，有三項問題涉及對1823未來發展的意見。大多數受訪者同意「1823應宣傳1823及各部門處理投訴中各自的作用」（81.4%），「1823處理跨部門投訴應發揮更積極的作用」（85.3%）和「1823應發展成為一個『全政府』的電話中心」（84.1%）。

4.投訴處理指引

由效率促進組制定的《處理公眾投訴及查詢指引》的中文版電子檔，已經上載到其網站，以供查閱。而硬複本亦已於2010年1月分發到各部門。另外，該組將就各政府部門處理公眾投訴和查詢的機制展開調查；是項調查將每年進行一次，目的在於獲取完備的投訴及查詢次數紀錄，追蹤改善工作流程的進度，以及找出常見問題的範疇。調查完成後，會與各部門分享調查所得的結果。[35]

(四)牌照申請[36]

1.牌照申請──香港政府「精明規管」的理念

「精明規管」計劃（「Be The Smart Regulator」Programme）：2007年初，政府推出了「精明規管」計劃。共有29個部門參加了計劃。該計劃提出了改善措施，目的是精簡發牌流程和降低業務成本。該計劃採取有針對性的方式來改善政府發牌制度的「客戶友善度」、「透明度」和「效率」。它還鼓勵各政策局／部門開展「規管審查」，以支持和制定規管方案，鞏固完善發牌制度。

客戶友善度（Customer Friendliness）

為了提供一個以客戶為中心的發牌服務，以便在處理牌照申請時對客戶反應靈敏、具一致和協調性，培養發牌工作人員以客戶為中心的思維方式是關鍵所在。

透明度（Transparency）

精明規管的目標是使業界充分認識發牌制度及其要求，並讓申請人知悉申請狀況。發牌操作的透明度對牌照申請至為重要，因為它可以幫助申請者計劃他們的業務和監測申請的進展。隨著互聯網越來越普及，在線跟蹤設施受到申請人的歡迎，他們不用致電負責發牌的工作人員查詢其申請的進展。

效率（Efficiency）

為了建立一個高效的發牌制度，政府鼓勵各部門經常進行程序審查，以改善跨部門溝通和減少發放牌照所需的時間。各部門應建立和不時檢討發牌的服務承諾。進行過程審查的同時，要引進更多的自動化，以進一步加快發牌程序，例如：電子申請、電子支付、電子處理、電子執照等。

規管審查（Regulatory Review）

法律條例和規定可能過於傾向指令性，這使得相關的發牌程序繁瑣，從

而影響個別行業。規管審查可以確保這些條例規定合乎香港現代化的法律基礎設施的需要，在引進新的規管及發牌要求前進行對業界影響的規管評估，有利於支持和制定監管方案。

2.「精明規管」計劃的進展

自2006年年底「精明規管」計劃推出以來，效率促進組一直與計劃的主導部門——食物環境衛生署（「食環署」）和民政事務總署（「民政署」）合作，實施各項改善轄下發牌服務的措施。食環署和民政署已委託經濟分析及方便營商處人員，協助改善部門發牌工作，尤其是業界代表在營商聯絡小組會議上提出的事項。在改善發牌服務的透明度、效率和方便顧客程度上，迄今取得的成果如下：

(1)檢討發牌指引：政府已檢討民政署的會社牌照發牌指引，以及食環署四類牌照的發牌指引，即公眾娛樂場所牌照（主題公園和家庭娛樂中心）、設置露天座位的牌照、酒牌，以及食物製造廠牌照。即將發出的新修訂指引，以簡明的文字闡述詳盡的資訊，包括不同部門的申請規定和程序、評核和審批準則、服務承諾、申請表格樣本，以及常見問題。新指引可提高發牌程序的透明度和效率，便利各方遵行規定。

(2)設立發牌政策和程序佈告板：食環署已設立佈告板，向署內所有相關人員公佈現行和新訂的發牌政策和程序。職員能夠隨時查閱內部指引，便可更熟悉相關政策和程序，從而提供一致而又有效率的發牌服務。

(3)訂定跨部門處理的申請個案轉介準則：為免不必要／間接轉介，政府正與相關部門就各類跨部門處理的食物業牌照申請，訂定一套個案轉介準則。此舉有助於縮短發牌程序，節省處理個別個案轉介的人手。

(4)現場提供書面巡查報告：政府設計了標準報告範本，民政署牌照主任

可在現場向申請人提供書面巡查報告。此舉可加強與申請人的溝通，亦可使不同巡查人員處理個案的方式更為一致。

(5)制定方便顧客的發牌服務培訓計劃：政府與食環署訓練組合作制定方便顧客的發牌服務培訓計劃，務求在前線人員之間促進以客為本的文化。[37]

3.牌照申請進度查詢設施——以嶄新方法提供發牌服務

牌照申請查詢設施（下稱「查詢設施」）讓政府的執行和管理人員可以嶄新的方法提供發牌服務。以往，有關牌照申請個案進度的資料散見於各相關部門不同系統／紙本檔案。相關人員現可利用查詢設施，總覽多個部門由始至終處理個案的整體情況，促使他們認識到個案管理的基礎應該是互相合作，而不是單獨行事。綜觀整個過程逐漸取代以往按個別步驟處理的方式，既方便監察由始至終的過程，亦可更妥善計劃處理申請的進度。舉例來說，查詢設施設有提示功能，現在相關人員可即時跟進需要處理的個案。查閱資料（包括個案負責人、檔案編號、多個部門的處埋現況）較前方便，亦使處理查詢更有效率和更有成效。管理報告更重成效數據，可進一步協助部門衡量本身表現和找出可改善之處。

日後會有更多部門分享到查詢設施的好處。查詢設施的應用範圍會由目前食環署與食物有關的牌照推廣至其他部門的牌照，如民政事務總署的旅館牌照和會社牌照，以及社署的安老院牌照。當局亦正探討查詢設施可否應用於其他需要有效追查和監察個案情況的規管事務。

查詢設施日後會公開給申請人／持牌人查閱，此舉可望大大提高發牌服務的透明度，從而改善各部門與申請人／持牌人之間的溝通，並加深市民對發牌工作的認識。[38]

4. 食肆牌發牌研討會——常見發牌違規事宜

按照「精明規管」計劃行動綱領宣佈實行的一套措施，以提升規管制度效率與透明度，並進一步落實規管制度以為顧客服務為目標。以食肆發牌為題而舉辦的一次研討會，正是為改進規管制度而推出的最新措施，重點在於探討發牌過程中常見的違規事宜。

以往紀錄顯示，在發牌過程中，往往發現食肆牌照申請有違一項或以上發牌規定的情況，這類問題往往在申請者認為獲發臨時或正式牌照已時機成熟的關鍵階段出現。由於改正違規情況需時，發牌進程不免受到阻延，而整個發牌過程亦因而延長。

召開上述食肆發牌問題研討會，出發點正在於促進現正申請牌照者與有關政府部門之間的溝通，並且向雙方介紹發牌過程中常見的違規事宜與最佳做法。這將有助於申請者進一步了解並符合各項發牌規定；並且得知如何採取必要措施，以免出現任何延誤，使發牌程序得以順利進行，並盡可能縮短申領牌照所需時間。

研討會由效率促進組、食物環境衛生署、消防處、屋宇署合辦，今後將每兩個月舉行一次。首次研討會已於2008年8月25日舉行。[39]

5. 一站式貨倉建築牌照中心成立

根據為簡化發牌程序和減低商界的遵從成本而於2007年推行的「精明規管」計劃，效率促進組轄下「一站式貨倉建築牌照中心」已於2008年12月1日成立。

一站式中心旨在便於商界通過一站式平台，接收樓宇圖則及相關申請表（如挖掘准許證、電話線接駁、渠務接駁與供水接駁工程的技術審核等），並協調各部門之間的聯合檢驗。預料是項一站式服務將有助於發展商及其授權人／代表申請准許證及檢驗時節省時間。作為一項試點計劃，一站式中心將先行

處理兩層高貨倉牌照申請；針對計劃範圍與成果的評估將於稍後進行。[40]

6.「精明規管」計劃——食物環境衛生署與民政事務總署顧客滿意程度調查

顧客滿意程度調查是「精明規管」計劃措施之一，旨在通過評估對牌照申請服務的滿意程度，找出有待改進的範疇。效率促進組除一直協助食物環境衛生署委託調查機構進行有關調查，亦同時為民政事務總署進行調查。受訪者包括由申請人委託代辦牌照申請的顧問，或自行辦理申請手續的申請人。調查利用電話進行，邀請受訪者評價牌照申請服務以及各項主要服務元素。

上述意見調查最新結果令人鼓舞。調查顯示，民政事務總署2008-2009年的服務水平滿意程度一直保持穩定，食環署服務的滿意程度更於2008年第三個季度開始持續上升。[41]

(五)顧客管理評估機制

1.香港政府顧客管理評估的理念

香港政府在積極回應市民要求方面，取得重大進展。過去15年，政府以「服務市民」為目標，制定和推行了不少以客為本的嶄新方案。政府充分借助私營機構的技術和資源，善用資訊科技精簡工序，加快步伐推行公共服務電子化，並通過資源共享以嶄新的方法提升政府的工作效率。面對市民訴求不斷提高的情況，政府必須採用顧客管理（又稱客戶管理）的思維方法來設計和提供公共服務。換言之，事事以市民和商界的需求為原動力，驅策政府提升服務水平。採用這種思維方法，可能需要挑戰政府各決策局和部門的傳統運作方式。

顧客管理是指機構與顧客溝通時的管理手法，包括利用顧客／客戶分析方法，為各個顧客類別設計切合的服務和溝通管道策略，以及有關的支援流程、組織和科技系統。顧客管理直至最近才成為公營部門的焦點之一，但私營

機構早就採用和實踐有關概念。私營公司改善與顧客的溝通和關係，目的是提升競爭優勢。政府部門是否要像私營公司那樣注重顧客關係的管理？私營機構所面對的成敗與挑戰，有許多與政府直接相關，不乏可供借鏡之處。但公營部門所面對的挑戰始終與私營公司有所不同，有需要對解決方案和處理方式做出修改，這一點同樣重要。

香港市民習慣了私營機構利用嶄新科技提供各種便利，因此對公共服務抱有更高期望。有見及此，公營部門應逐步以「由外至內」的方式了解顧客需要，從而提供合乎顧客期望的服務。為此，政府的顧客管理工作，應以改善顧客對政府服務的體驗為目標，當中主要關乎政府待客之道，亦即在提供切合的程序和制度時，須了解各類顧客的需要和喜好，確保服務成效達到顧客期望。以客為本的服務模式，意味著組織上的分界線在顧客眼中不復存在，因為部門都會從顧客的角度分類或提供所有資訊或服務。這種服務模式往往涉及顧客歸類，意思是不同類別的顧客只會收到最相關的資訊或服務，而政府則可以更有效地針對特定類別的顧客做出服務安排。此外，政府每次與顧客／客戶接觸，都可以加深對顧客的了解，藉此不斷改善服務。[42]

2.海外經驗

舉例來說，2005年成立的Service Canada，宗旨是方便所有加拿大市民隨時隨地享用所需的服務和福利。這個一站式的服務網絡既有供市民親身到訪的辦事處，也有全國電話服務熱線（號碼：1 800 O - Canada）和網上服務（網址：servicecanada.gc.ca）。有關計劃和服務皆訂有服務標準。加拿大政府更設立客戶滿意程度事務處，收取市民對服務質素的意見，改善工作流程。

2005年，英國首相貝理雅推行政府改革策略，願景是善用科技提供與民生息息相關的公共服務和實踐政策。要達成這個願景，要訣是在市民與政府接觸的層面上，提供更多的選擇途徑來切合個人需要。《二○○六年週年報告》

根據三個主題彙報工作進度，其中之一是以民為本的服務。英國政府已完成多項工作，為部門提供有關知識、工具和技巧，掌握市民和商界所需所想。加拿大和英國兩地政府的改革計劃，取得重大進展，為政府（改善效率）和客戶（享用更便捷服務）締造雙贏局面。香港特區政府跟其他政府一樣，已展開改革。為讓各決策局和部門不斷改進，政府引入顧客管理評估機制（又稱客戶管理評估機制）（Customer Management Assessment），各部門可定期利用這評估機制找出改善機會，加強顧客／客戶管理能力。[43]

3.顧客管理評估機制

顧客管理評估機制是以多個經業界證實可行的顧客管理模式為藍本，針對香港政府獨特的管治環境而訂立。這套自我評估工具，以綜合、有系統的方法檢討顧客管理的能力，目的是讓顧客得到更滿意的政府服務，確保服務成效達到顧客的期望。

評估機制根據五個範疇評估顧客管理能力，即分類和分析、經驗和渠道管理、協作和整合、衡量服務表現和文化以及應用資訊科技。五個範疇共包含16個元素，涉及不同的顧客服務環節：

評估旨在確定現有的政策、程序或流程能否整體加強市民與政府的溝通、提高這方面管理的成效。評估結果會按每個範疇的元素分五個水平顯示。部門採用這個機制評估，可根據相對的優點與弱點，確定改善服務的機會，從而定出行動計劃。[44]

評估機制的主要步驟：政府首先要獲得各局和部門高層管理人員對評估機制推行的支持，並向員工傳達有關信息。隨後政府會從與服務顧客有關的業務單位中物色合適的職員作為評估人員，邀請他們參與有關培訓後，對其業務單位填寫評估報告。至於自我評估則是每個參與的業務單位會填寫一套問卷，分別對各項相關業務的現況和希望達至的水平做出評估。而每條評核現況的答

5.1 資訊科技的管理和發展藍圖
5.2 應用系統和方案
5.3 保安和私隱

1.1 分類
1.2 採用分析方法
1.3 顧客意見
1.4 顧客及服務策略

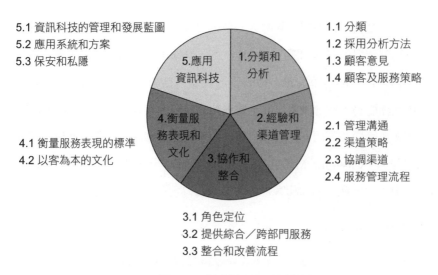

4.1 衡量服務表現的標準
4.2 以客為本的文化

2.1 管理溝通
2.2 渠道策略
2.3 協調渠道
2.4 服務管理流程

3.1 角色定位
3.2 提供綜合／跨部門服務
3.3 整合和改善流程

圖7.1　顧客管理評估機制

資料來源：《公營部門改革通訊》，效率促進組編印，第十二期，2007年6月，載於效率促進組網站：http：//www.eu.gov.hk。

案，則需要提供佐證。有關資料會被輸入一評估工具，從而計算出相關的能力水平。評估機制的設計，是需要每個政策局及部門按其本身獨特的業務和顧客需要，訂定顧客管理能力目標。每個業務單位的評估結果會經適當調整至機構（政策局／部門）水平，從而定出行動計劃，提升能力水平。[45]

4.顧客管理評估機制的進程

　　為配合行政長官提出的「以民為本」施政理念，效率促進組推行以民為本的跨部門服務試驗計劃，以提升政府整體服務的質素及水平。行政長官在《二〇〇七至〇八年施政報告》中承諾「了解市民需要，令他們可以更快、更方便地得到服務」。效率促進組推行顧客管理評估機制，藉以協助所有參與部門落實以民為本的施政方針。

　　這項政策的主要措施之一，是制定顧客管理評估機制，讓各局和部門可檢討顧客管理能力，訂定改善措施的優先次序。政府其後委託顧問進行研究，

以便制定這套自我評估機制。現時（2006年），三個政府部門正參與試驗計劃，協助訂立機制。待試驗計劃順利完成後，政府將會在更多部門推行該機制。

政府正與IBM攜手合作制定評估機制，進行可行性研究，現正在三個政府部門試行；如證實可行，研究報告會提出一套推行策略，指引如何將評估機制推行至整個政府，推動持續改善文化。[46]

評估機制已在政府統計處、差餉物業估價署和水務署三個政府部門率先試行。而機電工程署與土地註冊處則為最近參與機制的部門。試行部門對評估機制給予正面的評價，並表示評估結果讓他們對顧客管理有更深認識，得到不少啟發，有助於確定改善服務的機會，制定行動計劃。

顧客管理評估機制包含私營公司和外地政府的良好顧客管理措施，定能有效協助部門改善提供服務的方式，從而確保服務成效達到顧客的期望。[47]

可行性研究在2007年1月完成。參與機制的部門均認為機制所包含的私營機構與海外政府顧客管理最佳做法極堪借鏡。誠如土地註冊處處長表示：機制的優點有三：第一，強調顧客需要，有助於策劃與訂定部門策略；第二，先找出易於管理之處，有利於部門逐步改進；第三，能有效全面監察部門表現。

目前，承諾參與評估機制的尚有運輸署、庫務署、香港天文台、消防處四個部門。是項機制現已於運輸署實施，並陸續在其他三個部門推行。[48]

註釋

1. 參見http://www.baidu.com，http://www.yahoo.com.hk及http://www.google.com所載有關「新公共管理」(New Public Management)的中、英文網絡資料，2011年5月31日。

2. 見〔美〕戴維·奧斯本、彼德·普拉斯特里克(David Osborne and Peter Plastrik)合著，劉霞、譚功榮譯：《摒棄官僚制：政府再造的五項戰略》，北京：中國人民大學出版社，2002年。

3. 見〔美〕大衛·奧斯本、特德·蓋布勒(David Osborne and Ted Gaebler)著，周敦仁等譯：《改革政府：企業精神如何改革著公營部門》，上海：上海譯文出版社，1996年。

4. 見顧建光編著：《現代公共管理學》，上海：上海人民出版社，2004年3月。

5. 同註3。

6. 見效率促進組：《提供以客為本的公共服務：國際經驗(摘要)》，2008年3月，載於效率促進組網站：http://www.eu.gov.hk。

7. 見《澳門特別行政區優化公共服務》，載於行政暨公職局網站：http://www.safp.gov.mo，2011年5月31日。

8. 見《公營部門改革通訊》，效率促進組編印，第十三期，2007年11月，載於效率促進組網站：http://www.eu.gov.hk。

9. 見《公營部門改革通訊》，效率促進組編印，第十期，2006年12月，載於效率促進組網站：http://www.eu.gov.hk。

10. 同註2。

11. 同註2。

12. 見〔美〕戴維·奧斯本、彼德·普拉斯特里克(David Osborne and Peter Plastrik)合著，譚功榮等譯：《政府改革手冊：戰略與工具》，北京，中國人民大學出版社，2004年。

13. 見《公營部門改革通訊》，效率促進組編印，第七期，2005年12月，載於效率促進組網站：http://www.eu.gov.hk。

14. 見效率促進組網站：http://www.eu.gov.hk，2011年5月31日。

15. 同註13。

16. 同註14。

17. 同註14。

18. 公務員事務局：《立法會CB(1)1959/08-09(01)號文件：立法會公務員及資助機構員工事務委員會 檢討服務承諾》，2009年6月，載於公務員事務局網站：http://www.csb.gov.hk。

19. 見效率促進組：《跨部門合作(摘要) 》，2009年4月，載於效率促進組網站：http://www.eu.gov.hk。

20. 同註14。

21. 見1823電話中心網站：http://www.1823.gov.hk，2011年5月31日。

22. 同上註。

23. 見《公營部門改革通訊》，效率促進組編印，第二期，2004年4月，載於效率促進組網站：http://www.eu.gov.hk。

24. 同上註。

25. 見《公營部門改革通訊》，效率促進組編印，第二十一期，2010年2月，載於效率促進組網站：http://www.eu.gov.hk；1823電話中心網站：http://www.1823.gov.hk，2011年5月31日。

26. 見香港政府一站通：http://www.gov.hk，2011年5月31日。

27. 見效率促進組：《投訴處理(摘要) 》，2009年1月，載於效率促進組網站：http://www.eu.gov.hk。

28. 見《公營部門改革通訊》，效率促進組編印，第二十期，2009年10月，載於效率促進組網站：http://www.eu.gov.hk。

29. 見《公營部門改革通訊》，效率促進組編印，第十六期，2008年9月，載於效率促進組網站：http://www.eu.gov.hk。

30. 見《公營部門改革通訊》，效率促進組編印，第二期，2004年4月；Policy 21 Ltd., "Customer Satisfaction Survey of the 1823 Call Centre", Prepared for Efficiency Unit, March, 2010, Retrieved from Website of Efficiency Unit: http://www.eu.gov.hk.

31. Policy 21 Ltd., "Customer Satisfaction Survey of the 1823 Call Centre", Prepared for Efficiency Unit, March, 2010.

32. 同註29。

33. Policy 21 Ltd., "Customer Satisfaction Survey of the 1823 Call Centre", Prepared for Efficiency Unit, October, 2009 & March, 2010, Retrieved from Website of Efficiency

Unit: http://www.eu.gov.hk.

34. Policy 21 Ltd., "Customer Satisfaction Survey of the 1823 Call Centre", Prepared for Efficiency Unit, March, 2010.

35. 見《公營部門改革通訊》，效率促進組編印，第二十一期，2010年2月。

36. 見Efficiency Unit, "Be the Smart Regulator-Best Practices", Retrieved from Website of Efficiency Unit: http://www.eu.gov.hk.

37. 見《公營部門改革通訊》，效率促進組編印，第十二期，2007年6月，載於效率促進組網站：http://www.eu.gov.hk。

38. 同上註。

39. 同註29。

40. 見《公營部門改革通訊》，效率促進組編印，第十七期，2008年12月，載於效率促進組網站：http://www.eu.gov.hk。

41. 同註28。

42. 見效率促進組：《客戶管理評估101》，2007年5月，載於效率促進組網站：http://www.eu.gov.hk。

43. 同上註。

44. 同註37。

45. 同註9。

46. 同註9。

47. 同註37。

48. 同註29。

第八章

受顧客驅使的政府II

一、受顧客驅使的政府——澳門政府的實踐

(一)服務承諾

1.服務承諾計劃[1]

特區政府成立以來,一直強調要「建立『以民為本』的服務文化」;提倡「公僕精神」,要求各級公務人員「想市民之所想,急市民之所急」,其根本目的都是為了讓特區政府更好地服務市民,以高質素、高效率的公共服務回應社會發展的需要。

服務承諾計劃的推行,正是特區政府在「固本培元,穩健發展」的施政總方針指引下,有計劃、有步驟地把「以民為本」的施政理念具體地貫徹到政府日常運作之中,並藉計劃的推行改善服務質素、提高行政效率。

1999年,澳門政府已開始對服務承諾進行研究,而作為綜合行政推廣及以提升行政效率為目標之一的行政暨公職局,早在1999年8月2日已推行服務承諾,成為第一個推行服務承諾的政府部門,而當時所推行的承諾項目是由該局轄下公共行政翻譯中心提供的。1999年6月10日,行政暨公職局邀請了香港政府專責服務承諾計劃的部門——效率促進組的副專員潘胡金燕與澳門生產力暨科技轉移中心優質管理部經理李藹倫出席題為「邁向優質服務的澳門公共行政」的研討會,連同當時的行政暨公職局行政現代化廳廳長向來自澳門行政當局逾200名領導、主管和高級技術人員介紹推行服務承諾的情況。研討會結束後,行政現代化廳廳長亦接受澳門電台邀請,出席早晨節目「澳門講場」,即場向全澳市民介紹行政當局推行服務承諾計劃及其實施的決心。1999年6月21日,行政暨公職局局長正式向澳門各大小傳播媒介宣佈其公共行政翻譯中心將於7月份試行服務承諾計劃,這是澳門公共行政當局首次公開承諾落實開展服務承諾計劃;最後確定於1999年8月份的第一個工作日正式開始有關計劃。

　　行政長官在2000年11月19日列席立法會引介《二○○一年財政年度施政報告》時提出：「政府將會更廣泛推行服務承諾計劃，以加強公共行政的問責性和提高服務效率」，自此，各公共部門陸續推出「服務承諾」。經過近兩年的探索和完善，行政長官在2002年11月20日再次列席立法會引介《二○○三年財政年度施政報告》時，強調要「全面推廣服務承諾」，至此，特區政府全面推行服務承諾計劃的政策已非常明確，所有部門都積極做出配合，從而向公眾提供更優質的服務。

　　「服務承諾」是以「以民為本」和「持續改善」為主要價值目標的優質管理系統，其具體表現為提供服務的公共部門和實體，透過簡潔淺顯的文字公開向公眾承諾所提供的服務水平，並設立有效監督機制以確保能達至所承諾的服務水平。

　　特區政府推行服務承諾期望可達至的作用如下：(1)改善內部管理，提高工作效率；(2)提升服務質素，提高公眾對政府的滿意度；(3)知道部門提供什麼服務及獲得有關服務的手續和途徑；(4)在接受服務之前知道衡量服務優劣的服務質量指標；(5)知道如何就服務質量問題向部門反映意見；(6)知道部門履行承諾的情況。

　　從**表**8.1可見由2001年至2010年的十年內，在特區政府的全力推動及要求下，政府部門提供服務承諾項目的數目逐年增加：

表8.1　澳門特區政府服務承諾之項目數目

	已實行服務承諾項目之部門數目	服務承諾之項目數目	服務承諾之服務質量指標項目數目
1999年	1	19	-
2000年	8	-	-
2001年	16	169	-
2002年	22	439	-

(續)表8.1　澳門特區政府服務承諾之項目數目

	已實行服務承諾項目之部門數目	服務承諾之項目數目	服務承諾之服務質量指標項目數目
2003年	39	-	840
2004年	45	430	923
2005年	44	440	956
2006年	44	442	959
2007年	44	454	990
2008年	44	454	990
2009年	44	454	990
2010年	44	454	990

資料來源：行政暨公職局網站：http：//www.safp.gov.mo，2011年5月31日；各年行政長官施政報告。

　　從2001年至2007年期間，實行服務承諾之部門數目增幅為175%；服務承諾之項目數目增幅約169%；而服務承諾之服務質量指標數目則由2003年的840項提升了約18%至2007年的990項。（**表8.1**）

　　行政暨公職局為執行施政方針的要求，協助各政府部門落實推行「服務承諾」計劃，該局向政府部門提供的技術支援包括技術支援熱線、技術支援電郵信箱、向各個部門的服務承諾計劃協調小組提供支援、列席協調小組的工作會議以及組織綜合簡介會。具體而言，行政暨公職局的行政現代化廳為各政府部門推行「服務承諾」計劃提供技術支援，內容包括：(1)為各政府部門舉辦「服務承諾」計劃解釋會，向各級工作人員介紹「服務承諾」計劃的基本概念、推行計劃的方法和技巧等；(2)應政府部門要求，派員列席其為推行計劃而舉行的內部工作會議，並提供意見；(3)應政府部門要求，就其提供的「服務承諾」計劃的資料提供意見；(4)透過「服務承諾」計劃技術支援熱線（89871092）接受政府部門的諮詢，並提供意見；(5)透過公共行政內聯網內《服務承諾計劃專題網頁》發放最新資訊。

　　另外，為使部門能有效地掌握推行「服務承諾」計劃的方法以及所應

關注的事宜，該局於2003年3月特製作了《澳門特別行政區政府服務承諾計劃——要求》及《澳門特別行政區政府服務承諾計劃——行動指南》。前者的對象為各政府部門的領導層，主要向他們解釋「服務承諾」的要領及重要性，給他們一個清晰的印象及明白「服務承諾」有何重要的要求。後者的對象為政府部門主管及執行「服務承諾」的工作人員，主要向他們解釋「服務承諾」的概念、建立及執行「服務承諾」的必要條件、改善行政效率的基本管理理論，以及操作上應注意的事項等。

　　《澳門特別行政區政府服務承諾計劃——行動指南》，是一份介紹如何推行「服務承諾」計劃的工具手冊，手冊內合共提及六個方面，42項要求，（見本書附錄III）而42項要求內還細分為數個實踐方法及關注事宜。在1999年至2004年期間，推行服務承諾的部門數目獲得大幅提升，與行政暨公職局之積極推動有著正向之關係。

　　截至2010年10月31日，澳門特區政府共有44個政府部門在本地區內提供對外服務，當中全部44個部門推行了「服務承諾」計劃，並合共提供454項服務承諾項目，以及990項服務質量指標，**表8.2**列出政府各範疇之承諾項目數目。

表8.2　2010年澳門特區政府各範疇之服務承諾項目數目

各範疇	在本地區內有提供對外服務的部門數目	已推行服務承諾計劃的部門數目	合共推行的服務質量指標項目數目
行政長官直屬機關	2	2	20
行政法務司	5	5	160
經濟財政司	10	10	202
保安司	7	7	72
社會文化司	10	10	446
運輸工務司	10	10	90
總數	44	44	990

資料來源：《澳門特別行政區優化公共服務》，載於行政暨公職局網站：http://www.safp.gov.mo，2011年5月31日。

　　從**表8.2**可見，六個政府範疇內，所有有提供對外服務的部門已經推行了「服務承諾」計劃，當中以社會文化司轄下部門所推行的服務質量指標項目數目最多，佔總數990項的45%，差不多到達半數。

　　舉例而言，法務局已就七項服務公開承諾19個服務質量指標（**表8.3**）：[2]

表8.3　法務局的「服務承諾」

(1)公證認定（認定筆跡）	1.收到申請後即時完成筆跡認定
(2)認證繕本	2.收到申請後當天內完成
(3)繕立公證書	3.收到申請並文件齊全，五個工作天內完成
(4)物業登記	4.申請物業登記證明，自收到申請後一個工作天內發出 5.申請物業登記書面報告，自收到申請後即時發出 6.申請抵押不動產的登記，自收到申請並文件齊全後五個工作天內完成 7.申請取得不動產的登記，自收到申請並文件齊全後五個工作天內完成 8.申請不動產抵押消滅的登記，自收到申請並文件齊全後五個工作天內完成
(5)民事登記	9.申請結婚登記，自收到申請並文件齊全後五個工作天內完成審批 10.申請出生登記證明，自收到申請後的一個小時內發出 11.申請出生登記，自收到申請並文件齊全，一個小時內完成 12.申請結婚登記證明，自收到申請後的一個小時內發出 13.申請死亡登記證明，自收到申請後的一個小時內發出
(6)商業登記	14.申請商業登記，自收到申請並文件齊全後，五個工作天內完成 15.申請商業登記證明，自收到申請的當天發出 16.申請商業登記書面報告，自收到申請的當天發出
(7)汽車登記	17.申請汽車登記書面報告，自收到申請的當天發出 18.申請汽車所有權登記，自收到申請並文件齊全後，五個工作天內完成 19.申請汽車登記證明，自收到申請的當天發出

資料來源：法務局網站：http：//www.dsaj.gov.mo，2011年5月31日。

2.服務承諾認可制度

　　在2007年之前，行政暨公職局主要角色為支援各政府部門去制定和推行「服務承諾」計劃，各部門雖提交年度執行報告，但該局在當中並沒有做任何的監察。直至2008年，行政暨公職局再推行「服務承諾認可制度」，這是一個

強制性參與的計劃，而該局在當中扮演著審批者及監察者的角色。讓部門自由發揮的時代已過去，特區政府期望透過該認可制度修整現時推行的所謂「服務承諾」項目以期達到要求，這是一項巨大的工程，但是必須的。[3]

第22/2007號行政法務司司長批示，公佈《服務承諾認可制度——評審準則》，「服務承諾認可制度」及《公共行政改革路線圖》中有關全面評估公共服務質量的政策正式啟動執行。「服務承諾認可制度」是《2007至2009年度公共行政改革路線圖》的改革項目之一，配合其他行政改革計劃，共同構建成一個優質的公共服務網絡，為市民提供便捷的政府資訊及行政服務。

設立「服務承諾認可制度」的主要目的是：(1)以具實效、持續及綜合的方式，提升公共部門及實體的素質及效率；(2)協助公共部門以及工作人員樹立及鞏固「以人為本」的精神，並在公共行政當局內推廣「持續改善」的文化；(3)讓公眾認識公共服務及提供該等服務的公共部門的素質；(4)在不妨礙各公共部門的職責的情況下，以具透明度的方式敦促其切實回應公眾的訴求，並實現對公共服務的期望。

按照第69/2007號行政長官批示，認可制度訂定了至2008年12月31日作為過渡期，即自2009年1月1日起，所有已推行服務承諾計劃的公共部門和實體，必須取得公共服務評審委員會的認可。

評審委員會負責訂定公共部門素質及效率的評審準則；評審其質素及效率，並定期將評審結果上報監督實體；以證明書認可部門的質素和效率；對提升部門質素及效率的計劃發表意見；向特區政府建議能激勵部門達到更高質素和效率標準的措施等。

倘若評審委員會認為必要時，會到有關的公共部門或實體做現場探訪或與有關人員面談。評審結果分為「合格」和「不合格」兩種。「合格」的公共部門或實體將被認可為「服務承諾持有人」；「不合格」表示有關的服務承諾計劃被拒絕認可，而評審委員會會向有關的公共部門或實體說明拒絕認可的理

由及依據，並提出針對這些問題的具體改善建議。部門在改善後可向評審委員會再次提出認可申請。

凡被認可為「服務承諾持有人」的公共部門及實體，均獲評審委員會簽發《認可證明書》。證明書有效期為兩年，有效期屆滿前需接受複檢，以確保其服務承諾計劃持續符合評審準則的要求。[4]

截至2010年6月11日，已獲服務承諾認可的政府部門共42個，已獲服務承諾認可的服務共473項，具體的內容如下（**表8.4**）：

表8.4　已獲服務承諾認可的政府部門及服務數目

範疇	已推行服務承諾計劃的部門數目	已獲服務承諾認可的部門數目	已獲服務承諾認可的服務數目
行政長官轄下	2	2	5
行政法務司	5	5	90
經濟財政司	10	10	118
保安司	7	7	41
社會文化司	10	9	146
運輸工務司	10	9	73
總數：	44	42	473

資料來源：《澳門特別行政區優化公共服務》，載於行政暨公職局網站：http：//www.safp.gov.mo，2011年5月31日。

3.服務承諾的市民/顧客滿意度調查[5]

本次調查以隨機方式於2010年7-9月進行，透過網上討論區及邀請市民協助填寫網上問卷，合共收回260份。以下是問卷調查得出的結果和分析。

本次網上問卷調查的260位受訪者中，有26人知道全部部門已推行服務承諾，佔總受訪人數10%；知道部份政府部門已推行服務承諾有193人，佔總受訪人數74%；不知道部門已推行服務承諾有41人，佔總受訪人數16%。從數據中得知有超過八成以上的受訪者知道政府有推行服務承諾，顯示政府在宣傳推

廣服務承諾上有不俗的成績。

在260位受訪者中，最多人認為政府部門推行服務承諾之原因是為了「提高公眾對政府的滿意度」（21.8%）、「提升政府服務質素」（19.9%）及「提高政府工作效率」（18.7%）。數據反映受訪者認為政府部門在推行服務承諾之前對政府的滿意度偏低，且工作效率及服務質素未能達到市民的期望。

在260位受訪者中，知道全部服務承諾項目的內容有三人（1%）；知道部份服務承諾項目的內容有188人（72%）；不知道服務承諾項目的內容有69人（27%）。從數據中顯示知道全部服務承諾項目的內容只佔1%，估計是因為各政府部門推行的服務承諾項目繁多，難以知道全部內容，且大部份市民皆會在使用有關服務前才會作進一步的了解。此外，仍有接近三成的受訪者是不知道的，這反映政府在宣傳推廣上仍有不足之處。

在260位受訪者中，有超過三成及接近三成的受訪者是透過部門的服務承諾單張及部門的網頁認識服務承諾項目的內容的，反映這兩項宣傳的成效較顯著。

在260位受訪者中，認為政府部門宣傳服務承諾之方式足夠的有46人，佔總受訪人數18%；認為不足夠的有211人，佔總受訪人數81%；而有三人認為一般，佔總受訪人數1%。從數據中顯示超過八成的受訪者認為現時政府部門宣傳服務承諾之方式不足夠，有待改進。

在260位受訪者中，認為政府部門所推行之服務承諾項目全部是可測量的有六人，佔總受訪人數2%；認為部份是可測量的有246人，佔總受訪人數95%；而認為不可測量的有八人，佔總受訪人數3%。從數據中顯示，超過九成半的受訪者認為政府部門所推行之服務承諾項目是可測量的。

在260位受訪者中，認為政府部門所推行之服務承諾項目全部有意義的有57人，佔總受訪人數22%；認為政府部門所推行之服務承諾項目部份有意義的有191人，佔總受訪人數73%；認為政府部門所推行之服務承諾項目全部沒有

意義的有12人，佔總受訪人數5%。從數據中顯示，有九成半的受訪者認為政府部門所推行之服務承諾項目是有意義的，這反映服務承諾項目在他們心中具有一定的重要性，而政府推行服務承諾亦是有必要的。

在260位受訪者中，有33人認為政府部門所推行之服務承諾項目內容，全部符合他們的期望，佔總受訪人數13%；有211人認為政府部門所推行之服務承諾項目內容，部份是他們的期望，佔總受訪人數81%；有16人認為政府部門所推行之服務承諾項目內容，不是他們的期望，佔總受訪人數6%。數據反映八成以上的受訪者認為部份項目符合他們的期望。

在260位受訪者中，曾使用政府部門之服務承諾項目的有152人，佔總受訪人數58%；從未使用政府部門之服務承諾項目的有41人，佔總受訪人數16%；不確定有否使用政府部門之服務承諾項目的有67人，佔總受訪人數26%。數據反映仍有超過兩成半的受訪者並不關注其使用的政府服務是否設有服務承諾項目。

在260位受訪者中，最多使用人次的政府部門為身份證明局，其次是行政暨公職局、民政總署、法務局及財政局。

在260位受訪者中，有48人會在使用政府服務前了解服務是否設有服務承諾項目，佔總受訪者人數18%；有212人不會在使用政府服務前了解服務是否設有服務承諾項目，佔總受訪者人數82%。這可能是因為政府部門不像私營機構般可供市民選擇，即使未有推行服務承諾項目，他們亦必須使用該服務。

在260位受訪者中，有110人不確定最近使用過服務承諾的日期，佔總受訪人數42%。數據反映大部份受訪者對服務承諾項目都不會太著意，使用後亦不會記住。

在260位受訪者中，有75人表示其使用的服務承諾項目全部達到預設的服務指標，佔總受訪人數29%；有81人表示其使用的服務承諾項目部份達到預設的服務指標，佔總受訪人數31%；有三人表示其使用的服務承諾項目全部不能

達到預設的服務指標，佔總受訪人數1%；有30人表示清楚其使用的服務承諾項目內容，但不知道是否達到預設的服務指標，佔總受訪人數12%；有71人表示不清楚其使用的服務承諾項目內容，故不知道是否達到預設的服務指標，佔總受訪人數27%。數據反映未能達到服務指標的服務承諾項目只有1%，顯示政府的服務承諾項目大多能達到預設的服務指標。但使用後仍不知道服務指標的有39%，顯示政府在宣傳服務承諾項目的服務指標方面仍需作出努力。

在260位受訪者中，有68人知道投訴服務承諾之渠道，佔總受訪人數26%；有192人不知道投訴服務承諾之渠道，佔總受訪人數74%。數據反映超過七成的受訪者不知道投訴服務承諾之渠道，反映政府在宣傳投訴服務承諾的渠道上的不足。

在260位受訪者中，有50人認為特區政府推行服務承諾之前與後，政府部門之服務效率有所提升，佔總受訪人數19%；有134人認為特區政府推行服務承諾之前與後，政府部門之服務效率有部份提升，佔總受訪人數52%；有24人認為特區政府推行服務承諾之前與後，政府部門之服務效率沒有提升，佔總受訪人數9%；有52人不確定特區政府推行服務承諾之前與後，政府部門之服務效率有否提升，佔總受訪人數20%。數據反映超過七成的受訪者認為特區政府推行服務承諾之前與後，政府部門之服務效率是有所提升的，顯示在受訪者心目中，政府部門推行服務承諾有助於提升服務效率。

(二)一站式服務

澳門政府2002年開始試行「一站式」服務模式，由相關部門在同一地點集中辦理同類事項，首先在登記及公證、申領失業救濟金、投資等服務中實行，而後推廣到飲食發牌等服務。至2007年9月，有十個部門推行了一站式服務。

1.法務局

　　法務局公證及登記部門於2002年10月底，在樓宇買賣和公司註冊方面開始推行一站式服務。過往居民要辦理樓宇的契約，必須前往物業登記局、財政局、公證署等部門合共11次、填寫申請表四次、繳納費用五次，手續繁複。為順利辦妥手續，小業主寧願委託律師代為辦理。政府透過公證署、物業登記局、商業及動產登記局、財政局之間的協作，於2002年10月底推出不動產買賣及公司註冊的一站式便民服務，通過相關部門的協調機制，令整個登記過程更流暢。

　　在推行「一站式」後，買賣雙方只要到公證署三次（先稅後契）或四次（先契後稅），便能完成所有造契手續，並領取物業登記副本。整個交易過程均由公證署專人跟進，減少出錯機會，保障了交易雙方的安全性。

　　公司註冊實行「一站式」後，本地居民及外地投資者亦感方便，行政手續明顯比以前快捷很多，過去成立一家公司通常需要超過半年時間辦理註冊，如今只需兩星期便完成手續，有助於改善投資環境。[6]

2.澳門貿易投資促進局

　　澳門政府通過澳門貿易投資促進局對投資者在各方面提供「一站式」（一條龍）服務形式的支援和協助，由簡單的諮詢開始，提供關於在澳投資程序和手續指引，直至落實投資項目。

　　貿易投資促進局內設專責公證員，方便投資者辦理成立公司及有關登記手續，以及組成由多個政府部門參與的投資委員會，通過委員會這一機制與其他有關政府部門緊密合作，協助接待、指導投資者，並跟進開展及落實投資所需的行政程序。局內的投資者服務廳，實行投資計劃經理制，派遣專人處理及跟進投資計劃，對投資者提供一站式的資訊及指引，為有意在本澳投資人士提供一個更簡單、更快捷的投資通道。[7]

3.政府綜合服務大樓

澳門政府為進一步完善公共服務網絡，於2009年12月15日為「政府綜合服務大樓」舉行開幕典禮。行政法務司司長陳麗敏在開幕式上表示，為貫徹「以人為本」的施政理念，特區政府以「持續改善」、「貼心為民」為原則，按市民需求及社會發展的變化，不斷優化公共服務網絡。

陳麗敏表示，「服務大樓」正式啟用，將有助於跨部門協作，精簡程序，提升效率及公務人員的服務水平，把一站式服務提升至更高層次，讓市民享用更優質及更便利的服務，體現了成功具體落實推行多項公共行政改革措施。她感謝相關部門和公務人員不懈努力及通力合作，做了大量的前期準備工作，使「服務大樓」能按既定計劃，如期啟用運作。

「政府綜合服務大樓」共提供14個部門合共約140項一站式服務。市民服務區共有39個服務櫃檯，提供民政、社會福利、政府資訊、投資及稅務和諮詢等五大服務專區。另外，配合「政府綜合服務大樓」開放，民政總署轄下「北區市民服務中心」及財政局轄下「北區接待中心」亦由該日起遷往大樓內繼續運作。

過去，政府部門的服務、申請或投訴處理等，最令居民不滿的是「政出多門」、「各自為政」、「投訴無門」，居民申請或投訴，走訪多個部門不獲解決，有時即使同一部門的服務也分散不同地方辦理。為回應居民的訴求，政府先在民政總署試行一站式服務，設立「綜合服務中心」，將同一部門所提供的不同服務安排在一個辦公地點，方便居民辦理該部門範疇內的各項服務。經過一段時間的運作，一站式服務獲得居民的認同。

「一站式」的綜合服務大樓，除了在地點上提供便利外，更重要的是能夠打破部門彼此間的界限，解決政府部門、環節服務那些複雜、冗長的行政手續，令居民遇到一般申請、投訴或表達意見時，就會想到服務大樓可「幫到手」。當中不只牽涉一兩個政府部門，更多是橫跨不同領域、不同司長及政府

部門之間大量的協調、溝通和合作。

綜合服務大樓能夠更好回應民間所需，在於其集中政府部門不同服務於一體，居民可於一個地點辦理更多的申請手續，甚至詢問或反映意見。這類服務構想以民出發，更是政府行政改革的大好機會，考驗統籌者的魄力，更體現不同部門的承擔與勇氣。[8]

4.一站式服務的市民／顧客滿意度調查

澳門大學2001年10月進行的「影響市民對公共服務滿意程度的原因」調查顯示，提供服務的方便性、工作人員的表現、部門的環境設置、內部流程運作和服務效果均在影響市民對公共服務評價的重要性中佔有一定的席位。故此，政府提出在本澳公共部門和實體進行「市民滿意度」評估的五項測量因素：[9](1)方便程度：市民在便捷、容易的情況下獲取服務；(2)員工服務：發揚公僕精神，使市民得到優質的公共服務；(3)環境設備：硬體的設置要讓市民感到舒適和方便；(4)內部流程：市民得到的服務是經過一個公平、公正及合理的運作過程；(5)服務效果：市民獲取服務的最終效益。

以下調查將上述五項測量因素製成問卷，以問卷調查形式進行。第一次問卷調查，於2009年5月18日至2009年5月28日期間進行，以街訪方式對30位澳門市民進行問卷調查。第二次問卷調查，於2010年3月25日至2010年4月5日期間進行，以街訪方式在「政府綜合服務大樓」附近對135位澳門市民進行問卷調查。第一次調查，收集到30個樣本；第二次調查，收集到135個樣本。

以下是兩次問卷調查加起來的結果：[10]

表8.5　一站式服務的市民／顧客滿意度調查

方便程度	非常同意	同意	一般	不同意	非常不同意	合共
(1)服務時間的安排方便市民嗎？	11	63	71	14	6	165
(2)服務地點交通便利嗎？	11	56	69	21	8	165
(3)有多種不同的渠道提供服務資訊？	8	67	69	16	5	165
(4)申請表格可在多個不同地點索取或遞交？可利用互聯網下載或電子郵遞？	15	66	63	16	5	165
(5)具備讓市民查詢的電話服務熱線？	9	75	66	13	2	165
(6)同一個櫃位可辦理一系列的手續？無需市民在不同的櫃位之間奔走？	6	55	76	22	6	165
(7)申請或獲得服務時，可通過簡單的授權由他人代辦，免卻非必要的親臨？	5	73	74	9	4	165
合共	65	455	488	111	36	1155
員工服務	非常同意	同意	一般	不同意	非常不同意	合共
(1)有禮、誠懇、親切的接待態度？	12	65	73	13	2	165
(2)尊重市民？體諒市民？	12	55	78	19	1	165
(3)具有專業的知識、技能？	12	58	76	17	2	165
(4)在不違反法律及規定的情況下，滿足市民的合理需求？	8	59	79	17	2	165
(5)主動提供渠道方便市民查詢或跟進？	6	55	74	26	4	165
(6)若非所屬職權，有主動協助市民轉介到應責部門？	4	42	91	22	6	165
(7)協助市民增進公民權利的認知？	1	51	77	29	7	165
合共	55	385	548	143	24	1155
環境設備	非常同意	同意	一般	不同意	非常不同意	合共
(1)令人感覺舒適、愉快的環境？	12	71	65	15	2	165
(2)足夠的等候設施？方便「排隊」輪候的配套設備？	12	79	53	19	2	165
(3)公眾地方設有收費公眾電話、飲水設備、自動販賣機？	9	58	77	17	4	165
(4)便利老弱、傷殘、孕婦的設施？	11	61	63	25	5	165

（續）表8.5　一站式服務的市民／顧客滿意度調查

	非常同意	同意	一般	不同意	非常不同意	合共
(5)提供書寫的文具及桌椅？影印服務？	5	64	63	31	2	165
(6)聽來清晰、悅耳的廣播系統？	7	57	81	19	1	165
(7)簡明、易閱的告示及指引？	8	50	74	32	1	165
(8)容易辨認的指示牌或說明？如服務櫃檯、出入口、洗手間、緊急通道等。	7	61	76	20	1	165
合共	71	501	552	178	18	1320

內部流程	非常同意	同意	一般	不同意	非常不同意	合共
(1)迅速提供服務？不會受到不必要的遲誤？	4	53	80	25	3	165
(2)輪候制度是否公平？市民是否接受需輪候的時間？	8	71	61	23	2	165
(3)由申請到獲取服務所需的等候時間是否合理？	5	53	82	21	4	165
(4)存在重複、不必要或不合理的運作步驟？流程次序是否顛倒？	5	52	82	24	2	165
(5)運作過程是否根據公平、公正的原則？	6	43	102	14	0	165
(6)具有協調機制以保證跨部門（內部或外部）的服務順利提供？	5	46	81	27	6	165
合共	33	318	488	134	17	990

服務效果	非常同意	同意	一般	不同意	非常不同意	合共
(1) 可靠保證的服務質量？	5	62	81	16	1	165
(2) 所獲服務是否符合市民最初的申請意願？	2	75	71	16	1	165
(3) 服務的效益程度是否理想？	2	62	74	26	1	165
(4) 所得到的服務與付出的費用是否相稱？	4	52	82	25	2	165
(5) 服務的涵蓋範圍是否足夠？	2	44	101	17	1	165
合共	15	295	409	100	6	825

資料來源：吳嘉斐：《澳門政府一站式服務研究》，澳門科技大學公共行政管理碩士論文，2010年4月。

(三)投訴

1.澳門政府投訴的理念[11]

(1)處理建議、投訴和異議的作用

按照第13/2000號行政法務司司長批示精神，公共部門及公共機構處理各項建議、投訴和異議的主要目的是希望即時處理與市民息息相關的公共服務問題，滿足市民的需求，以及希望透過分析服務使用者的意見，令公共部門及公共機構採取適當的相應措施，不斷改善部門運作，提高服務素質。而有效地處理建議、投訴及異議可產生以下作用：

- 市民通過直接途徑與部門接觸，加強溝通；
- 堵塞漏洞，防止問題重複發生；
- 澄清事實，避免產生誤解；
- 讓立案人獲悉處理的進度及結果，增強對部門的認受性；
- 提供反饋資訊予部門，以在策略規劃、資源分配、程序優化、培訓發展等範疇決策時作為參考。

(2)投訴機制的原則

對於任何建議、投訴或異議，公共部門皆可視之為非常有價值的資訊，作為改善服務的依據；但假若部門在接受市民的意見後，未能把握機會跟進，則失去了原有的意義。為了妥善接收市民提供的資訊及把這些資訊轉化成有助於改善部門運作的反饋資料，公共部門及機構必須具備一個有效的「建議、投訴和異議的處理機制」（下稱「投訴機制」）。

有效投訴機制的運作應遵循一定的基本原則進行，包括提供方便的管道讓市民反映訴求、遵循明確及簡潔的程序做出跟進、確保回應市民的速度和質量，並且持以公平及保密的態度。這四項原則皆是從確保機制能達到最終目的

而出發的，缺少任一基本原則，皆可能導致投訴機制不能獲得應有的效益。

　　(1)廣開宣傳、方便使用。任何市民欲向部門提出意見，首先必要知道向誰及如何提出，故此，部門應廣泛宣傳溝通途徑，以令普羅大眾熟識，並且提出意見的手續應簡便，易於採用；(2)程序明確、簡潔。具備一個基本處理程序，從接收市民意見開始，經收集資料、確認事實、跟進行動、個案分析等每一步驟的工作，都要明確訂定清楚。程序應以簡潔為原則，讓員工容易跟從，並且給予適當指引，界定不同崗位上的責任和權限；(3)處理迅速、負責。市民對部門處理投訴的評價，除重視他們最終所獲得的結果外，亦同樣重視其個案是否被迅速及認真對待。指派專責人員跟進個案及通知立案人有關進展狀況，（包括「在接收個案和開始立案處理時，會告知立案人」、「在跟進個案期間會主動聯絡立案人，讓其知悉處理的進度」、「在跟進個案期間會根據立案人的查詢，回覆處理的進度」及「在處理個案後，把最終結果通知立案人」）這是公共部門及機構處理投訴和異議的可行做法；(4)確保公平、保密。處理市民的個案時應持公正、平等的原則，以不偏不倚的態度執行職務；特別是當本部門工作人員被牽涉在事件中時，更要謹慎地公正處理。此外，設立良好的保密措施，避免洩露個人資料，可穩定立案人對投訴機制的信心。

2.民政總署各分區市民服務中心、服務站及市民服務熱線2833 7676[12]

　　為了進一步能為市民提供更快捷、更優質的服務，且配合社會的發展，民政總署於2007年及以後分別設立了三個市民服務中心，即北區市民服務中心、中區市民服務中心、離島區市民服務中心。於2002年又在人口稠密的地區設置服務站，包括中區服務站、黑沙環服務站、台山服務站、司打口服務站及氹仔服務站。職能主要為接收市民的意見、建議或投訴及為市民提供查詢、文康活動報名等服務。

民政總署又早在1994年前市政機構時期已設立專門的電話投訴熱線，至2002年民政總署成立，為「建議」、「投訴」及「異議」個案增闢更多溝通管道。在2005年3月更結合電腦科技和電話系統的智能化，推出了市民服務熱線，透過熱線「2833 7676」集中處理市民之查詢、投訴、建議、預約服務等，除提供全方位轉線至專責部門對話，亦設有留言錄音功能（辦公時間由專人接聽，非辦公時間則設有自動錄音系統）。期望隨著系統進一步規範化，即使個案數字不斷上升，仍可即時回應市民的訴求，改善面向市民的服務。

市民服務熱線為市民提供一個反映意見及投訴的渠道，其服務內容包括：一站式電話查詢；接收市民投訴、建議及異議；辦理市民預約服務和活動報名；不定期進行各類問卷調查；主動推介民政總署活動及通知。

熱線的每一位工作人員均經過專業培訓，對於市民的查詢或投訴都能做到耐心聆聽、親切有禮，以保持專業快捷地處理市民之各項訴求為目標。

(1)投訴管理系統考獲ISO9001：2000證書

民政總署投訴管理系統於2004年6月17日獲國際權證機構通用公證行（香港）考核通過ISO9001：2000認證（詳見本書第十章），進一步確立民政總署推行優質服務的目標。認證範圍主要包括建議、投訴及異議的接收和跟進回覆工作，而整個認證過程主要分為籌備、體系分析、檔案編寫、執行、內部審核和獨立認證、優化流程等六個階段，且每項工作均經過品質管理所要求的規劃、執行、查核和審查四個步驟。

雖系統取得質量認證，並不意味著處理各類問題的效率會大幅提升，但卻提供了條件，在一定程度上確保各個案的跟進步驟得以進一步規範化，而相關的員工亦可根據明確的指引，追蹤各個案的處理過程，監察其是否合乎系統的要求，從而達至持續改善及優化的目標。

隨著近年社會的轉變和急速發展，本澳市民的公民意識大幅提升，以往市民對政府政策表現得十分冷漠，甚少發表自己的想法及意見，只跟隨政府的

大方向，久而久之便成為順民。時至今日，市民開始越來越注重自己的權益，對於感到不滿的事情都懂得於不同的渠道發表其意見，因此對政府政策及其服務部門的要求亦日益增加。民政總署作為一個與民生息息相關的公營機構，自2002年成立服務站至今，一直在市民間起著橋樑的作用，例如接收市民的投訴和異議，來改善生活質素。根據民政總署服務站2006年工作總結共收到逾兩萬宗投訴、建議、異議及表揚個案，其中涉及環境污染問題最多，超過三成；其次為動物、禽鳥及公園綠化等範疇，每宗個案的平均處理時間為16天半，效率較前年有所提高。投訴個案以北區較多，約佔兩成半。投訴當中有82%是透過「市民服務熱線2833 7676」及各服務站的電話接收，而民政總署按承諾於15個工作天內回覆當事人有關跟進情況或結果的比率達九成，較預定目標高出一成。

市民服務熱線結合電腦科技和電話系統的智能化功能提供全方位轉線至民政總署屬下的專責部門，但現時市民服務熱線的員工如接獲其他政府部門職能範圍查詢，只會向市民提供有關政府部門的聯絡電話，讓市民自行聯絡或透過草擬公函把市民反映的問題轉介給所屬部門知悉及跟進。建議民政總署可主動與其他政府部門合作且制定電話轉線的機制，把非所屬職能範圍的查詢或投訴透過電話直接轉線給所屬的政府機關，這不但可減省政府部門間的公函轉介的時間，亦可達至一個有效率政府的理念。

(2)民政總署各服務站投訴處理的市民／顧客滿意度調查[13]

問卷調查由2007年3月1日起至3月31日止，本次問卷調查利用系統抽樣方法於2007年住宅電話簿內抽出700組電話號碼，其中拒答有182人，佔總人數26%；沒人接聽有64人，佔總人數9.1%；沒適合對象有43人，佔總人數6.1%；電話號碼為空號165組，佔總人數23.6%；成功受訪者有246人，佔總人數35.2%。

在246位成功受訪者中有72人（29.3%）曾致電市民服務熱線或親臨服務

站反映意見或投訴，沒有使用過的有174人（70.7%），即有接近三成曾致電或親臨服務站反映意見或投訴。在眾多服務中單使用投訴的已佔總受訪者約三成，可見其使用率之高，同時亦反映了本澳居民為提升生活質素敢於向政府提供意見。

在72位曾致電或親臨投訴的受訪者中，沒有人對於民政總署解決其問題的效果感到非常可以；感到可以的有22人（30.6%）；一般的有32人（44.4%）；不可以的有13人（18.1%）；非常不可以的有5人（6.9%）。從數據中得出有18名受訪者曾致電或親臨投訴，但問題未被解決，據了解原因為受訪者所反映的問題未必是民政總署單一政府機關能獨立解決，需與其他政府機構共同協商才能解決，所以未能在短期內解決問題，建議部門間可精簡程序。另外，有部份受訪者表示必須提高市民的公民意識才能根治問題，如狗隻隨處便溺，雖然民政總署接到投訴後已立即派員進行清理及對狗主做出檢控，但在公民意識薄弱的情況下，問題仍舊發生，因而令投訴者感到民政總署效率低且辦事不力。

在72位曾致電或親臨投訴的受訪者中，對於民政總署處理其問題的進度認為非常滿意的有3人（4.1%）；滿意的有25人（34.7%）；一般的有31人（43.1%）；不滿意的有9人（12.5%）；非常不滿意的有4人（5.6%）。表示不滿意及非常不滿意的受訪者共有13人，據他們說是因為反映問題後，民政總署未能即時派出專責的稽查人員到現場視察及處理問題，問題仍然存在，他們因而感到民署處理進度緩慢。

在72位曾致電或親臨投訴的受訪者中，對於民政總署完成投訴時間的合理性認為非常合理的有3人（4.1%）；合理的有29人（40.3%）；一般的有31人（43.1%）；不合理的有5人（6.9%）；非常不合理的有4人（5.6%）。從數據中得知共有9人覺得民政總署完成投訴的時間不合理甚至非常不合理，據了解他們曾投訴冷氣機滴水問題，由投訴起到問題解決足足花上幾個月，他們表

示民政總署解釋：因為處理步驟首先要向相關政府部門索取單位的業主資料，之後發出改善通知書且給予改善期限，最後民署再作複檢才決定會否真正檢控，以上程序已花上幾個月時間。受訪者認為民政總署應簡化處理程序。

經統計，市民常投訴的範疇有：垃圾桶衛生問題、狗隻便溺問題、冷氣機滴水、鼠患問題、的士拒載及管道淤塞。

3.公眾服務暨諮詢中心[14]

澳門政府行政暨公職局屬下的公眾服務暨諮詢中心（下稱「中心」）於1987年成立，至今服務市民21年。中心隸屬於行政暨公職局，主要工作是向市民大眾提供各項行政手續和政府資訊，以及轉介市民對政府公共部門提出的投訴和建議，即確保就公共機關之職責及權限以及澳門特別行政區之法律體系之事宜，接待公眾及向公眾進行解釋，以及接收並分析對公共行政當局活動所提出之批評、建議、投訴及異議，並以最便捷、最優質的服務，搭建起政府和市民間有效溝通的橋樑。中心秉持公僕精神，以公正無私、熱心有禮、忠誠保密、全心全意的態度為市民服務。

澳門科技大學可持續發展研究所於2006年完成了一項同行政暨公職局有關部門合作進行的「澳門市民對公眾服務暨諮詢中心服務的使用」民意調查研究報告，調查用電話訪問的804名居民中，有11%經常使用中心服務，這已顯示出澳門居民需要一個能提供跨政府部門綜合資訊和解答法律問題的政府機構，即需要一個能接受居民對所有政府部門的運作及服務提出投訴及建議，並能有效監督這些部門迅速和妥善回應居民問題的政府機構。[15]

2000年上半年，中心共登記22,582宗個案，絕大多數是諮詢個案，另有173宗投訴。當局希望居民利用中心反映與官方打交道時遇到的問題，提出意見、建議、投訴。中心會積極跟進，督促有關部門回應居民的訴求。

根據統計，中心2000年1月至6月登記個案總數、親臨各辦事處的總人

次、使用電話人次均比去年同期有可觀的增長。只有立案跟進投訴一項數量下降，有關官員認為這是好現象，說明回歸後政府部門的服務態度、工作效率有改善，相關的投訴因此減少。

　　中心在接獲居民對公共行政問題的意見反映或投訴後，若不能即時回應，將對認為有需要跟進的求助個案立案處理。在這方面，中心於2000年上半年共編製112份案卷，其中41份來自自動電話錄音服務，其中80份為投訴、19份為建議、九份為諮詢、四份為混合性問題。在立案受理個案中，最多人投訴的是環境污染問題。

　　對於這112份案卷，中心共發出了145份公函給有關政府部門，被諮詢最多的部門順序為臨時澳門市政局、土地工務運輸局。各政府部門的回覆情況理想，共交回218個答覆。

　　中心是政府與民間溝通的橋樑，負責向專責部門轉達居民有關的投訴和建議，監督有關部門依期回覆居民的訴求。倘政府部門回覆，中心即時會通知居民，保持官、民之間溝通暢順，加強雙方的了解，共同解決公共行政的問題。[16]

　　2003年中心共接獲45,804宗個案，較上一年增加1/4，平均每日約185宗。其中，45,243宗為諮詢個案、383宗為投訴、98宗為建議、80宗是其他問題。被居民查詢的問題中，最多涉及的政府部門依次是法務局、身份證明局、行政暨公職局、民政總署及治安警察局。

　　中心為居民立案轉介到專責部門處理的投訴個案共625宗，其中投訴383宗，涉及的問題包括僭建、空氣及噪音污染、公共部門的運作及非法工程等。建議則有98宗，當中以如何改善公共部門的運作、對交通設施的需求及城市建設、規劃的意見較多。諮詢有64宗、混合性及其他問題共80宗。

　　在中心接待居民的多種方式中，電話是居民最多使用的，佔整體85.26%（39,054人次），親臨中心辦事處、致函及傳送電郵則各佔13.17%（6,032人

次）及1.57%（718人次）。[17]

　　2005年全年中心共處理近八萬宗個案，與前年相比上升了32.7%（約25,986宗個案），原因在於2005年是立法會選舉年，大量市民查詢選民登記及選舉資訊所致。

　　在中心所處理79,440宗個案中，其中78,021宗為諮詢，佔總處理個案的98.21%，主要查詢事項依次為領取及補領選民證事宜、自然人選民登記手續、法律問題、民政總署及身份證明局的聯絡資料；836宗為投訴，最多投訴依次為違例泊車、公共部門的運作（工作效率或程序）及僭建等問題；322宗為建議，包括公共部門的運作、新政策或行政活動，以及交通設施的供求等；以及261宗屬混合性質或其他問題。

　　此外，為更好地監察中心接待質素及不斷優化接待程序，中心由2005年1月23日起推出「政府部門聯絡資料—24小時語音查詢服務（廣東話）」（試行版）。市民只需致電369 389電話熱線，用廣東話便可享有查詢政府部門聯絡資料（包括電話、地址及辦公時間）、收聽熱門政府資訊（提供三項最多市民向中心查詢的行政手續資料，有關資料將定期更換一次）及對電話系統提出意見（設置同步錄音功能，收集市民意見及投訴）的三大服務。[18]

　　中心於2007年度特區授勳中成為唯一一個獲頒勞績獎章的實體。中心當初成立目的是為了加強市民和政府之間的接觸和聯繫，多年來一直擔當兩者的溝通橋樑，主要工作是向公眾提供各項行政手續資料和政府資訊，並轉介市民對各政府部門及機構提出的投訴和建議。市民之所以喜愛尋求中心協助，主要因為中心提供一站式服務為他們處理問題及轉介投訴，也會主動跟進情況。從近年中心接獲及處理的個案數字不斷上升，可見其愈來愈受歡迎。市民投訴的也不僅涉及個人利益，還有更多的是因關心本澳現狀及未來發展，向中心提出改善意見或建議。

　　中心在2000年推出服務承諾，並在2004年考取ISO 9001：2000品質管理

系統，自我監督工作是否達標。展望未來，中心會繼續提高服務質素，並檢討和研究提升工作流程效率，更快將市民的投訴和建議轉達至專責部門。[19]

4.政府資訊中心

隨著社會的迅速發展，市民對政府資訊的需求與日俱增，有見及此，特區政府在行政暨公職局公眾服務暨諮詢中心及印務局的基礎上，於2008年11月成立「政府資訊中心」，以建立更有效的資訊集中發放機制，確保政府資訊發放的完整性和準確性。而該機制亦是確立民間意見回饋的重要基礎，其將搭建起與市民溝通的橋樑，並將成為政府不斷改善施政的信息來源。「政府資訊中心」設有公眾諮詢、接收投訴及建議、集中銷售政府出版物等服務，為市民提供一站式的政府資訊服務。「政府資訊中心」成立後，現時位於公共行政大樓內的公眾服務暨諮詢中心及印務局分處將遷入。[20]

(四)市民滿意度評估計劃[21]

1.「市民滿意」的涵義

根據ISO 9000：2000國際標準，「顧客滿意」的定義為：「顧客就滿足其要求的程度所得的感受」。「滿意」是一個心理學術語，是指人的一種肯定性的心理狀態。這種狀態是由於外界的某種刺激使人的某種需求或期望得到滿足及符合人的本意，從而使人感到某種心理上的愉悅。所謂刺激，包括物質的、精神的以及兩者結合的刺激，是外界的某種物質或訊息對人所產生的輸出，使人獲得對這種物質或信息的輸入。從上述的定義，再加上市民（或公共服務使用者）是行政當局的「顧客」這個概念，「市民滿意」便可理解為公共部門或實體向市民輸出了某種物質（如硬件產品等）或某種信息（如服務等），從而令市民產生某種刺激，使市民心理上感到愉悅。

2.推行目的

甚麼是市民的真正需求？服務達到何等水平才會令市民滿意？公共部門提供的與市民要求的服務水平差距在哪裡？服務的優化重心是否與市民所期望的一致？「市民滿意度」評估是協助回答以上疑問的評估工具。它透過調查方式，收集市民對服務的評價，檢討影響服務質量的因素，從而有利於找出改善方向；並且協助比較不同時期的市民滿意程度，給予部門服務發展趨勢的預測。進行「市民滿意度」評估有利於以下各項：

從公共部門的角度來看，協助其在多樣的服務中，能客觀地找出各服務的改善次序；(1)了解資源運用的方向、服務的提升空間；(2)客觀地評價服務人員的服務質素；(3)培訓人員對市民服務需求的認知；(4)檢討和改善內部的運作流程；(5)預視市民對服務需求的改變。

從市民的角度來看，可以(1)增加對公共部門活動的參與、關注，有利於促進公民質素的提升；(2)增強市民與政府的溝通；(3)獲取更高質素的公共服務；(4)增加對本地的歸屬感、對政府的認受性。

3.推行情況

特區政府自成立以來，一直秉持「以民為本」作為公共行政運作的綱領，行政法務司司長第1/2000號和第13/2000號批示的落實，以及各公共部門和實體不斷努力開展各項優質服務計劃，正逐步帶給市民更優質的公共服務。各部門在致力於改善服務質素和提高行政效率的同時，透過投訴機制建立反饋渠道，鼓勵市民對公共服務給予意見。這些措施顯示行政當局除重視服務水平外，亦非常重視與服務使用者的溝通，藉著吸納市民對公共服務的評價，積極地做出改善，增強回應市民的能力。

市民是公共服務的首要對象和使用者，了解市民的需求是改進公共服務品質的重要依據，「市民滿意度」評估就是在這樣一個前提下產生的。顧名思

義，「市民滿意度」即是評估市民對服務的滿意程度，透過測量滿意水平來評價公共服務的優劣，進而讓公共部門做出改善。2001年澳門政府制定了「市民滿意度」評估問卷（見本書附錄IV），並在部份政府部門試用。2003年開始實施市民滿意度評估計劃。至2007年9月，共有25個政府部門推行了有關評估。

行政暨公職局的行政現代化廳為各政府部門推行「市民滿意度」評估計劃提供協助服務，內容包括：[22](1)提供「如何進行市民滿意度評估」的參考文本，介紹滿意度評估計劃的推行目的、執行方法和統計內容等；(2)提供資訊應用軟件系統，處理評估所得的數據和編製統計報表；(3)應政府部門的要求，派員列席其為推行有關計劃而舉行的內部工作會議，並提供意見；(4)應政府部門的要求，就其推行的「市民滿意度」評估計劃提供意見。

2005年財政年度行政法務領域施政方針中要求「將會加強在各政府部門推動市民滿意度評估計劃，向還未推行的部門提供技術支援，把運作模式規範化及設立監管機制，預計於2006年全面推行。」並且指出：「市民及政府部門的服務對象如團體、機構，可通過政府部門的前線櫃檯及電子郵箱等渠道對部門做出評價。政府將會定期對有關資料做出綜合整理，及通過監管機制要求回應及跟進，積極關注服務對象的需求改變，以令其服務質素及行政運作能緊貼社會的發展。」

二、小結

現時澳門政府行政暨公職局屬下的「公眾服務暨諮詢中心」，以及民政總署的「市民服務熱線」，雖已提供相類似的服務，但只局限於個別獨立部門的資料查詢，對於聯辦事情仍須轉介有關機構，不能即時答覆問題。與鄰近地區相比較，香港政府在資訊科技運用上，步伐發展較快。目前，其綜合電話查

詢中心為市民解答有關21個參與部門的服務查詢，只要查詢事項是屬於參與部門的服務範疇，中心的職員便會即時解答，提供所需資料，並處理投訴或服務要求。

「一站式」服務的目的和作用，不只是把公眾服務項目和部門簡單地集中在同一個場所辦公，讓居民少走幾個地方，減少花在路上的時間；也不僅是提供單一職權範圍內的行政服務，而應是能夠為居民提供跨越多個範疇的公共服務，程序簡化、時間縮短、便民利民。如有公眾服務職能的部門「各自為政，互不協作」，即使彼此為鄰辦公，市民也得不到真正「一站式」的便捷服務。跨範疇或部門間的行政流程，手續銜接要真正站在市民的角度考慮和設計，要做到「以人為本」，服務至上。要從健全政策法規及資訊服務系統、科學合理設計流程、公務員專業素質和各職能部門協調配合等方面推進「一站式」行政服務建設。

1998年，香港政府效率促進組對服務承諾計劃進行了市民意見的調查。很大比率（達36%）的受訪者認為公共服務的質量沒有改善，儘管事實上大多數政府部門（超過95%）已完成服務承諾計劃。這個結果表明，改革目標的數量並不一定導致公共服務和公眾滿意度在質量上的提升。[23]

無論如何，新公共管理確立了為顧客服務的嶄新行政理念。強調顧客導向，政府提供回應性服務，以公共利益為中心，把公眾的滿意度作為追求的目標和評價的標準。新公共管理視服務對象為顧客，以顧客為上帝的觀點，與港澳政府所宣導的「公僕」的觀念有異曲同工之妙。它有利於政府摒棄官本位思想，消除官僚作風，增強服務理念，使官員真正成為人民公僕，而不是只把它當作一句空泛的口號。

長期以來，受傳統觀念的影響，公務員的官本位思想根深柢固。政府官員往往把自己看作是「官老爺」，以「父母官」自居。在現實生活中，長官意志，唯上、唯權等種種現象以及「門難進、臉難看、話難聽、事難辦」的官僚

衙門作風依然屢見不鮮。官員及工作人員遇事對上不對下、對官不對民負責等消極現象仍然存在。這些現象與政府機構及其工作人員沒有擺正自身的位置，沒有處理好政府與社會的關係有密切聯繫。因此，應該樹立「顧客觀念」的價值導向，重塑政府與社會的關係，努力使政府組織從「官僚驅使」的政府轉變為「顧客驅使」的政府，由傳統的「行政」向「管理」和「治理」轉變，改變「政府本位」現象，改善政府形象，建設服務型政府。

顧客導向，把公民比作政府的顧客，將政府與公民的關係類比為「商家與顧客」關係，強調了政府的服務屬性。這雖然有些片面，沒有正確認清政府和公民的關係，有簡化國家—公民關係之嫌，但是在國家與社會邊界模糊，國家的干預影響滲透到社會經濟生活各個層面的今天，改善服務已經成為政府尋求合法性的重要來源，它對於現時期的政府施政還是很有現實意義的。

註釋

1. 參見《澳門特別行政區優化公共服務》，載於行政暨公職局網站：http://www.safp.gov.mo，2011年5月31日；鄧詠詩：《澳門特區政府社會文化司轄下各部門所推行之服務承諾制度研究》，澳門科技大學公共行政管理碩士論文，2008年5月；霍浩基：《澳門政府推行服務承諾之研究》，澳門科技大學公共行政管理碩士論文，2010年11月。

2. 見法務局網站：http://www.dsaj.gov.mo，2011年5月31日。

3. 見鄧詠詩：《澳門特區政府社會文化司轄下各部門所推行之服務承諾制度研究》。

4. 參見《澳門特別行政區優化公共服務》，載於行政暨公職局網站：http://www.safp.gov.mo，2011年5月31日。

5. 見霍浩基：《澳門政府推行服務承諾之研究》。

6. 參見李思豪：《從「一站式」方案優化民政總署所提供之服務》，澳門科技大學公共行政管理碩士論文，2003年11月。

7. 同上註。

8. 參見吳嘉斐：《澳門政府一站式服務研究》，澳門科技大學公共行政管理碩士論文，2010年4月。

9. 同註4。

10. 同註8。

11. 同註4。

12. 參見葉群鳳：《澳門民政總署服務站推行的效用性研究》，澳門科技大學公共行政管理碩士論文，2007年5月；民政總署網站：http://www.iacm.gov.mo，2011年5月31日。

13. 見葉群鳳：《澳門民政總署服務站推行的效用性研究》。

14. 參見公眾服務暨諮詢中心網站：http://www.caip.informac.gov.mo，2011年5月31日。

15. 《澳門日報》，2006年7月13日。

16. 《澳門日報》，2000年8月1日。

17. 《澳門日報》，2004年3月5日。

18.《市民日報》，2006年1月21日。

19.《市民日報》，2008年1月24日。

20.參見政府資訊中心網站：http：//www.cip.gov.mo，2011年5月31日。

21.同註4。

22.見行政暨公職局網站：http：//www.safp.gov.mo，2011年5月31日。

23.《明報》，1998年10月5日。

第九章

效率驅動的政府

一、效率驅動的政府概述

　　新公共管理強調效率中心主義。管理行政與統治行政相比，最大的區別就在於管理行政對效率的重視。統治行政是建立在自然經濟的基礎上的，對於這種行政模式來說，不存在效率的問題，也不具有效率意識。管理行政是突出效率的行政，以效率為中心。效率的問題成了衡量行政體系是否健全的尺度，在我們對各種各樣的官僚主義問題做出批評時，實際上是出於效率意識的要求。正是對效率的追求，促使管理行政不斷地探索行政管理科學化的路徑。所以，行政效率是管理行政追求的基本目標。然而，在管理行政追求效率的過程中，總是不自覺地加大了行政成本的投入，使整個社會蒙受超額負擔。在一個連續的動態過程中，人們看到，往往由於行政成本投入的增加，導致了機構膨脹和人員的增多，這又使行政高效率的現象轉瞬即逝，進入一個政府行為低效甚至無效的階段。管理行政在解決這一問題時，往往是通過機構調整和人員裁減的方式去重新獲得行政高效率的。但是，由於缺乏成本意識，管理行政始終無法走出政府行為的高效率—低效率—無效率的迴圈。新公共管理則不同，它不是單向度地考慮政府行為的效率，而是把這種效率的提升放在行政成本投入降低的雙向思考之中，諸如實行預算開支總量控制、業務流程的重整等等，都反映了行政成本意識先行的思路。調整公共事業、「給國家減肥」、削減公共服務人員、壓縮公共人事開支、轉變公共組織結構等，在某種程度上都是以管理主義為取向的。

　　效率驅動的政府的模式其基本內容及特徵有：強烈關注財政控制、成本核算、錢有所值和效率問題，關心資訊系統的完善。[1]

二、香港

(一)資源增值計劃

1.甚麼是資源增值計劃

在1998年施政報告中，行政長官董建華宣佈實施「資源增值計劃」（Enhanced Productivity Programmes, EPP）。他指出：「由政務司司長策動，公共部門將實行資源增值計劃。我們會定下目標，並要求部門和機構，定期檢討基線開支，確保開支是針對政府的主要優先事項。在未來數月內，我們將要求各部門和機構提出建議，在沒有給他們更多的財政資源下，推出新的或改進的服務。管理人員必須透過提高生產力，營運開支從現在到2002年要減少5%。」（《行政長官1998年施政報告》）資源增值計劃幫助政府提高短期的量化生產力，而長遠來說則使公營部門的生產力得以持續提高。為求達到目標，政府採取了一系列措施，不但削減基線開支增長、檢討主要開支範疇，還為注入更積極的資源管理文化而改革管理架構。

資源增值計劃的主要目的，是革新資源管理文化，使管理人員不時檢討運用資源的方法，務求在實現政府整體施政方針上收效最大。這個目標，完全配合公營部門改革及「服務市民」計劃的大方向，也使公營部門逐步建立與政府一致的理念：

根據政府說法，資源增值計劃有兩個目標：在短期階段，目標是到2002-03年度，營運開支須實現資源增值5%；在中期階段，其目的是要找到最具成本效益的方法來管理和提供公共服務，滿足社會的需求。故此，資源增值計劃分為兩個階段，第一階段的工作重點是提高短期的量化生產力；第二階段的工作由效率促進組統籌，從基本問題入手，使公營部門的生產力得以持續提高。

這項工程的目標是在資源增值計劃的短期階段，至2002-03年度減少經常

基線開支5%。基線開支是指目前活動所需的經常性資源。基線開支是由多年來累積而成。它可能包含比其他市民新興的需求屬較低的優先次序的服務或活動的開支,亦可能會用於做一些過時事情。據1998年的預算準則規劃,基線開支在1999-2000年度佔經常性資源總額的96%。政府估計,基線開支只需減少1%,就已經代表163.5億港元,超過每年為支出新服務所分配資源總額的兩倍。

政府認為,通過流程再造工程、外判、運用科技和服務合理化,削減5%開支是可以在所有部門實現的。這些具體措施包括以下內容:[2](1)簡化程序和消除重複的工作程序;(2)採用「一站式」的方法和更有效的聯網使服務合理化;(3)更好地應用信息技術和辦公室自動化;(4)更靈活地運用人力資源;(5)將工作外判,使之更具成本效益;(6)明確責任,以減少不必要的監管;(7)減少加班費;(8)節省能源消耗和紙張。

2.資源增值計劃的背景

行政長官董建華於1998年10月在施政報告中宣佈他的資源增值計劃時,剛剛是在香港隨著亞洲金融危機爆發之後的泡沫經濟破滅的時候。泡沫經濟破滅正值經濟轉型,香港開始出現嚴重的通縮壓力。物業價格已經從最高點下降一半更多,勞工成本在減薪、裁員下正不斷收縮。失業率由2%上升至超過6%,這是一個歷史新高。實質本地生產總值(GDP)從1998年到1999年第一季度連續五個季度下跌;1998年全年更錄得GDP負增長5.1%。私營部門正在積極設法保持精簡架構,以度過難關,香港幾乎陷入經濟衰退狀態。[3]

然而,在同一時間,公共部門似乎不受外面動盪的影響。報紙進行了很多關於公務員浪費故事的報導。這些已引起政府的尷尬,特別是在那個時候,大部份市民都在忍受經濟衰退所造成的痛苦。但政府難以像新加坡一樣全面削減公務員的工資,為了表明它已準備與廣大市民一起度過困難時刻,政府需要推出一個削減成本、控制和減少公共開支的方案。正如效率促進組所言,它必

須提供一個適當的方案應對當前經濟形勢，並給社會一個形象，政府在困難時會監管公共部門開支，以做到物有所值。資源增值計劃就是在這一背景下推出的。

除了需要表現出一個負責任的政府形象，政府也意識到，如果甚麼都不做，真正的問題將會迫在眉睫，這就是預算赤字的問題。雖然當時還不是很清楚，但已經有人擔心公共財政將面臨結構性問題。原因在1998年已經相當明顯：在收入方面，房地產市場的崩潰已導致賣地收入，銀行及地產行業利得稅，以及物業交易印花稅的結構性縮減，這已清楚表明政府可利用的資源將會極為有限。早在1998年，政府已經預測政府的支出將超出並可能繼續超出國內生產總值的增長。

雖然政府仍向市民保證它有一個龐大的儲備以緩衝赤字，但政府知道，不能繼續無限期地動用儲備來填補預算赤字。畢竟，真正的問題，正如社會上看到的，是公共部門必須做到物有所值及避免任何「浪費」，無論儲備水平是多少。[4]

3. 成果

資源增值計劃在1998年10月推出。頭兩年均取得重大成果，主要以「節流」為其概念，生產力得到提高。在1999-2000年度，在沒有承諾目標下，政府部門和機構已經取得增值總額共8.18億元，其中節省6.55億元在新的和改進的服務上，又1.63億元節省在開支上。2000-01年度預算中，政府指令所有決策局、部門和資助機構須節省1%基線開支。結果超出了政府的目標，節省達到1.2%，至11.48億元。各決策局、部門和資助機構都完成了有關要求，其中多於40%的部門更超過了目標。所節省11.48億元中，1/3來自個人薪酬及人事相關費用，包括公務員的工資和津貼及其他工作人員的費用，其他日常的運作費用佔1/3，剩下的1/3來自政府資助的節省。[5]

4.個案研究

資源增值計劃讓政府各部門和機構制定自己的生產力改善方案，以滿足中央政府的指定目標。在第一個財政年度，所有部門都達到目標。對於生產力，不同組織有不同的解釋，而這些概念會影響他們為實現增值所採取的策略。

(1)庫務署[6]

庫務署做出的節省是所有70個政府部門中最大的，同時在一年的時間就實現了整體資源增值5%，遠遠超過了其他部門。與警察部門一樣，庫務署是典型的官僚組織，這些組織往往用「技術效率」和「工具效率」來解釋生產力。但是，與香港警務處不同，庫務署大部份的日常運作在政府官僚機構內部進行，而不是面對公眾。主要的節省透過簡化工作程序和實施更加靈活的人力資源管理而達成。

精簡工作流程及重組

庫務署大部份的工作涉及政府庫房的內部運作。經對交通和教育津貼部、保障部、財務管理服務部、行政部等工作過程的審查和精簡，造成了12個文書職位的刪除，包括三位文書主任，五位助理文書主任和四位文書助理。

為更好地利用資源，為市民服務的辦事處得改組。郵政匯款辦事處及庫務署分署辦公室改組，減少了六位助理文書主任和四位文書助理。職責的權力下放是另一個重組戰略。政府空中交通的採購和付款憑單的雙核對改由個別部門處理，這樣，庫務署能夠刪除總共25個職位，包括一名一級會計主任、兩名高級文書主任、九名文書主任、十名助理文書主任和三名文書助理。

庫務署會僱用臨時員工，以應付高峰期增加的工作量，並提供培訓給他們，以確保他們符合標準要求。因減少現有工作人員的加班工作，加班津貼開支將下降。

分析與評論

庫務署主要是執行內部功能，其質和量的輸出並未受到公眾監督。由於市民不會看到服務明顯的不利影響，因此在是否真正達到了生產力的增益上，庫務署將面臨較少的挑戰。缺乏政治和社會壓力使財政部門採取更積極的步驟，如更廣泛地刪減職位，以達到節約。

庫務署的個案清楚表明部門利益的存在。49個被刪除的職位，有47名屬從中央調派的文書主任職系。結果是在大量的工作過程的審查和精簡下，該部門的工作人員基本上沒有受到影響。庫務署曾經保證所有職位的刪減將通過自然流失或安置的重新部署達成。生產力的提高方案中增加信息技術的應用和辦公室自動化，這使文書職系成為最脆弱的一群，大約有22,000名文書職系的人員被調派到不同的政府部門。刪減文書職位，該署一方面實現了節約，另一方面，卻把文書人員過剩問題交回給答應通過重新部署處理人手剩餘的中央政府。

聘用臨時員工一方面創造靈活性，一方面卻帶來服務質量的疑慮。常規人員和臨時人員在同一辦公室工作，亦可能導致溝通的問題。

(二)業務流程重整

1.何謂業務流程重整

業務流程重整（或稱業務流程再造）（Business Process Reengineering, BPR）是私營部門在20世紀90年代初發展出來的，目的是用更少的錢實現更好的價值。它要求對業務目標、結構和組織運作重新審視，以求與組織的目標一致。

在過去的20年，商業環境發生了巨大的變化，社會正從工業時代向信息時代轉型。這一巨大變化的環境促使機構做出改變。新技術、放鬆管制、民營

化計劃、客戶期望的提高、競爭增加——這些所有都影響著公共和私營部門組織。為了生存，特別是面對走向更大程度的全球化後出現的激烈的競爭，私營部門的公司正越來越多地以市場為導向，以客戶為導向。在過去，大多數組織尋找逐步和漸進的變化，以應付環境的改變。然而，現在發生的環境變化是這樣的快速（例如，在信息技術領域），這種循序漸進的方式變得不再有效率和有效。為了保持競爭優勢，一些激進的變革是必須的。

業務流程重整是一個對傳統的過程合理化和自動化方法的根本改變。業務流程重整，像其他技術（例如，全面質量管理，在時管理）是由降低成本、提高競爭力驅動，然而，兩者在發展上有著非常不同的理念。業務流程重整是有關公司重新發展，而其他只涉及自動化，減少週期時間等。

業務流程重整最被經常引用的定義是哈默和錢皮（M. Hammer and J. Champy）的定義：「業務流程重整是對企業的業務流程進行根本性的再思考和徹底性的再設計，從而獲得在成本、質量、服務和速度等方面業績的戲劇性的改善」，使得企業能最大限度地適應以「顧客、競爭和變化」為特徵的現代企業經營環境。這個想法可由「公司從一個基於會計、市場營銷和製造等職能轉型至一個基於過程，如訂單處理、滿足消費者過程」等而進一步得到改善。

哈默和錢皮的定義很簡單，但涵義是深刻的。它指出，作為主要和唯一專注於設計和管理的組織活動，關注點應放在過程而不是功能。業務流程重整背後的理由是，大多數組織都沒有完全正確、有效地設計，以支持組織的核心流程。大部份的組織都圍繞著功能（賬戶部、銷售部、設計部等）而設計，這種類型的組織不能完成自己的業務——在當前環境下提供令客戶滿意的產品／服務。業務流程重整全是重新思考如何工作，實際上把工作擺在首位，而不是把它作為組織目前的結構限制下所做的安排。

業務流程重整基本上是務實的和只集中於結果。它是由業務流程，而不是由結構和組織推動。為了取得成功，清晰的業務背景和方向是必須的。可以

利用的工具和技術範圍是廣泛的，例如，全面質量管理。各種信息技術工具，例如，工作流程管理軟件的應用是主要的趨勢，它已為一些重大業務活動帶來戲劇性的改善：

IBM信貸公司：通過精簡決策過程和利用多功能團隊，申請貸款平均周轉時間已從六天縮短到四個小時。此外，在具有相同工作人員人手數量下，交易量增加了100倍。

福特汽車公司：通過創新的概念，在自己的物品付款接收紀錄（無須再核實供應商的發票），應付賬款部門已經減少了75%。

伊士曼柯達公司：通過使員工同時參與安裝一信息技術解決方案，產品的設計過程，已經由70星期減至38週。[7]

業務流程重整使得企業能最大限度地適應以「顧客、競爭和變化」為特徵的現代企業經營環境。工業經濟時代的「科層制」管理模式已不再適用於今天企業的發展，甚至對企業本身的生存空間已構成嚴重的影響。在這個信息化的年代，信息的交流和傳送，已沒有空間和時間的阻礙，組織結構扁平化的概念由此而萌生，逐漸被實現，繼而引發了90年代以「業務流程重整」為核心的一場新的組織機構管理的革命。

業務流程重整通過廣泛地利用信息技術，同時採用相適應的新組織管理理論，使企業或公共部門的績效獲得明顯的改善。信息技術的發展為流程的變化提供了有效的手段和工具。

業務流程重整的基本內涵有下列幾方面：(1)在嶄新的信息技術支持下，試圖大幅度地改善管理程序；(2)放棄過往的管理方法和程序，重塑陣營、重新開始；(3)對基本的管理程序作出不斷評估，保證每一步驟都是有價值的；(4)把注意力集中在過程和結果上，注重發展，不必注重組織功能；(5)以顧客為導向：企業在判斷流程的績效時，是站在顧客的角度考量，對工作過程、管理過程的重新認識、再設計等，都是以更有效地滿足顧客為出發點。[8]

　　新公共管理的重要內容之一是將業務流程重整引入政府部門，實施過程控制與結果導向的績效管理，並取得了顯著的成績。

2.業務流程重整——香港政府的實踐

　　業務流程重整最初為私營機構採用，協助機構徹底重新檢討辦事方式，使客戶服務表現躍進、營運成本降低，機構得以躋身於世界級競爭者之列。政府各局和部門也急於削減成本和改善服務，自然地對業務流程重整感到興趣。

　　香港政府致力於為市民和商界提供高效率和以客為本的服務。為此，部門內部和部門之間的基本工序必須互相協調，部門的目標也要彼此配合。切合實際需要的工序，正是促使部門互相協調，合作無間的關鍵。部門內部和部門之間的工序重訂後，預計部門的生產力將不再受限制，受惠的會是市民和商界。為求以較低成本提供更佳服務，實有必要重整業務流程。

　　業務流程重整有兩個特點：第一，著眼於業務流程而非職能、產品或服務；業務流程有四個要素，即投入資源、監管、成效及機制；第二，業務流程重整目的是在衡量服務表現的關鍵準則（例如成本、質素、服務和速度）方面，達至徹底而非逐步的改善。

　　業務流程重整的基礎包括但不限於以下各項：資訊及通訊科技、以作業為本的成本計算法、最佳工作方式及處理變革的手法。重整工作以全面的方式進行，從工序、組織、系統和基本建設等四方面考查業務。此外，互聯網的出現也重劃了商業世界的領域。由於轉變急劇，機構的界線已經變得模糊不清，或已不存在。公營部門方面，亦正受到相若的衝擊。為迎接挑戰，業務流程重整對公私營機構更是日益重要，以期望收得事半功倍之效。

　　效率促進組一直牢記：假如業務流程重整工作做得不好，會產生不良後果，不但浪費寶貴資源，還會令當初需要解決的問題變得根深柢固。因此，效率促進組借助知識管理工具，運用在進行顧問研究時汲取到的寶貴經驗。根據

往績，很快便能掌握業務流程重整知識，推行有關計劃亦能達到目標。效率促進組是少數能夠結合理論和經驗來進行業務流程重整的顧問。[9]

多年來，效率促進組一直主導各政府部門的業務流程重整工作。以下是一些成功個案，這些個案一再證明：徹底反思確實能夠提高業務流程的效率。

(1)醫療及牙科福利資格核證系統

你或你的家屬過去於政府診所或醫院管理局（「醫管局」）醫院看醫生時，有否曾忘記攜帶GF181？到了2008年年中，你再不需要經常提醒自己和你的家屬銀包裡須備有一張有效的GF181。效率促進組已落實研究網上認證電腦系統，取代現有的GF181、HA181、HA182及TRY447等紙張申請表格，以重整資格核實程序。

2007年，效率促進組完成了一個有關醫療及牙科福利資格核證系統（ECS）的業務流程重整研究。ECS是一個聯機核證系統，以取代現時政府及醫管局的醫療及牙科服務機構（指定機構）透過紙張表格核證資格的做法。系統實行後，當我們看醫生時，只須通知櫃位職員我們合資格享有公務員醫療及牙科福利，並出示香港身份證（如屬非香港身份證持有人，則出示其他有效身份證明文件）供醫院／診所職員查閱，職員便會透過ECS核證我們的資格。ECS不但能提高核證程序的效率及準確性，亦為合資格人士帶來更大方便，並可省卻部門管方因簽發表格所需的行政工作。

ECS的第一期適用於退休人士及其合資格的家屬，並已於2008年1月29日推出，至今運作暢順。ECS的第二期將包括公務員及其合資格家屬，以及其他合資格享有公務員醫療及牙科福利的人士，已於2008年年中推出。[10]

(2)社會保障計劃

效率促進組建議社會福利署（「社署」）採用新的服務模式，並設立一套新的電腦化社會保障系統，以精簡業務和工作流程，加強資格審核機制，提

高服務質素。如社署順利實施該服務模式，可望提升員工處理個案的能力，改善偵察及處理欺詐個案及超額審批款項的機制，並縮短各項社會保障計劃個案處理的時間。

(3)學生資助計劃

效率促進組建議學生資助辦事處設立一套綜合電腦化學生資助系統，以便採用新的服務模式。按照新服務模式，該辦事處處理申請時，會以家庭為單位，在審核申請及評定資助的程序中，進一步增設風險管理措施，並以電子方式與業務夥伴交換學生資料。

(4)安老院監察機制

為協助社會福利署轄下的安老院牌照事務處持續做出改善，效率促進組提出了31項建議，包括多項短期和中長期改善措施，前者包括推行以風險評估為本的監查制度，以及加強對違規院舍的阻嚇效果，後者包括發展綜合執法管理系統，以便善用執法情報。[11]

(三)財務管理改革

與其他改革一樣，財務管理改革也須持續推行。財務管理面對的問題有：(1)維持平衡預算；(2)提高效率；(3)激勵管理人員；(4)為基本工程項目融資。

綜觀香港現時的經驗，妨礙改革進程的因素有：(1)不論是行政或立法機關都實行中央微觀管理；(2)員工人數和開支由中央規定；(3)財務管理資料（如整體成本）不足；(4)欠缺用者自付的原則；(5)財政預算工作和改革工作未能全面配合。

香港政府前財經事務及庫務局局長馬時亨明言改革的確有迫切性，因為要面對的問題實在不少，有成本上漲、結構性赤字、稅基狹窄和浮動以致收入

減少,以及儲備下降等,但香港已採取一些曾在澳洲推行的改革措施,例如:
(1)最近在各局實行封套制度,並定下效率指標,已經使各局通過合併部門達
至節省開支;(2)推行年終彈性措施和單線財政預算;(3)出售資產,並推行資
產證券化和私營化。他說,實行應計制會計和計算部門成本的工作進展良好,
提供了有關政府財政表現和財務問題的寶貴資料。政府會善用這些改革成果,
確保以審慎、具創意和務實的方式管理開支和撥款推行政府服務。[12]

1. 整筆撥款

在整筆撥款計劃下,政府部門可在整體財政預算的範圍內,更靈活地調
配其資源。整筆撥款是指把部門運作所需的經常開支,撥入一項單一的新分目
(即運作開支),以設有現金支出限額的方式運作。管制人員可自行調配該單
一分目下就各開支組成部份獲批的撥款,而無須財經事務及庫務局或立法會
財務委員會批准。當局於1999-2000年度以試驗方式在五個部門推行整筆撥款
計劃,其後並把推行範圍擴大至23個部門。政府計劃在2003-04年度的預算案
中,把整筆撥款的安排擴大至所有部門。

所有政府部門在2003-04財政年度推行整筆撥款安排以後,部門內部的資
源調撥安排便無須經財經事務及庫務局事先批准。

2. 營運開支封套

在2002年的資源分配工作方面,政府採用了「封套」的撥款方式來編製
下一個財政年度的預算案。在這方式下,政府會以暫定性質就經常營運開支向
每名局長分發一個封套,列明該局獲分配的資源。這些資源已扣除因提高效益
而在2003-04年度節省的1.8%開支,以及由2004-05年度至2006-07年度按年增
加的一個百分點。在立法會財務委員會所訂明的限制下,每名收到封套的局長
在擬備開支預算(即整筆撥款)時,均可在其轄下各政策範圍之間靈活調配資
源。除此以外,其餘有關非經常開支的資源分配工作,將按一貫方式進行。

3.節用投資戶口

當局在推行資源增值計劃的同時，推行節用投資戶口，讓各局及部門可分享提高生產力的成果。現時，部門可把某年度設有現金支出限額的部門開支項目中未用款項的一半款額，儲存在一個獨立賬戶內，並可在其後三年內隨時取用該筆節省所得的款項，逾期作廢。

在下一個財政年度，政府會擴大未用開支可結轉至其他財政年度的適用範圍，把某一個百分比沒有現金支出限額及非部門開支的開支項目都包括在內。然而，某財政年度節省所得款項的使用期限將會縮短。某年度未用的經常開支，將在下一財政年度確認可結轉至再一下年度使用的百分比。換言之，2003-04年度經常開支所節省的款項的某個百分比，將會在2004-05年度確認可保留使用的百分比，並在2005-06年度的開支預算中反映出來。有關部門不可再在年中隨時提取該筆撥入戶口的節省款項，而是須在有關預算案中列明這些款項的建議用途。

設立節用投資戶口，「可為各局和部門提供較確定的經費來源，因各局和部門無須在每年的資源分配工作中互相競爭，以求取得非經常撥款」。除用作開設公務員職位及支付津貼外，只要有關支出屬相關開支總目及分目的範圍，各局和部門就可從該戶口提取款項做任何用途。[13]

三、澳門

(一)業務流程重整——澳門政府的實踐

為提升行政效率與政府的整體施政能力，持續優化行政程序，並引入電子化系統，澳門政府開展了以下與業務流程重整有關的行政程序及架構的改革：

‧實施了行政及財政範疇的「共通程序研究計劃」；

‧完成輸入外地僱員的跨部門程序研究；

‧運輸工務範疇成立「內部工作流程優化研究小組」，針對部門內部的工作流程展開分析、研究及建議，已完成「文件簽收」電子化；

‧完成簡化家居及非家居裝修工程手續；

‧優化公共房屋的申請及輪候的行政程序；

‧88個公共部門已採用「電子公文收發系統」。

行政暨公職局的行政現代化廳向各政府部門提供優化行政程序工作的技術支援，服務內容主要包括：

‧為各政府部門舉辦「優化行政程序」工作解釋會，向各級工作人員介紹推行「優化行政程序」計劃的方法及分享有關的經驗和心得，以促進優化工作的開展；

‧應政府部門要求，派員直接支援有關實體的優化工作，包括列席其為開展優化行政程序而舉行的內部工作會議，並提供意見；

‧應政府部門要求，就其提供的有關優化行政程序工作的資料提供意見；

‧透過「優化行政程序」技術支援熱線（8987 1283）接受政府部門的諮詢，並提供意見。[14]

1.「內部工作流程優化」──土地工務運輸局

2008年中，土地工務運輸局（「工務局」）為配合社會發展及回應居民訴求，擬優化現有的工作流程，遂聘請顧問公司調查、檢討該局核心流程。優化制度主要分為三個階段，首先已於6至7月份進行局內部門資料分析，並決定在8月份開始執行措施方案，制定具針對性的優化措施，隨後幾個月擬制定內部規範條文，引入新工程審批管理制度，優化、統一流程。顧問公司指，本澳

經濟高速發展，基於人手緊張、公共行政程序繁複、財務和採購等因素都會拖優化流程的後腿，於2008年11月為優化流程做階段性總結。而經過資料分析後，決定以日常同市民公眾接觸最多的城市建設廳做起步，按部就班拓展至整個工務局各部門（共十個獨立部門），從而改善市民對工務部門的滿意度。

自博彩業開放帶動經濟快速發展以來，無論是涉及數以億元計的大工程或數十萬元的小工程，以至是一般市民的居住環境問題，如漏水、塞渠等，都直接或間接同工務局息息相關。故近年不少有關投訴，如審批程序慢、未能即時回應訴求，亦離不開工務局。

工務局一直被社會譏諷為行政審批時間長、辦事效率低、手續繁複、服務態度差。為進一步提高行政效能，促進城市建設健康快速發展，工務局早前聘請曾為多個政府部門、大專院校和商業機構優化流程的港新顧問公司於2008年6月份啟動「工作流程優化」項目。

隨著社會的快速發展，居民訴求上升，土地工務運輸局工作方式亦須與時並進，改革創新。為配合社會的發展，工務局有必要有序地展開優化流程工作。首階段的分析顯示，近年澳門城市建設的項目快速增長，由於全部涉及審批程序，令工務局人員的工作量大幅增加；礙於該局人力資源有限，阻礙了審批進度，個案積壓不斷增多，令外界產生審批時間越來越長的感覺；加上公共行政流程未能配合發展，每一項目需經多重審批，令流程繁複。

另外，過往部門與部門之間缺少協作機制，一些與居民生活相關的投訴個案，往往需要多個部門參與，如塞渠便要通知工務局、民署等專責部門處理。基於這種跨部門的協作機制不太理想，故之前便在部門內部進行流程優化，不同的個案由以前部門各自管理改為統一跟進、處理，從而快速回應。

隨著工程項目不斷增多，社會要求工務局快速審批的呼聲有增無減，因而對工務局人員的要求亦相對提高。社會對當局加快審批程序，應該是相輔相成的。業界人士亦應提高專業水平，多了解當局對申請項目審批要求的文件和

流程；當局也有責任統一現有的工程技術要求，讓業界容易掌握和了解當局要求。

　　工務局的審批速度未能趕上社會發展步伐，主要受制於請人難、空間有限、財務和採購等因素制約。工務局收到每個項目審批的文件和圖則往往以紙盒計，何況近年的私人項目都是大型的旅遊配套項目，局方收到的文件更以噸計。以工務局一些部門僅有的空間而言，人員要翻閱文件並不容易。在理順處理文件工作流程方面，擬購置三個大型文件櫃安放一些項目的文件和資料，方便人員審閱和查找相關資料，從而提高工作效率。審批工程項目方面，建議工務局儘快引入「TOC」（限制管理系統或稱限制理論），加快審批流程，改善內部的工作環境和空間，增加資料和檔案的管理系統，設立工作流程制度標準化，並以文字規範好，加強內部工作人員清晰了解工作流程，亦可讓新人能即時掌握工作重點等。

　　日本宮崎縣政府從2000-07年間採用了「TOC」系統對外判工程項目進行管理，結果所有項目都準時或提早完成，解決了多年項目遲遲沒法完成的問題，當地政府2008年起規定所有外判工程項目都需用「TOC」方法管理。

　　工務部門內已成立「內部工作流程優化研究小組」，研究提高審批的效率。工務局展開的優化流程項目啟動以來，得到有關部門管理層和執行部門人員積極參與，並在部門內設置優化流程壁報板、召開優化流程會議等，顯示大部份人員都有改善服務的決心，銳意增加工作的透明度，快速提升服務質素，更好地回應社會訴求。[15]

　　提高審批及申請效率的分為三個步驟：第一，優化審批流程；第二，簡化個案或較簡單的申請審批程序；第三，統一技術操作流程。雖然有關研究工作尚在進行中，但預計2008年可按計劃分階段實施，先易後難，累積經驗，及後會全面鋪開，希望工作績效逐步提高，令整體效率得到較大改善。

　　考慮到建築項目的圖則審批、違法工程的監管等工作為現時社會關注的

工作重點，優化工作先從專責批則和審批工程准照的相關部門進行，並先從優化簡單的申請審批程序著手。2008年初就開始一些內部流程的簡化工作，如簡化簡單裝修等小型工程的申請，以及將表格和文書標準化，以加快審批。其他技術含量較高、較複雜的工程，需在整個流程及技術操作統一化的層面上，分層次改變、簡化，漸漸改善審批效率。[16]

繼推出「家居簡單裝修工程通知程序」後，當局又於2008年9月下旬啟動「非家居的簡易裝修工程通知程序」，藉以簡化行政手續，提升行政效率。按照當局建議，日後只要工程範圍屬於木工，更換地板，一般髹漆，維修或更換，空調維修或保養、安裝，地鋪裝修工程，只需以統一表格通知，當局將在五個工作日內電話回覆，表格一經蓋印，即可當「施工紙」使用，開工大吉，費用全免。從行政手續、便民程度而言，這無疑是走出一大步。[17]

2008年11月下旬，針對私人建築項目的圖則審批為現時社會關注的工作重點，土地工務運輸局就加快圖則審批工作方面展開研究並擬定一系列的措施，為了令日後推出的措施便於操作，局方還與本澳七個建築和地產團體進行了良好的互動交流，除聽取業界對改善工作的意見和建議外，亦向業界講解了圖則的審批程序以及入則的要求，令審批工作得到更有效的提升。交流會主要就私人建築項目的入則、收則、工程准照發出及驗樓四個程序進行解釋，並對將推出的一些簡化審批流程的措施進行介紹和收集意見。[18]

2009年10月4日，土地工務運輸局針對建設廳圖則審批流程推行「工作流程優化」超過一年，受委託顧問公司首席顧問表示，現時建設廳內部審批流程加入優化管理系統，對各種申請個案審批時間縮減四成甚至超過一半以上時間，他認為有關部門工作效率已大幅改善，未來需要進一步細化系統管理及提升工作人員執行能力。

建設廳過去一年的優化工作中分別推出多項改善措施。特別針對建設廳系統管理問題，引入了TOC流程優化管理系統，對申請工作進行嚴格管理，同

時提高工作處理透明度。而藉著TOC系統使用，各申請工作能實時掌握，並減少可能出現遺漏的風險。此外，有關部門亦已將內部審批圖則的流程標準化，制定更清晰的內部指引，並以審批表格化方式來進行規範審批工作。

現時有關部門在處理各種申請審批手續已有大幅度改善，其中建築（CT）及擴建工程（AP）審批，由過往超過190天縮短到大約96天，效率提升超過一半，其他加急個案、簡單裝修及「一站式」等各種申請，亦縮短40%時間。優化工作是有成效的，但要能繼續改善，就必須從人員的執行能力和系統管理的細化著手。

有關部門未來會對現在建立的TOC系統與各方面的資訊進行整合，使內部處理效率能進一步提升。而工作人員在系統中扮演一個很重要的角色，未來重點會集中在人員執行能力的提升，確保執行工作人員都有具體相關的工作技能。同時對於人員工作的心理素質的改善，會繼續前期所做的真情對話工作方式，即以小組形式和工作人員對話，讓員工能表達意見和建議，使內部溝通得以增多，改善工作的效率。有關部門人員在推行流程優化工作中非常投入，現時所見到的成績依靠整個部門人員的參與，他們表現出整個團隊的緊密性，為優化工作付出不少心血與私人時間。[19]

2.「電子公文收發系統」——澳門基金會

為實現公文電子化，澳門基金會（「基金會」）於2003年開始籌備，引用由行政暨公職局開發的「電子公文收發系統」，並於2005年於個別部門試行，至2006年正式推行至所有部門統一使用。隨著關於電子文件及電子簽名的第5/2005號法律的生效及電子認證服務的正式推行，電子文件已成為澳門政府和市民之間，以及政府內部各公共部門之間重要的溝通方式。

原有公文作業流程主要有六個步驟：(1)所有送達基金會的文件，除私人信件外，均需在行政處做收件處理；(2)行政處將文件正本編號及登錄，並複

印副本存檔；(3)行政處將已編號及登錄之文件正本交予秘書長；(4)秘書長將文件分類後交主席批閱；(5)主席於文件正本上做批示，批示列明該文件之接收及跟進部門；(6)秘書長按照主席之批示，將該文件正本送交須接收及跟進部門，副本交予行政處存檔。[20]

原有公文作業流程有兩個主要問題，一是人工傳送費力又耗時；另一個則是無法有效掌握公文動向。引用「電子公文收發系統」後，基金會各部門間往來公文已大多電子化。基金會收件人員收到電子化公文後，編輯文號，隨即傳送到秘書長審閱，再以電子文本呈主席批示，隨即向下分文。透過基金會網絡系統，直接傳至各部門主管或負責人員電腦工作站。當單位承辦人收到收件人員傳送來的公文時，立即自動回信息給收件人員，完成簽收程序。

「電子公文收發系統」包含以下步驟：(1)分別於星期一至四的上午9時及下午5時45分或星期五的下午5時30分檢查電子郵箱，其餘時間每隔一小時檢查電子郵箱一次接收電子文件；(2)接收及開啟電郵附件的電子公函（PDF檔），核對簽署人身份及檢查其電子證書有效期；(3)由收取郵件的專用賬戶在讀取郵件時以接受「讀取回條」方式確認讀取可人手接受發回條，無須啟動自動回郵功能電郵系統；(4)打印電子公函（PDF檔）後與紙本文件統一登記，把電子公函（PDF檔）存到收件目錄；(5)將打印及登記後的電子公函（PDF檔）交由秘書長處理；(6)經秘書長將電子公函（PDF檔）列印並呈交主席審批；(7)主席於電子公函（PDF檔）紙本上做批示；(8)由秘書長將主席之批示登錄於電子文件收發系統；(9)秘書長按批示將電子文件透過電子文件管理系統分發至相關部門跟進。[21]

「電子公文收發系統」具有下列優點：(1)若為重要或機密公文，可不必經人手傳遞，減少資料遺失或外洩風險；(2)文書人員可省去奔走於各部門間送公文之勞力；(3)公文在短時間內即可傳送達各單位主管或負責跟進人員手中簽收及辦理；(4)除去層層轉交之缺失，並能即時確認公文送達無誤；(5)承

辦人可查閱自動回應的信息，隨時掌握公文流向；(6)省去逐級退回的流程，承辦人可在第一時間得知批核結果，進而提升辦事效率；(7)減少紙張複印本，實現「無紙化」辦公。[22]

3.「電子公車管理系統」（GVP）──澳門基金會

澳門基金會目前使用中之電子系統共有兩套，分別是「電子公文收發系統」及「電子公車管理系統」（GVP）。

「電子公車管理系統」於2005年初正式推行，該套系統由行政暨公職局開發並推廣至各政府部門使用。在未使用該系統前，基金會在車輛管理方面牽涉之程序主要有：（**表**9.1）[23]

表9.1　原車輛管理程序

程序	簡述	文件	負責人員
提出申請	於專用表格填寫用車時間、地點、人數及原因等資料後提交部門直屬上級	用車申請表	用車人員
批准申請	上級審核後於專用表格上簽署批准	用車申請表	用車人員之部門主管
提交申請	將已獲批准之用車申請表交行政處	用車申請表	用車人員行政處
安排車輛	按申請資料安排車輛，將執勤之司機、車輛編號等資料填寫於申請表上，並以電話或遞送申請表副本之方式，通知申請人有關安排	用車申請表	行政處
記錄車輛使用情況	司機執勤後將車輛使用情況，如：行車里數、出發及回程時間以及目的地等資料記錄於是次使用車輛之車輛行車紀錄表	車輛行車紀錄表	行政處
統計	每月將所有車輛之使用情況，包括：每次之行車里數、出發及回程時間、目的地、燃油使用量、維修紀錄等，登錄於部門車輛使用紀錄表	公共部門車輛使用紀錄表	行政處

資料來源：盧明慧：《電子化公文與公共機構流程再造──澳門基金會個案分析》，澳門科技大學公共行政管理碩士論文，2007年5月。

透過GVP系統處理用車申請及記錄車輛使用情況，省卻了將紙本申請書經人手傳遞的時間，且減省了每月將各單次用車情況抄錄於每月統計表之工序。用車人員、主管及行政處之間亦可透過系統，直接查詢申請之處理狀況，省卻了為查詢及通知所做之電話或文書溝通。[24]

四、小結

資源增值計劃及業務流程重整等，作為公共部門改革的一部份，具有重要的意義，因為它要解決公共服務的效率和成本效益問題，以反映「新公共管理」和「管理主義」的全球趨勢。引入業務概念，例如強調靈活性和效率，是公共部門改革的大勢所趨，資源增值計劃及業務流程重整代表逐步採用新公共管理原則的一個里程碑。進入21世紀，它們是港澳第一個將目標放在廣泛提高公務員隊伍生產力這一新的改革概念的有力措施。

效率是新公共管理的主要價值和原則。雖然提倡競爭、促進改革是實現更大的效率唯一的手段，有人擔心改革取得成功，會損害其他價值觀，如公平、公正。為了提高效率，組織可能會努力改善管理，簡化工作程序或最大限度地利用空間、設施和設備。過於注重效率原則，容易導致政府忽略其所肩負的社會責任。追求效率是政府在公共管理過程中的重要環節，但公共管理的本質是強調追求人民主權、自由平等權利、社會公正、公共利益和社會責任等多元價值，過於強調效率必然導致社會公正和長期公共利益的缺失。

這樣一來，公共管理就具有了公平（或公正）與效率的雙重任務。從整個近代行政管理實踐的歷史看，當它因應社會的要求而追求公正、公平時，往往犧牲了效率；當它突出了效率指向時，往往喪失了公平、公正。所以，在實踐中，公平與效率是行政管理無法兼為的矛盾的兩極，甚至行政管理在公平與效率之間追求平衡點的努力也總是徒勞無功的。

　　市場的基本價值是效率，但是效率並不是公共部門和社會的唯一的價值追求，用單純的效率價值忽略甚至替代其他的價值，諸如作為公平的正義、民主、公民權利、公眾參與等，有悖於公民對政府的要求。

　　有人認為新公共管理模式更能解決公平與效率的矛盾，此模式由於更多地引導社會公眾的參與以及其顧客導向的方針，使社會公平的原則比傳統模式得到更多的體現和落實。

註釋

1. 參見http://www.baidu.com，http://www.yahoo.com.hk及http://www.google.com所載有關「新公共管理」 (New Public Management)的中、英文網絡資料，2011年5月31日。

2. 見Yeung Sau-ling, Stephanie, *The Implementation of Enhanced Productivity Programmes in the Hospital Authority,* MPA Dissertation, University of Hong Kong, June, 2002；效率促進組網站：http://www.eu.gov.hk，2011年5月31日。

3. 見Yeung Sau-ling, Stephanie, *The Implementation of Enhanced Productivity Programmes in the Hospital Authority.*

4. 同上註。

5. 見Sum, Wan Wah, *The Enhanced Productivity Programme: The Implementation of the First Phase,* MPA Dissertation, University of Hong Kong, June, 2000.

6. 同上註。

7. 見Lau, Mung Tin, Godfrey, *Business Process Reengineering: An Analysis of Theory and Practice in the Hong Kong Special Administrative Region Government,* MPA Dissertation, University of Hong Kong, 2002.

8. 見盧明慧：《電子化公文與公共機構流程再造 — 澳門基金會個案分析》，澳門科技大學公共行政管理碩士論文，2007年5月；〔美〕Mark Turner and David Hulmer著，倪達仁、席化麟、王怡文譯：《政府再造與發展行政》，台北縣永和市：韋伯文化出版公司，2001年，第39-45頁。

9. 見效率促進組網站：http://www.eu.gov.hk，2011年5月31日。

10. 見《公營部門改革通訊》，效率促進組編印，第十五期，2008年5月，載於效率促進組網站：http://www.eu.gov.hk。

11. 見效率促進組網站：http://www.eu.gov.hk，2011年5月31日；《公營部門改革通訊》，效率促進組編印，第十六期，2008年9月；《公營部門改革通訊》，效率促進組編印，第十九期，2009年6月，載於效率促進組網站：http://www.eu.gov.hk。

12. 見《公營部門改革通訊》，效率促進組編印，第三期，2004年7月，載於效率促進組網站：http://www.eu.gov.hk。

13. 見林潔儀：《營運基金的運作》，香港立法會秘書處資料研究及圖書館服務部，2003年2月18日，載於香港立法會網站：http://www.legco.gov.hk。

14. 見《澳門特別行政區2007-2009年度公共行政改革路線圖總結及執行情況報告》，澳門特別行政區政府，2009年12月，載於澳門特別行政區政府入口網站：http://www.gov.mo；行政暨公職局網站：http://www.safp.gov.mo，2011年5月31日。

15. 《澳門日報》、《華僑報》，2008年8月4日。

16. 《澳門日報》，2008年8月25日。

17. 《澳門日報》，2008年8月29日。

18. 《新華澳報》，2008年12月1日。

19. 《澳門日報》，2009年10月5日。

20. 見盧明慧：《電子化公文與公共機構流程再造 — 澳門基金會個案分析》。

21. 同上註。

22. 同上註。

23. 同上註。

24. 同上註。

第十章

結果導向型政府

一、結果導向型政府概述

與傳統公共行政只計投入和過程，不計產出不同，新公共管理更加重視政府活動的產出和結果，即重視提供公共服務的效率和品質，由此而重視賦予「一線經理和管理人員」（即中低級文官）以職、權、責，如在計劃和預算上，重視組織的戰略目標和長期計劃，強調對預算的「總量」控制，給一線經理在資源配置、人員安排等方面的充分的自主權，以適應變化不定的外部環境和公眾不斷變化的需求。

新公共管理反對傳統公共行政重遵守既定法律法規，輕績效測定和評估的做法，主張放鬆嚴格的行政規制（即主要通過法規、制度控制），而實現嚴密的績效目標控制，即確定組織、個人的具體目標，與之簽訂績效合同，並根據績效目標對完成情況進行測量和評估。這是組織由過去的「規則驅動型」向「任務驅動型」的轉變。因此，政府為提高行政效率，應積極引進企業管理中的先進方法，即以結果為取向的新公共管理技術，如目標管理（MBO）、全面品質管理（TQM）、標竿管理、成本核算、財務控制、績效預算、績效工資及績效管理等。美國的國家績效評估（National Performance Review）、英國的雷納評審（Rayner Scrutiny Programme）和財務管理新方案（FMI）、澳大利亞的高級文官績效評估等等都是一些具體的管理方法。

績效管理是在設定的公共服務績效目標的基礎上對公共部門提供公共服務的過程進行跟蹤監測並做出系統、全面的績效評估。內容主要包括服務品質、顧客滿意度、效率和成本收益等。公共部門的績效評估主要是以「3E」為標準，即經濟、效率和效益。新公共管理強調個人和機構的業績（績效），各種公共機構被要求制定出業績指標，以此作為衡量目標取得情況的標準；職員個人的業績也較之以前被更系統全面地加以衡量。績效評估系統旨在評價職員個人的業績，評價的結果將是個人晉升、工資福利待遇等的主要依據。

　　新公共管理把一些科學的企業管理方法引入公共行政領域，對提高政府工作效率是有促進作用的。儘管政府公共管理與企業管理或私營部門的管理在各自的目的、物件和方法上有種種差異，完全採用企業管理特別是私營企業的管理方法來管理公共事務並不完全合適，但企業管理的科學性、重視市場需求和顧客的回饋這些方面則可以為公共管理所借鑒。通過將企業管理的講求投入和產出、講求成本核算的精神引入政府公共管理之中，可以提高政府管理人員的責任感，同時還可以更為科學地衡量管理人員的工作業績。

　　傳統的官僚主義政府注重的是投入，而不是結果。由於不衡量效果，所以也就很少取得效果，並且在很多情況下，效果越差，得到的投入反而越多。例如當治安工作不利，犯罪率上升時，有關部門通常會得到更多的撥款。與傳統公共行政只計投入，不計產出不同，新公共管理根據交易成本理論，認為政府應重視管理活動的產出和結果，應關心公共部門直接提供服務的效率和品質，應能夠主動、靈活、低成本地對外界情況的變化以及不同的利益需求做出富有成效的反應。因此，新公共管理主張政府管理的資源配置應該與管理人員的業績和效果聯繫起來。在管理和付酬上強調按業績、按目標進行管理，按業績、按任務付酬。在對財力和物力的控制上強調採用根據效果而不是根據投入來撥款的預算制度，即按使命作預算；按產出作預算；按效果作預算；按顧客需求作預算。

　　重視結果，結果導向：新公共管理建立了一種新的責任機制，不再實行以規則和程序為本的事前控制，而建立以結果為本的事後控制體系。[1]

二、香港

(一)目標為本行政管理[2]

1.改革歷程：成效為本管理工作

　　改革管理程序雖然並不容易，但對持續改善工作表現至為重要。政府明白，個別部門和決策局的管理程序和計劃不盡相同，因此，大家必須合力跨越傳統架構的界限，才能取得實質進步。

　　1997年7月，香港回歸中國，管理改革的步伐也隨之加快。當時的行政長官董建華在首份施政報告中指出，政府的管理必須更注重成效：「要確保公務員能夠為市民提供優良的服務，我們需要一套有效的公務員管理程序」，為此，他委派庫務局局長領導一個專責小組，制定和推行一套以目標為本的行政管理過程或程序，以不斷提高政府服務的素質。所謂目標為本行政管理過程（Target-based Management Process, TMP），是一套行政管理模式，「就是在政府政策及運作層面，為整個政府的管理工作確立明確的目標，從而協助政府履行向市民做出的承諾」。與以往的做法不同，這套新管理模式以成效為目標，而不是以資源投入的多寡來評估成效。

　　政府一直參考外國（特別是新西蘭）的經驗，研究需否改革現行管理程序；更配合行政長官的政策綱領，建議實施目標為本的行政管理過程，確立「以成效為目的、以成效定優劣」的管理目標。有關研究發現，香港政府以往採用的行政管理程序，並沒有確保成效管理的可靠機制，很多時候，政府上層制定的施政綱領，各行政部門未必能夠切實執行，因為以往的管理程序並沒有提供任何措施或制度，以監察施政綱領能否落實，誰最終承擔責任也含糊不清。政府行政程序中的這一問題對決策局局長和部門首長造成很大的壓力。為了確保政策收到預期成效，他們往往要在管理過程中浪費許多時間、精力和資源。

特區政府成立以後，行政長官在1997年發表他的首份《施政報告》時，就教育、安老、經濟發展和房屋問題等向市民做了多項承諾，有關工作涉及多個政策範疇和不同部門。政府各有關部門同時也公開發表了策略性目標小冊子，闡述這些承諾的有關內容。為了把行政長官做出的承諾落到實處，切實有效地執行政府的政策，達成政策目標，政府認為有必要對落實施政綱領的機制進行改革，使具體的管理程序都圍繞政府制定的政策目標。這為以目標為本行政管理過程的推行提供了動力和契機。

新管理程序自推行以來，進度十分理想。政府各部門都公佈施政方針，載列擬達至的成效。新管理程序注重成效，有助於政府把資源用於須優先處理的項目、清楚劃分職責和工作關係，以及統籌各部門所提供的服務。不論組織架構如何，政府都要面對諸如經濟不景氣和面對市民所關注的問題等困難，因此這套管理程序對政府尤其重要。當局亦公佈了《衡量服務表現實用指引》，幫助部門改良衡量工作表現的方法，以及著重工作成果和成效。

2. 目標為本行政管理過程

香港政府採用目標為本行政管理過程，為制定和推行政策訂下明確目標，實踐對市民的承諾。目標為本行政管理過程有助於政府落實「以成效為目的，以成效定優劣」的管理方針，以及解答下列在公共行政管理過程中經常遇到的問題：

- ・政府的目標為何？
- ・政府致力於為市民提供什麼服務？
- ・政府應如何量度工作成效？
- ・政府現在的表現如何？
- ・政府要做什麼才能達到目標？

原有的管理過程難以有效地解答這些問題，原因是目標和成效的標準不

夠明確，政府上層通常以投入多少資源而不是按照所得成效來衡量有關部門和人員的服務表現，政府的決策、管理和運作三個層面之間缺乏一致的服務表現指標。

政府認為目標為本行政管理過程應充分發揮下列功能：(1)為各決策局局長提供一個機制，用以統籌整個政府為落實既定目標而進行的工作；(2)把人力資源和財政資源集中在那些需要優先處理的工作上，保證政府履行最基本的職能；(3)訂明整個政府在政策和運作方面每個層面的目標和衡量成效的標準，並且清楚顯示整體取得的成效；(4)明確各決策局與部門的關係和各自的責任，使政府部門的工作表現能夠配合政府的整體目標；(5)使政府注重施政的具體成效，能加強對有關機構和人員的監察和評核。

3.由上而下的管理架構

政府透過目標為本行政管理過程建立一個由上而下，即由訂定明確施政方針至執行這些方針的管理架構。

施政方針：政府因應市民的需要和關注，制定和公佈有關服務成效的重要施政方針。這些施政方針必須具體明確，才可衡量長遠的工作成效。政府現有的施政方針接近40項，通常須由多於一個局和部門合力推行。

主要成效範圍：主要成效範圍是政府在落實整體施政方針前必須取得成效的工作目標。每項施政方針都包括幾個主要成效範圍，而這些成效範圍就是落實施政方針的元素或組合部份。主要成效範圍與施政方針相比，成效顯然較易衡量，因為工作成果能較快顯現。

施政措施：這些措施是為改善工作表現而採取的實際步驟，使政府在主要成效範圍取得成績，從而達到整體施政方針。以能否依循推行時間表，以及常用的工作成效來衡量，施政措施較易量度，例如以提供額外服務為指標。

工作計劃：政府人員的日常工作就是不停為市民提供服務，這與施政措施的推行工作屬同一層次，而且所需的資源亦最多。這些基線工作也是落實施

政方針的元素。這個層次的衡量準則通常比較具體。

管理架構按目標為本行政管理過程分為多個層次，每個層次都有既定的工作目標和衡量準則。施政方針的衡量準則及指標至為重要，但往往也是最難處理的。有些工作成效特別難以衡量，只好採用一些概略的指標。因此，政府正在制定一些工作成效準則，用作日後工作目標的依據。

政府公佈了「Step-by-Step Guide to Performance Measurement」，協助部門改善衡量服務表現的方法及建立以成效為本的方針。電腦化的服務表現監察系統利用互聯網提供有關不同層面的詳細資料，大大縮短了填寫、傳送和複製長篇工作表現報告的時間。

4.將管理重點和資源放在需優先處理的項目上

目標為本行政管理過程能讓各公共部門清楚知道哪些是政府必須優先處理的工作，因為，每年政府所公佈的施政綱領能讓各有關機構和部門清楚政府致力為市民籌劃各種服務；成效重點則介紹各項施政綱領所涵蓋的工作範圍；各項措施就是部門為貫徹這些施政綱領而確定的主要工作項目。這樣的管理模式便於管理人員將自己的管理重點、可支配的資源放在優先處理的項目上，有助於他們安排日常工作。同時，它也為政府每年的資源分配工作提供重要的依據，使政府比較容易決定各項工作的緩急次序，因為，施政綱領載列的工作重點，既可供準備提出撥款申請的決策局和部門參考，也可作為有關部門批核撥款申請的準則。

5.目標為本行政管理過程的職責劃分

目標為本行政管理過程的職位及職責劃分如下：

- 行政長官、高層資源會議和政策小組負責決定政府的整體長遠目標、總開支和工作優先次序。

- 決策局局長負責推行個別施政方針，並且協調各方的工作。他們須了解市民的關注，並與行政長官、高層資源會議和政策小組共同制定施政方針，繼而定下工作方案和成效目標。他們隨後須界定必須取得的工作成果，為此與有關的部門達成協議，然後制定衡量工作成效的準則。最後，決策局局長須制定促進工作成效的政策、因應情況調整協定的工作成效，並且向行政長官／高層資源會議和政策小組彙報工作進度。

- 部門自訂工作計劃和管理本身的資源，以達到協定的工作成效，並須向決策局局長彙報工作成果，以及交代不足之處，提出補救方法。

6.目標為本行政管理的實踐

目標為本行政管理過程在政府內部是分階段實施的。在1997年，政府就必須優先處理的三個項目，發表了《建屋安民》、《優質教育》和《照顧長者》三個策略性目標小冊子，並就這三套政策目標實施目標為本行政管理過程，作為試點，從中積累經驗。政府成功推行第一階段工作後，又於1998年制定了涵蓋政府各項服務的34本施政綱領小冊子，與該年度的施政報告一併發表，將目標為本行政管理過程推廣到政府管理的各個領域。1999年以後，這一管理程序在所有行政部門推行。為了實施目標為本行政管理過程，政府各部門印刷了小冊子，闡明政府各個服務範疇的施政綱領，同時就施政綱領確定的政策目標擬定了行動計劃和施政方案。至今，各決策局和部門已在不同程度上採用了目標為本行政管理過程作為管理機制，以確保策略性政策目標得以落實。

強調成效，可提高政府的問責程度。政府訂定全面的工作目標和衡量準則後，不但有了明確的工作目標，也令到決策局和部門的職責和關係更加清晰，從而令工作表現和施政方針明確地掛鈎。各決策局局長還可以利用這個機制，統籌各方的工作，以期落實既定的施政方針，以及把工作重點及人力物力

放在優先項目上。此外，目標為本行政管理過程亦有助於政府找出在工作範疇內可能影響整體服務的弊端。

為了了解目標為本行政管理過程的成效，效率促進組曾在2000年上半年訪問了65位公務員，收集他們對目標為本行政管理過程的意見。調查結果顯示，絕大多數被訪者認為這套管理方法有用，但政府顯然需要多下功夫，讓使用者更清楚認識整套程序。這項調查清楚表明，這套嶄新的管理方法確實有助於確定目標和量度管理成效。大多數被訪者（74%）都認為推行這套管理方法的步伐恰當，有更多被訪者表示效率促進組所舉行的簡介會和工作坊為他們提供了有用的支持。不過，調查亦顯示，把目標轉化為簡單而可以量化的措施並不容易，有些目標也難以量化。絕大多數被訪者（88%）希望獲得進一步協助，以便了解如何有效地推行新管理方法。香港政府所採用的新的管理程序也獲得英國內閣辦公室服務表現和革新小組的讚許。該小組在2000年初發表的一份研究報告中，把香港、瑞典和新西蘭同列為推行最佳公營改革的地方。報告指出：「香港政府採用新的管理系統，以及瑞典和新西蘭政府正在推行的改革，是推動政府服務精益求精的最佳例子。」

(二)「ISO品質管理系統國際認證」

1.甚麼是「ISO品質管理系統國際認證」

ISO是國際標準化組織（International Organization for Standardization，ISO）的簡稱。該組織於1987年公佈有關ISO 9000品質管理制度的國際標準，適合於全世界各行業用以提高它們的產品、工程或服務的品質檔次，從而達到世界認可的水平。

ISO總部目前設於瑞士日內瓦。該組織發源於工業界的管理系統模式，旨在建立一套運作程序，然後朝預定目標前進，確保機構能生產優質的產品和提供理想的服務質素。[3]

　　「ISO品質管理系統國際認證」有不同的管理系統標準認證，其中最流行的是ISO 9000品質管理系統標準認證，該系列標準是國際標準化組織在1987年頒佈的一個規範性和依據性文件。它規範了組織為滿足顧客需求而建立的產品／服務品質管理及保證系統的基本組成元素，從而建立一個能保證在整個提供服務的流程中對可能導致錯誤產生的環節採取預防措施的系統，目的是為保證服務符合顧客要求，達到預定產出結果或標準，減少不合格的產品或服務所造成的費用，提高效益。ISO 9000系統強調：(1)事前預防而不是事後補錯；(2)不斷複核及改正重要的流程環節；(3)所有工作都是以政策及程序文件作為基礎；(4)保存有關品質紀錄作為採取必須行動的依據。[4]

　　ISO 9000是目前世界上最完整的品質架構，在全球161個國家共有超過75萬家機構使用，同時也為品質管理系統與一般管理系統設立標準。香港有超過4,000家機構成功獲得ISO 9000認證。澳門自1993年始至2002年初，便有67間機構成功獲得ISO 9000認證。成功獲得認證的機構數目每年均有上升，大部份屬工商業機構，獲得認證的也有政府部門。[5]香港政府從1990年起，已在各部門逐步推行品質管理，並揭發了不少隱藏性的問題，使政府的資源能更完善地運用。[6]公共機構推行ISO與私人企業的程序大致相同，首先要界定其所服務的顧客的需求，定出服務承諾。主要視乎各自所面對的客戶，並制定出相應的體系，故執行情況會不同，但兩者都有最基本的原則。

　　ISO 9001：2000的八條質量管理原則如下：[7]

・以顧客為中心：組織依存於其顧客，因此，組織應理解顧客當前和未來的需求，滿足顧客要求，並爭取超越顧客期望；

・領導作用：領導者確立組織統一的宗旨和方向，他們應該創造並保持使員工能充分參與實現組織目標的內部環境；

・全員參與：各級人員是組織之本，只有他們的充分參與才能用他們的才幹為組織獲益；

．過程方法：將相關的活動和資源作為過程進行管理，可以更高效地得到期望的結果；

．管理的系統方法：識別、理解和管理作為體系的相互關聯的過程，有助於組織實現目標的效率和有效性；

．持續改進：組織總體業績的持續改進應是組織的一個永恆目標；

．基於事實的決策方法：有效決策是建立在對數據和信息分析的基礎上；

．互利的供方關係：組織與其供方相互依存、互利的關係可增強雙方創造價值的能力。

ISO 9000品質標準系統整個流程是由顧客作開端，透過制定一系列的規範性文件，如品質手冊、程序手冊、工作指引及證明文件來規範每個程序的結果，同時對每個程序進行控制及保證其正確性，從而生產能滿足顧客需求的產品或服務。（**圖10.1**）[8]

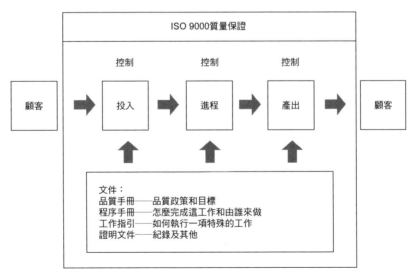

圖10.1　ISO 9000品質標準系統整個流程

資料來源：高炳坤：《顧客導向的公共服務——ISO 9000與服務承諾在澳門公共行政的建立》，載於《行政》，總第44期，1999年6月。

2.路政署的ISO認證

為改善服務及加強品質管理，香港政府路政署於1999年4月開始研究各項可行策略，以申請ISO 9001：2000證書，經各部門的合作訂下各項工作細則，全署四組辦事處同步施行。2001年，路政署四組辦事處均成功獲得ISO 9001：2000證書，並合併為單一版本，成為首個全署獲頒ISO 9001：2000證書的政府部門。

「顧客為本」、「高層領導」、「全員參與」、「流程運作」、「系統管理」、「持續改善」、「實事求是」及「與客互惠」，是路政署施行ISO 9001：2000品質管理制度的八項管理原則。該署的客戶可分為兩類，一為工務局和運輸局（政府部門），一為市民大眾，該署以他們為服務對象，並以他們的要求為依歸。

所謂「顧客為本」，就是對前者的要求，包括興建的工程如期順利進行、不超支、減少工業意外及工程質素須達至國際標準。對於後者，該署則會多興建道路和鐵路以舒緩交通擠塞，減少工程所引致的噪音和污染，或因交通改道而引致的不便。

為成功推行品質管理制度，路政署首先成立部門及分組品質管理委員會，分別由署長和首長級人士（D2以上）為主席，領導各部門工作，亦要求全署上下2000餘名員工參與，並嚴格遵守各項細則。品質手冊中有系統的管理制度，路政署就透過品質管理委員會、內部品質審核隊、工作小組等，有系統地定期舉行檢討會議及進行內部各項審核。

為配合ISO 9001：2000於持續改善方面的要求，該署現已著手推行一站式電話服務，處理市民的投訴及諮詢；同時亦會擴大使用資訊科技的範圍，如透過內聯網發放資訊，減少使用紙張及加快信息傳遞；使用電子化處理工程項目、掘路申請、圖則、文件等。

申請ISO 9001：2000證書的過程能夠順利進行，原因是路政署一直以來

都非常注重品質管理，沿用ISO的精神來辦事，故認證的過程只是多一重申請而已。不過在認證後，各員工對品質管理的認識加深，對自己的職責亦更清晰，亦更注重內部各項審核，各部門的運作模式也更趨統一。[9]

3. 1823政府熱線獲國際標準化組織（ISO）10002認證

2007年6月13日，是綜合電話查詢中心（「查詢中心」）的大日子。當日查詢中心獲國際標準化組織（ISO）10002認證。2006年年中，查詢中心透過香港品質保證局申請認證，目的是要客觀評估投訴處理機制的運作水平。查詢中心接受ISO 10002投訴管理體系認證有關的投訴處理程序。香港品質保證局就查詢中心現行投訴程序，擬備差距分析評審報告。查詢中心根據報告，消除經確定尚未符合標準之處，務求達到國際標準化組織的標準。香港品質保證局為查詢中心開設培訓課程，指導職員如何以更具透明度而又公平的方式處理投訴。[10]

查詢中心1823政府熱線（詳見本書第七章）自2001年7月成立運作至今，在為市民提供優質服務的大前提下，不斷精益求精。管理層除了不斷檢討運作模式，亦會參考國際專業指標，務求服務質素可以與時並進。

具成效的投訴處理對於部門甚至整個政府都相當重要。優質的投訴處理是負責任的政府所不可缺少的。為了將投訴處理的運作水平基準化，熱線中心在2006年年中決定透過香港品質保證局參與ISO 10002的認證。

ISO 10002為國際標準化組織就有關投訴處理的認證，為投訴處理制定完善的總體基本框架，當中包括投訴處理的服務承諾、流程的策劃和設計、實際運作、保持質素和持續改善。除此以外，ISO 10002亦為投訴處理機制定下指導原則，包括透明度、可達程度、回應、客觀程度、收費、保密程度、以客為本、責任及持續改善。

查詢中心是首個透過香港品質保證局榮獲ISO 10002認證的政府部門／機構。查詢中心獲得認證，確切肯定了政府在投訴處理上努力的成果。[11]

三、澳門

(一)澳門政府「ISO品質管理系統國際認證」

1. 背景

　　澳門政府在1999年《施政方針》的行政和公職領域中提出了「研究ISO 9000品質標準管理系統在公共部門應用」的計劃，一些政府部門開始因應業務發展需要而逐步引入ISO 9001：2000品質管理系統國際認證，這對於行政管理、工作效率、服務質素以至公務人員的責任意識，均有正面的促進作用。

　　為配合第二屆特區政府「提升綜合生活質素」的總體施政目標，2005財政年度施政方針行政法務範疇提出未來五年的工作，在行政領域方面必須以社會及市民的整體利益為前提，繼續秉持「以民為本」、「與時並進」的理念，以「自我完善、質素為上」作方針，堅持整體提升公共行政質素的目標，推進內部管理和對外服務的公共行政民主化，進一步深化行政改革，從而提高和改善公眾對政府的滿意度和合作關係。其中，在行政管理部份，會以推廣ISO 9001：2000品質管理系統國際認證作為重點工作之一，而行政暨公職局會繼續投入更多資源，透過舉辦解釋會、交流活動和提供技術支援，鼓勵及推動更多政府部門考取ISO 9001：2000品質管理系統國際認證，優化內部管理運作及工作流程，提升效率及責任承擔。為了協助部門進行認證，行政暨公職局會發展ISO內審員第二方審核活動計劃，讓工作人員學習該系統的管理原則和標準，同時加強不同部門的人員調動，應付認證所需的審核活動。至於已考取認證的部門，則需持續強化質量監管，不斷把認證範圍擴展深化。[12]

2.澳門政府已考取ISO認證的公共部門及相關資料

　　為了對澳門政府服務進行系統化的監管及國際標準管理，通過「市民滿意度調查」、「服務承諾認可制度」及「ISO國際管理標準認證」，構成了一

套較為完整的服務評估管理機制。政府部門主要傾向服務承諾，推行的部門現時正陸續增加。ISO要求遠比服務承諾高，它要求部門整體性協調一致，人員由上而下按照嚴格的既定流程工作，即使在獲得品質管理認證證書後，還要接受考牌公司的定期查核和評審，如屆時達不到有關管理標準，仍有可能被取消牌照。[13]

港務局的政府船塢在2000年12月獲得頒發ISO 9002國際質量認證，成為第一個獲得該項認證的政府部門。政府部門不斷追求進步，迄今，11個部門共63個附屬單位成功考取達到國際管理水平的ISO認證（**表**10.1），包括政府船塢、身份證明局、澳門基金會、澳門大學、印務局、澳門理工學院、衛生局、民政總署及行政暨公職局等，提升了公務人員的責任意識，加強了其工作效率及服務質素。當中身份證明局考取了「資訊安全管理系統認證」、民政總署及印務局更考取了「環境管理系統認證」，把環保理念滲入日常工作細節，樹

表10.1 澳門政府已考取ISO認證的公共部門

【按部門首次審核日期的先後排序】

序	部門	認證類別	認證範圍	首次審核日期
1	港務局 *	ISO 9001：2000**	船舶建造及維修	2000年12月
2	身份證明局	ISO 9001：2000	旅遊證件廳：申請、審核、製作、物料保存以及其保安而形成的作業系統	2001年5月
			刑事記錄處：申請、審核、製作、物料保存以及其保安而形成的作業系統	2004年1月
		ISO 27001：2005	旅遊證件廳：製作、資料備份及存檔、資訊科技系統研發及網絡基建營運	2007年3月
			刑事紀錄處：製作、資料備份及存檔、資訊科技系統研發及網絡基建營運	2007年3月
3	澳門基金會	ISO 9001：2000	財政廳	2002年2月
4	澳門大學	ISO 9001：2000	行政部門行政系統（第一階段）	2002年7月
			行政部門行政系統（第二階段）	2003年5月
			教學部門的行政系統	2005年5月
			獨立學術單位行政辦公室	2007年5月

（續）表10.1　澳門政府已考取ISO認證的公共部門

序	部門	認證類別	認證範圍	首次審核日期
5	印務局	ISO 9001：2000	提供圖像及版面設計以及出版、印刷及裝釘服務	2002年10月
		ISO 14001：2004	提供圖像及版面設計以及出版、印刷及裝釘服務	2008年12月
6	澳門理工學院	ISO 9001：2000	人事管理、採購及財產管理	2003年5月
			所有行政及技術部門（不包括學術單位）	2006年6月
7	衛生局	ISO 9001：2000	捐血中心	2003年7月
		ISO/IEC17025：2005	檢測和校準實驗室能力認可	2005年12月
8	民政總署	ISO/IEC17025：1999	化驗所	2003年10月
		ISO 9001：2000	投訴管理系統	2004年6月
			會計服務	2004年10月
			為民政總署提供車隊管理系統	2005年5月
			道路工程准照及其監管系統	
			文件收發管理	2006年5月
			街市稽查及監管工作	2006年11月
		ISO 14001：2004	民政總署管理委員會辦公室的行政管理範疇	2007年6月
			為民政總署提供車隊管理系統	2007年9月
			山水網絡系統管理	2009年10月
9	行政暨公職局	ISO 9001：2000	公眾服務暨諮詢中心及所有與其運作相關的支援單位	2004年2月
10	社會工作局	ISO 9001：2000	住院戒毒初級治療及社會心理服務	2005年9月
		ISO 9001：2008	為社會服務設施提供與准照相關的服務	2009年5月
11	勞工事務局	ISO 17025：2005	職業衛生檢測	2009年5月

註：*港務局的ISO系統是因應政府船塢於2005年7月重組納入該局而獲取

　　**政府船塢於2000年12月考取ISO 9002：1994質量認證，在 ISO 轉為 2000版後，於2003年1月轉為 ISO 9001：2000 版

資料來源：《澳門特別行政區優化公共服務》，載於行政暨公職局網站：http：//www.safp.gov.mo，2010年10月31日。

立承擔社會責任的榜樣。[14]事實上，獲得認證的部門在實施ISO質量管理系統後，透過對各項程序的監控，使政府資源得到科學化的管理和運用。同時，部門之間以及部門內部的溝通亦更為暢順，大大提升了工作效率及質素。

3.民政總署的ISO認證

民政總署（「民署」）是申請和獲得最多ISO認證的政府部門，2004年11月3日，民政總署獲香港通用公證行有限公司頒授「投訴管理系統ISO 9001：2000」證書。投訴管理系統有助於民署處理和分析居民提出的問題和意見，從而找出服務不足之所在，進而做出改進，以期更符合市民的需求。在全球140個國家設立1,000間辦事處及實驗室的香港通用公證行／SGS集團是全球發證量最大的機構。

據披露，民署2004年首九個月接獲各種投訴個案超過13,000宗，較去年同期微升0.2%。在處理量不斷增長及逐漸積累經驗之後，投訴管理系統已具備深化改進的條件，故此引入「ISO」以客為尊的服務理念，使每項工作均須經過品質認證管理所要求的規劃、執行、查核和審查四個步驟。

民署以「處理市民投訴、建議的工作」考取「ISO」認證，顯示出民署以積極態度正視市民提出的意見，也顯示出民署員工勇於接受挑戰的決心。「ISO」認證，使市民反饋的意見能獲得快速回應。特區政府致力於推動公共行政改革，引進包括「ISO」國際認證等方法，努力提升政府部門效率和強化責任承擔，從而為市民提供優質高效的服務。[15]

2005年1月25日，民署舉行財務處會計範疇ISO 9001：2000證書頒發儀式，香港通用公證行國際認證服務部向民署頒發有關品質管理系統證書。民政總署作為專責民政民生的部門，成立以來配合特區政府「以民為本」的施政理念，致力於提供優質便民的服務，並且在行政運作上，不斷完善內部管理機制，加強各部門的協調合作和溝通，積極提升行政管理的水平，透過各種先

進、科學的方法嚴格控制公共服務的質量。這次是在一年左右的時間內，繼化驗所、投訴管理系統後，民政總署所轄的部門中第三個取得ISO國際認證，而部份部門亦已啟動了考取ISO認證工作的一系列的部署，反映出民政總署全體人員銳意提供優質服務和勇於接受挑戰的決心。事實上，財務處在實施ISO品質管理系統後，透過對各項程序的理順及監控，不但提升了工作效率及質素，獲得其他部門的信任及認同；更重要的是，促使了民政總署的會計工作更加規範和準確，使政府資源得到科學化的管理。[16]

2005年10月28日，民署的交通運輸部及道路渠務部獲頒ISO證書。民署的車隊管理系統及坑道工程的准照審批及監管項目分別獲ISO質量認證，民署希望科學化管理政府資源及提升工作效率。香港通用公證行國際認證服務部向民署頒發ISO 9001：2000品質管理系統證書。這次成功考取ISO國際認證的項目是民政總署車隊管理系統，以及坑道工程的准照審批及監管。為配合不同工種部門的工作，民政總署具備600台機動車輛，擁有特區政府第二大公車車隊。民政總署車隊管理系統通過ISO 9001：2000質量認證，標誌著在公車管理方面翻開新的一頁，在傳統工作上有所創新和突破。

本澳作為一個急速發展的城市，各類鋪設水、電、電訊的管道工程近年不斷增加，因此，審批坑道工程准照及監管工程的工作日益重要。民政總署經過近半年的努力，坑道工程的准照審批及監管項目以優良成績考取ISO 9001質量認證，提升了工程質量，確保了施工安全和規範。[17]

2007年4月10日，民署文件收發管理、街市稽查及監管、車輛檢驗服務早前考獲香港通用公證行國際認證服務部ISO 9001：2000證書，於是日舉行證書頒發典禮。為了貫徹向居民提供高效、優質服務的理念，自2003年開始，民署多個部門陸續引入ISO。民署行政輔助部行政處文書及檔案中心在顧問公司的專業指導下，經該部門全體人員及質量控制辦公室員工的努力，於2006年5月25日順利通過外部質量審核，成功考取質量認證。衛生監督部街市事務處的

「街市稽查及監管工作」項目於2006年4月底啟動考取認證程序，透過完善質量管理體系的表現，是年11月30日也順利通過了外部質量審核，以優良的成績考取認證。交通運輸部運輸事務處的「車輛檢驗服務」項目，認證範圍包括：一，輕型、重型汽車和摩托車之年檢、複檢及審核；二，更改車輛及車廂之檢驗；三，失事車輛認定服務。

在考核認證期間，各單位主管及員工投入了時間和努力，在確保日常工作正常運作的同時，兼顧各種手冊、指引、問卷、內部審核、人員培訓計劃及持續改善計劃等相關工作，全面發揮團隊精神，樹立了良好範例，將持續改善的理念帶到民署其他部門。今後將繼續以科學化的管理模式及持續改善的服務態度，不斷自我優化，更好地為居民服務。[18]

2010年6月29日，以科學管理改善服務證書頒發典禮在民政總署大禮堂舉行，民政總署轄下的「民政總署出版書籍倉存管理」、「進口急凍與冰鮮肉類及其製品檢驗檢疫的抽樣管理」及「山水網絡系統管理」，分別獲得香港通用公證行國際認證服務部ISO 9001及ISO 14001認證，有關認證單位讚揚說：民署為市民提供的市政服務不斷改善，並在服務上加入環境保育元素，對服務質量及環境保護做出了貢獻。

民政總署行政輔助部培訓及資料儲存處的「民政總署出版書籍倉存管理」、衛生監督部食物衛生檢驗處的「進口急凍與冰鮮肉類及其製品檢驗檢疫的抽樣管理」榮獲ISO 9001：2008質量管理體系認證；園林綠化部自然護理處的「山水網絡系統管理」，則榮獲ISO 14001：2004 環境管理體系認證。

獲取國際質量管理體系認證的民署培訓及資料儲存處，透過強化民政總署出版書籍的管理，有效評估及利用公共資源，而食物衛生檢驗處於進口急凍與冰鮮肉類及其製品檢驗檢疫上，提升其抽樣管理運作，加強了大眾對此類食品的信心。環境管理體系認證方面，自然護理處利用郊野公園內的天然水資源作園內的清潔及灌溉用途，既減少自來水的使用，亦可向其他部門及市民大眾

宣導珍惜水資源的理念。

　　民署至今已有十個工作範疇考取ISO 9001質量管理認證、四個工作範疇考取ISO 14001環境管理認證及一個工作範疇考取ISO／IEC17025水質檢驗認證，今後將繼續以科學化的管理模式及持續改善的服務態度，不斷自我優化，為市民提供更好的服務。[19]

四、小結

　　新公共管理的其中一個主要關注重點是結果。然而，將其應用到人性化服務中的效果是非常值得懷疑的。此外，目前，由於基準的缺乏，使績效評估極不穩定。缺乏測量的工具是另一個問題，工作的性質也提出了精確測量的問題。許多結果，如心理發展、改善自我形象等是非常主觀和難以用任何有意義的方式衡量的。此外，結果的出現往往需要一個很長的時間跨度。

　　新公共管理強調對產出或績效目標進行精確的界定、測量和評估，但政府的許多服務專案，其產出、成本以及績效都是難以量化的，因而也就難以準確測量和評估。但港澳政府部門的ISO品質認證似乎是一個例外，通過ISO品質認證，產出／績效目標便可得到界定、測量和評估，使公共服務的質量得到保證與監察，造福於市民。

註釋

1. 參見http：//www.baidu.com，http：//www.yahoo.com.hk及http：//www.google.com 所載有關「新公共管理」（New Public Management）的中、英文網絡資料，2011 年5月31日。

2. 參見效率促進組網站：http：//www.eu.gov.hk，2011年5月31日；陳瑞蓮、汪永 成：《香港特區公共管理模式研究》，北京：中國社會科學出版社，2009年5 月，第176-182頁。

3. 《澳門日報》，2001年4月22日。

4. 見高炳坤：《顧客導向的公共服務──ISO9000與服務承諾在澳門公共行政的建 立》，載於《行政》，總第44期，1999年6月。

5. 《澳門日報》，2001年4月22日；《正報》，2002年7月4日。

6. 《華僑報》，2001年1月9日。

7. 《華僑報》、《澳門日報》，2002年7月4日。

8. 同註4。

9. 《香港經濟日報》，2001年7月9日。

10. 見《公營部門改革通訊》，效率促進組編印，第十期，2006年12月，載於效率 促進組網站：http：//www.eu.gov.hk。

11. 見《公營部門改革通訊》，效率促進組編印，第十二期，2007年6月，載於效率 促進組網站：http：//www.eu.gov.hk。

12. 參見《澳門特別行政區優化公共服務》，載於行政暨公職局網站：http：//www. safp.gov.mo，2011年5月31日。

13. 《澳門日報》，2001年1月9日。

14. 見《公共行政改革路線圖──總結及執行情況報告》，澳門特別行政區政府， 2009年12月，載於澳門特別行政區政府入口網站：http：//www.gov.mo。

15. 《華僑報》，2004年11月4日。

16. 《新華澳報》，2005年1月26日。

17. 《新華澳報》，2005年10月28日。

18. 《澳門日報》，2007年4月11日。

19. 《市民日報》，2010年6月30日。

第十一章

小型化與分權的政府

一、小型化與分權的政府概述

　　小型化與分權模式雖然沒有像效率驅動模式那樣處於支配地位，但其影響力正在不斷增強，地位日益重要，它與20世紀以來組織結構的變遷密切相關，即20世紀前3/4世紀（1900-1975年）組織結構向大型化、合理化、垂直整合等級（科層制）的歷史轉變已走向它的反面，上世紀最後的25年出現了組織發展的新趨勢，包括組織的分散化和分權，對組織靈活性的追求，脫離高度標準化的組織體制，日益加強的戰略和預算責任的非中心化，日益增加的合同承包，小的戰略核心與大的操作邊緣的分離等。這些趨勢既出現在私人部門，同樣也出現在公共部門。從歷史上看，公共機構提供大眾服務和大規模提供標準化產品以及控制市場都可看作是一種「福特主義」（Fordist）的生產方式——它在二戰後達到了它的頂峰。用組織理論的術語來說，福特主義的企業也可以看成高度官僚化、有著辦公室的層級、規章制度和非人的、正式的關係氣候，它與公共部門具有同樣多的官僚主義的症狀。從70年代末期以來，無論是在私人部門還是在公共部門，都出現了向「後福特主義」組織結構模式迅速轉變的趨勢。這種新的組織形式以垂直整合組織形式的解體和組織靈活性的日益加強作為特徵，大型的組織縮小規模，合同承包越來越多被採用，並分散為更具自主性的商業單位。

　　當代公共部門組織結構變遷趨勢反映了小型化和分權模式，它們的要點是：從早期強調以市場為中心向更精緻和更成熟的準市場擴展，從計劃到準市場的轉變成為公共部門配置資源的機制；從層級管理向合同管理的轉變；較鬆散的合同管理形式的出現；小戰略核心與大操作邊緣的分離，市場的非戰略職能的合同承包；分權和小型化——公共部門領取薪金者的大量減少，向扁平型組織結構的轉變，組織高層領導與低層職員的減少；公共資助與獨立部門供應相對分離，購買者和提供者分離組織以及作為一種新組織形式的購買型組織的

出現；從「命令與控制」的管理方式向諸如影響式管理、組織網路形式相互作用一類的新風格轉變，對組織間的戰略日益重視；從標準化的服務向靈活多樣的服務系統的轉變等。

「新公共管理」理論提倡以授權、分權的辦法來對外界變化迅速做出反應。政府應廣泛採用授權或分權的方式進行管理。在傳統官僚制組織中，權力高度集中，下層人員往往缺乏自行處置的權力。政府組織是典型的等級分明的集權結構，這種結構將政府組織劃分為許多層級條塊。人們認同自己所屬的基層組織，跨組織層次之間的交流極其困難，使得政府機構不能對新情況即時做出反應。由於資訊技術的發展趨勢，加快決策的壓力猛烈地衝擊著政府的決策系統，政府組織需要對不斷變化的社會做出迅速的反應。企業界經理採取分權的辦法，通過減少層級、授權和分散決策權的辦法迅速做出反應，從而有效地解決問題。因此，政府也應該通過授權或分權的辦法來對外界變化迅速做出反應。政府應將社會服務與管理的許可權通過參與或民主的方式下放給社會的基本單元：社區、家庭、志願者組織等，讓他們自我服務、自我管理。奧斯本和蓋布勒說：「當家庭、居民點、學校、志願組織和企業公司健全時，整個社區也會健康發展，而政府最基本的作用就是引導這些社會機構和組織健康發展。……那些集中精力積極掌舵的政府決定其社區、州和國家的發展前途。它們進行更多的決策。它們使更多的社會和經濟機構行動起來。」這是因為，健康而有活力的社會基本單元構成健康而有活力的國家。新公共管理認為，與集權的機構相比，授權或分權的機構有許多優點：比集權的機構有更多的靈活性，對於新情況和顧客需求的變化能迅速做出反應；比集權的機構更有效率；比集權的機構更具創新精神；能夠比集權的機構產生更高的士氣、更強的責任感、更高的生產力等等。

「新公共管理」作為公共部門管理的新模式，正在成長並且日益取代舊的公共行政模式。它是一種以強調明確的責任制、產出導向和績效評估，以準

獨立的行政單位為主的分權結構（分散化），採用私人部門管理、技術、工具，引入市場機制以改善競爭為特徵的公共部門管理新途徑。新公共管理主張公共服務機構分散化和小型化。「新公共管理」運動中最重要的結構性變革在於建立執行機構或半自治性的分散機構，讓它們負責公共專案的執行和公共服務的提供。由一個部長負責的龐大的部（委）結構被分解成許多執行機構，每個機構負責一個或數目有限的公共服務供給，部裡僅留下少數文官負責制定政策、計劃和協調工作。分散化的優點是縮小官僚機構的規模和集中化程度。新公共管理主張精簡機構和人員，減少管理層級，以消除官僚制的繁雜。政府應調整自身的組織結構，使組織結構向扁平化、平面化的趨勢發展，這些措施都是對傳統行政管理理念和措施的顛覆，開闢了公共管理的新時代。[1]

二、英國的執行機構

上世紀70年代末期，提升公營部門的效率成為英國政府的首要工作之一。1979年成立的效率促進部（Efficiency Unit）在1988年發表了一份題為《改善政府管理：下一步行動》（「*Improving Management in Government: The Next Steps*」）的報告（下稱「下一步行動報告」）。該報告指出：長期以來，缺乏真正的壓力以迫使政府機關改善績效、提高工作效率。報告建議把整體的部、委分解成若干機構，在一個政策及資源架構內執行政府的行政職能，而該等機構的職務範圍則由負責有關工作範疇的大臣審批。

根據下一步行動報告的建議，執行機構（executive agency）陸續成立，其用意是改善公務員的管理制度，以及向市民提供更物有所值和更佳的服務。英國政府設立執行機構的目的，是以可供使用的資源，提供更有效率及更有效的政府服務。部長同執行機構在談判的基礎上就機構應完成的任務及其在具體運作方面的靈活度達成協議，也就是績效合同。執行機構的首長由來自公共和

私人部門的人員進行競爭產生，他們不是終身制，每三年必須重新申請一次。為了招納賢能，給其待遇相當優厚，對於成績突出者，所發的獎金高達其工資額的20%。到1996年，英國成立了126個這樣的執行機構，將近75%的公共服務由這些機構承擔。[2]

英國政府會考慮選取有能力賺取足夠收入來應付開支的執行機構，作為轉以營運基金方式運作的對象。執行機構在多方面均與營運基金（詳見本書第六章）類似，但與營運基金不同的是，執行機構並非財政自給，他們仍須每年向國會申請撥款，經費仍須立法機關投票通過，並且無須達至一個訂明的財政回報率。此外，這些機構也無須面對市場競爭，因此亦不會從中受惠。

執行機構化（agencification）有如下特點：[3](1)執行機構仍隸屬於公務員架構及政府體制，但他們在財政、薪酬及人事方面獲授予較大的權力；(2)執行機構與其原屬部門之間協議的概要文件，列明該機構的財政及服務表現目標。執行機構須透過出版年報，彙報工作表現；(3)提供獨立於政策性工作以外的服務；(4)執行機構的總裁只要相信該服務的方式恰當，理論上有絕對酌情權決定提供服務的方式；(5)人手編制主要是公務員，但高級人員透過公開招聘委任，如總裁通常透過公開招聘程序以固定合約形式獲聘任。該合約通常訂有一項有關薪酬與表現掛鈎的條款；(6)部長無須親自負責執行機構的日常職務，但仍須就機構的工作表現承擔最終責任，並向國會負責；(7)當局在設立執行機構前，已考慮有關把某些政府職能取消、私有化、外判及合併的所有方案。有關執行機構通常每五年就這些方案進行一次檢討。

英國的執行機構是實現新公共管理所主張的組織結構分散化、小型化和分權化的著名例子。

三、香港

(一)架構重組[4]

　　一所機構的組織架構在增添新的職能後會逐漸擴大,而且往往會變得過於複雜、浪費和不符合當時的要求。運作環境出現重大改變,例如政府委任新的主要官員,正好提供機會讓機構簡化組織架構。

1.重組架構的好處

　　簡化組織架構可以:

- 確保機構的資源和管理人員集中應付真正須優先處理的工作;
- 創造更多有價值的職務,增加職員的滿足感;
- 減少層級和重疊,擴大職員的職能;
- 根據顧客的需要和反映的意見,向他們提供更具效率和成效的服務;
- 減少組織屏障,使運作流程更加暢順有效;
- 提升機構應付日後轉變的能力;
- 使機構有機會引進新設備和技術;
- 降低成本。

2. 架構重組:重組架構的機會

　　要改善機構的表現,應先從機構的策略和運作流程著手。在下列情況下檢討機構的架構和推行改革,尤見成效:

- 機構的職責範圍和性質曾經或正在計劃做出重大轉變;
- 機構的策略和使命,或其顧客和宗旨有重大轉變;
- 現行架構有礙促進效率;
- 現有的組織架構過於複雜;

・當機構為提高靈活性和獨立性而合併或分拆時，有機會進行重組；

・顧客不容易獲得所需的全部服務，提出投訴；

・有需要為新增或擴展的服務物色及／或重行調配資源。

3. 架構重組：效率促進組如何提供協助

效率促進組可提供以下支援：

・協助主要官員進行決策局和部門的檢討；

・根據機構實現現行目標所取得的成績，並與最佳模式做一比較，藉此檢討現行組織架構的成效；

・參考有關組織設計的嶄新概念、最佳模式的原則，以及其他政府和私營機構目前採用的模式，協助設計全新的組織架構或修改組織架構；

・提供明確的服務或資源，包括計劃和改革管理，協助機構過渡至新的架構。

4. 架構重組：效率促進組的往績

效率促進組與決策局和部門曾攜手合作的項目包括：

・研究政府化驗所的工作，在資源緊絀的情況下，能滿足外間不斷增加的服務需求。目前，該研究正在進行中，並已發現在不少地方可與其他部門的化驗室重組服務，使資源調配更為有效；

・為處理規劃及地政事宜的部門進行基本開支檢討，包括檢討各類已執行的工作，以及如何將這些工作妥善地分配給各個相關部門；

・檢討環境保護署高級管理層的架構，評估該署需要多少高級職位來應付目前和日後增加的工作量；

・檢討土木工程署的架構，檢討和精簡了土力工程處、土木工程處與專責事務處的關係，使該署能夠以更集中的方式提供服務；

・由於與前管理參議署合併，效率促進組最近亦經歷架構重組，因此對涉及重組的實際問題，具備最新的第一手經驗。是次合併令營運開支節省了超過10%。

效率促進組近期與各政策局和部門合作的項目包括：(1)家禽屠房；(2)投資推廣署工作的成本效益；(3)僱員再培訓局行政辦事處；(4)消費者委員會處理查詢及投訴；(5)改善入境事務處的查詢服務；(6)教育局區域教育服務處；(7)在消防處推行文件管理系統；(8)為政府物流服務署更換「運輸管理資訊系統」；(9)勞工處的勞工視察管理彙報系統；(10)提升破產管理署的管理資訊系統；(11)在多個局及部門模擬及試行「總務及檔案室資訊自動化系統」（GLORIA）。

5.GLORIA系統試行計劃[5]

GLORIA全名為General Office & Registry Information Automation（「總務及檔案室資訊自動化系統」），用戶可利用這個電子存檔系統，在自己的電腦上處理電子檔案。

除效率促進組外，房屋署、法律援助署、電訊管理局、運輸署亦已引進和推行GLORIA系統。

效率促進組以香港警務處所開發的系統原型為基礎，根據不同部門的運作需求，將GLORIA系統的功能提升。此外，為了提高GLORIA系統的功能和使用效率，效率促進組轄下的GLORIA小組更提供技術和業務流程重整方面的支援。

GLORIA系統具有多項優點。第一，容易使用。GLORIA系統的電子版面模擬政府部門現時採用的紙張檔案樣式（錄事和存件）設計，對使用者來說，感覺上毫不陌生，所以很容易適應新系統。第二，高效能。相比紙張檔案，GLORIA系統的最大優點是容許多個使用者同時取用資料。此外，系統亦設有

欄位和全文搜尋等各種搜尋功能，相對於檢索紙張檔案，可節省不少時間。GLORIA系統更備有電子工作流程功能，加快檔案傳送之餘，亦方便員工之間就呈交的錄事做出批核和批示。此項功能令工作效率大大提高，尤其是對辦事處分散各處的部門效益更大。第三，可靠穩當。由於所有檔案都儲存在作為中央數據庫的伺服器內，因此採用GLORIA系統，可減低遺失檔案的機會。另外，系統的稽查和追索功能，不但可顯示所有處理過有關檔案的人員紀錄，更會在預設時間提醒有關人員處理未完成事項。

GLORIA系統在Lotus Notes平台上運作，可完全配合政府部門現時採用的Notes Mail電子郵件系統使用。

四、小結

新公共管理強調機構分解和權力下放的重要性，認為政府可以把巨大的官僚組織分解為許多半自主性的執行機構，特別是把商業功能和非商業功能分開，決策與執行分開。將龐大的官僚架構分解成更小、更分散的單元及將政策執行的職能與決策職能分開，工作被分散到各個單元以使權力下放，可以實現快速、靈活的決策，更好地迎合並響應迅速變化的市民需要和需求。英國的執行機構是一個範例，港澳政府亦可通過架構重組跟進。

註釋

1. 參見http://www.baidu.com，http://www.yahoo.com.hk及http://www.google.com所載有關「新公共管理」(New Public Management)的中、英文網絡資料，2011年5月31日。

2. 參見林潔儀：《營運基金的運作》，香港立法會秘書處資料研究及圖書館服務部，2003年2月18日，載於香港立法會網站：http://www.legco.gov.hk；李鵬：《新公共管理及應用》，北京：社會科學文獻出版社，2004年10月，第122頁；R.A.W. Rhodes, *Understanding Governance: Policy Networks, Governance, Reflexivity and Accountability* (Buckingham, Philadephia: Open University Press, 1997).

3. 見林潔儀：《營運基金的運作》。

4. 見效率促進組網站：http://www.eu.gov.hk，2011年5月31日。

5. 見《公營部門改革通訊》，效率促進組編印，第九期，2006年8月，載於效率促進組網站：http://www.eu.gov.hk。

第十二章

靈活性／彈性化政府

一、靈活性／彈性化政府概述

新公共管理把傳統的政府人事管理／公務員制度調整到整體性人力資源開發上。西方文官制度／官僚制本為避免分贓制（Spoil System）的不良影響而設立，它有助於保持社會公平和政治穩定。然而，它的缺陷是忽視了政府的效率。傳統公共行政模式下的人事制度是硬性的。公務員一經考核通過，便被常以任之，並且工資、薪水及福利等的多寡均以職位的高低為衡量依據。

新公共管理的一個基本取向是脫離官僚制，即試圖使組織、人事、任期和條件更具靈活性。新公共管理理論強調人力資源管理，重視對人力資源的開發，提高在人員錄用、任期、工資及其他人事管理環節上的彈性。新公共管理對公務員制度的一些重要原則進行了改革：通過推行臨時僱傭制、合同制等新制度，打破傳統文官制度「常任文官，無大錯即不得辭退免職」的規定，公務員（文官）的永業觀念已被打破。合同僱用、臨時僱用等的出現，以短期合同制替代常任制，使僱員的解聘更容易，公共職務都儘量要向社會公開招聘。僱員們必須用「工作業績」說話。好的僱員繼續聘用，表現差的僱員立即解僱。這種有利於人才競爭、有利於政府工作高效運作的管理方式借鑒了現代私人企業人力資源管理思維。

新公共管理引入績效工資制以及明確的績效標準與績效評估，注重人力資源戰略與計劃的制定與評價，實行不以固定職位而以工作實績為依據的績效工資制。業績評估和績效工資制成為一種主要的報酬方式，主張全面的貨幣化激勵，不過分主張傳統的道德、精神、地位和貨幣等因素的混合以及單一的固定工資制的激勵機制，金錢誘因和自由裁員成為新的管理風格。

如此一來，傳統的片面強調對人的控制的人事管理模式正在向注重人才的培養與開發、以人為本的人力資源管理模式轉變。僱員招聘管理，僱員錄用方法的選擇，職前教育與培訓，僱員業績考核系統的建立以及僱員薪酬管理和

僱員職業前程規劃等環節上，試圖從根本上改革政府原有的人事制度，建立選人、用人的有效機制，吸引優秀人才充實行政管理隊伍。上述合同僱傭制、績效工資制、人力資源開發和組織發展等原則或措施均主要來自於私人部門的管理實踐。這也導致了公共部門管理與私人部門管理在理論和方法上出現新的融合。[1]

靈活性／彈性化政府乃來自彼得斯在《政府未來的治理模式》一書中所提出的以新公共管理定向的四種治理模式，即市場化政府模式、參與型政府模式、靈活性／彈性化政府模式和解除規制政府模式。靈活性／彈性化政府模式主張採用可選擇性的結構，聘用臨時性和兼職性員工，設立虛擬組織，並不斷撤銷現有的組織，目的是避免組織的僵化並達至創新。應打破組織的永久性以提高政府的應變能力及整體效率、減低政府的成本。

根據新公共管理的精神，美國政府提出下列公共人事管理的改革建議（美國National Commission on the State and Local Public Service, 1993）：[2]

- 下放權力給下級，特別是前線單位；
- 取消過時的人事規則及限制；
- 簡化職位分類、薪酬制度及表現評核方法；賦予公共管理人員更大彈性去獎勵及激勵下屬；
- 簡化公務員的招聘程序、縮短招聘所需的時間；
- 簡化辭退不稱職公務員的手續；
- 加強公務員的培訓；
- 減少公務員數目；
- 服務外判、民營化；
- 多聘請合同工、臨時工、兼職工。

二、香港

(一)香港政府人力資源管理──公務員體制改革

1.公務員體制改革的背景

　　因為1997年亞洲金融危機，香港市民遭受失業、減薪、股票和物業價格下滑之苦。經濟低迷使人們對政府的期望上升，特別是改善經濟方面。然而，長期的經濟不景氣，不僅降低了對特區政府的信譽，市民還將不滿指向其他政策失誤。幾個大的事件進一步損害了公務員的形象。1998年新機場啟用的失誤和1997年爆發的禽流感危機導致公眾對公務員處理危機能力的信心喪失，並受到媒體和公眾的嚴厲批評。對公務員的不當行為和低效率的報告更令情況惡化──市政總署污水垃圾收集隊被發現欺騙管理層及偽造工作紀錄；1998年審計署的衡工量值審計報告揭發，水務署大部份的抄表員很早便下班，八小時工作卻休息了三至五個小時。人們敦促政府對外勤工作公務員實施更有效的監督。不同的民意調查顯示，香港市民對特區政府表現的評價在1998年10月跌至回歸以來的最低。[3]

　　與此同時，一項人力資源顧問公司做的調查發現，私營部門和公務員同樣工作的入職薪酬水平有著明顯差異，平均約為30%。（**表12.1**）

表12.1　公務員和私人機構僱員入職薪酬水平比較，1999年1月

職位	公務員（HK$）	私人機構僱員（HK$）	差別（%）
文書助理	9180	4875 - 5958	40 - 51
打字員	9180	5000 - 7000	24 - 46
助理文書主任	9785	5000 - 6000	37 - 49
二級私人秘書	10420	7583 - 9750	14 - 33
二級行政主任	22075	10000 -15000	32 - 55
助理電機工程師	22075	14000 - 15000	32 - 37

資料來源：中原人力資源顧問公司，1999年1月

在以上背景下，1999年3月，香港政府公務員事務局發表《公務員體制改革諮詢文件》，啟動了香港公務員制度的根本改革，帶來了從招聘、紀律、晉升、薪酬制度等多方面的重大變化。

香港公務員體制在國際上被認可為世界一個最清潔、最高效的政府。英國認為香港的公務員制度是其殖民統治成功的一個重要的基礎。為保證其持續成功，香港在回歸前的過渡時期十分強調公務員隊伍的穩定。當時的公務員體制改革是漸進，且不會對制度做出重大修改。回歸後，公務員的形象一落千丈，並出現180度的轉變。公務員受到公眾和媒體嚴厲批評，公務員制度改革被認為是必要的，改革相對變得更為激進大膽，並認為會對穩定的制度帶來劇變。[4]

2.公務員體制改革的內容

政府表示，是次公務員體制改革目標為：

- 限制公務員人數（目標是由2000年的19.8萬人削減至2006-07年度的16萬人）；
- 削減薪酬及退休福利，更加貼近私營機構；
- 在調用、聘請和解僱職員方面更有效率；
- 通過調整薪酬和其他方法激勵員工。

其他需要處理的重要事項包括：

- 職系和職級繁多，職員調配欠靈活；
- 紀律處分和解僱程序冗長；
- 姑息表現平庸和技術落後的員工；
- 按年增薪、表現與薪酬未能掛鈎，令職員失去工作動力；
- 釐清公營和私營服務的界限。

　　前任行政長官董建華在1999年1月14日的立法會答問大會上正式提出公務員制度檢討和改革的範疇包括：[5](1)檢討公務員的長俸及永久聘用制，以確知這個制度是否符合香港於21世紀的需要，使公務員的聘用政策更切合時宜和靈活，以及更具成本效益；(2)全面檢討公務員的薪酬和附帶福利，以確保公務員的薪酬和福利不致與民營企業或市場脫節；(3)特區政府將進一步簡化紀律處分的程序，使紀律處分制度更趨精簡，特別是加強管理階層對嚴格執行紀律處分的重視，確保賞罰分明，以免勤奮盡責的公務員隊伍因絕少數的害群之馬而蒙污；(4)建立一套以成效為本、服務精神為根的管理文化，以及檢討目前的表現評核制度和如何進一步加強各級公務員的專業培訓和個人發展。

　　為何這樣改革？當時的香港公務員事務局局長林煥光對改革的重點作了扼要的介紹：

　　此次改革為什麼要延長新入職公務員的試用期，並採用合約制聘用？就是為了控制新人的素質，制定更靈活的服務方式。

　　為何只讓那些已經證實能夠勝任更高職級的公務員加入長期聘用制？這是為了能夠及早去蕪存菁，確保只有工作表現一向良好的人員才能獲得長遠的事業發展機會。

　　為何要授權部門領導可從外界挑選人才擔任晉升職級的職位？這是為了吸納社會上的精英，建立有競爭才有進步的文化，而且能夠迅速回應市民的需求。

　　為何要引入薪效掛鈎的制度？這是因為需要一個比升級還要有力的獎勵工具。只需看看公務員的年齡及各個職級的偏低流動率，就會知道未來十年的晉升機會比過去十年要少得多。如果不向薪效掛鈎的方向尋求出路，如何勉勵下屬、獎勵良好的表現。但是，假如評核制度鬆散，又如何推行薪效掛鈎機制。一直以來的狀況是，平庸的人依然得到「極佳」的評核，全體人員都評「優」，如果不停止這種荒謬的做法，管理層就沒有足夠的公信力去解決問

題。[6]

　　根據上述1999年3月發表的題為《公務員體制改革諮詢文件》，改革會在下列四大政策範圍進行：(1)入職與離職的安排；(2)薪酬及附帶福利；(3)紀律處分程序；(4)表現評核制度、專業培訓和個人發展。

(1)入職與離職[7]

　　現行的公務員體制基本上是一個永久聘用制度。公務員通常從職系的最底層入職，按長俸永久聘用條款受聘，如無嚴重違規，則不論表現如何，都能夠保留職位。這個體制的優點是能夠維持一支穩定的公務員隊伍，在經濟旺盛時減輕人手流失，有助於保留專長和經驗。長俸制亦提高了公務員貪污的機會成本，對保持公務員的廉潔有一定的作用。

　　然而，隨著社會發展和進步，市民要求的公共服務範圍和質素不斷擴大和提高。為配合這些轉變，公務員隊伍除了增添人手外，還須增加靈活性，不斷吸收新血和專才，提高公務員的專業水平、技術和服務文化，才能應付市民的要求。因此，永久聘用制是否仍合時宜、是否適用於全體公務員，確實需要檢討。

　　現行的公務員體制有下列缺點：(1)香港現在已是一個經濟成熟、職業多元化及快速轉變的社會，優秀的年輕人，未必願意以公務員為終身事業；(2)入職和離職的安排欠缺彈性，窒礙公務員隊伍與外界交流人才、經驗和專長；(3)永久聘用制過分穩定，令體系內缺少競爭及鞭策，容易導致公務員工作不夠積極。

入職制度

　　政府建議引入新的入職條件，取代現時永久聘用制下的入職制度，其中一個構思，是以合約制聘用基本職級的公務員。這些公務員會一直以固定期限的合約形式受聘，只有表現良好的公務員方可獲得續約，而表現不佳者，或在一定期限內未能顯示有擔任監督及管理工作的潛質和能力的公務員，將不會獲

得續約。這個制度確保只有優秀和合適的人才才可獲得留任,並讓公務員隊伍不時可以注入新血。

聘任機制

部門及職系管理層會有更大靈活性在填補較高職級(監督職級)的空缺時,可經內部招聘,把人選範圍擴大至其他具備相關經驗、學歷或專門知識的在職人員。同時,在有充分的理據下,以個別情況而定,可考慮從外界直接招聘人員來填補較高職位的空缺,以引進有關職系所缺乏的技能、經驗或專門知識。[8]

揀選公務員出任負責監督及管理工作的較高職級,應考慮改用更具競爭性的聘任機制,以取代現時的晉升機制。表現良好的合約基本職級公務員,可參與競逐監督職級的職位空缺,在適當情況下並可以引入外界應徵者一併競爭。與此同時,各層監督職級的空缺,亦應考慮不再只局限於由現職公務員晉升。各職系可在有需要時,由外界直接招聘監督職級的公務員,以便在不同階層吸納優秀人才和引入競爭,甚或容許富經驗但已離職的前公務員重新投入公務員行列。挑選應以能力、表現、潛質及誠信奉公為準則。基本職級的公務員,如果能力和潛質都有過人之處,可以在受聘至監督職級時,按新長期聘用條款受聘。至於由外界挑選直接聘任至監督職級的應徵者,則應以合約制形式聘用,直至證明他們的能力和潛質均有出色表現,才可轉為按新長期聘用條款受聘。

長期聘用

在新的聘任制度下,政府須重新界定「永久聘用」的概念。「永久」不應再代表終身聘用,而是讓持續有良好表現的公務員,踏上事業發展的階梯,以及獲得長期聘用的承諾。政府應考慮引入新的長期聘用條款,加強公務員入職及離職機制的靈活性,以達至兼收並蓄、人盡其才的目標。

退休制度

在重新界定的「長期聘用」概念下，政府必須改變現行的退休保障制度，使公務員體制和私營機構的退休保障制度可以銜接，以配合新的聘任機制。新的退休保障制度應容許僱員在公務員體制和私營機構之間轉換工作時，延續他們的退休保障，從而確保退休保障制度不會妨礙吸納外界優秀人才。現時，私營機構及其他地區或國家的政府，均趨向於以供款式的公積金計劃取代長俸作為退休保障制度。政府應考慮引入公積金制度作為公務員的退休保障制度。

遣散安排

對因個別部門架構重整，或其他促進效率措施而導致過剩的人員，政府建議精簡現時重新調配或遣散的程序，使有關過程不致過分冗長。在有人員過剩的情況下，政府亦會引進自願退休的安排，以減輕對受遣散影響員工的衝擊。

指令離職

政府建議在現行的離職制度外，引入新的離職機制，容許個別部門／職系首長可以為配合整體的人事管理需要（例如安排部門／職系的接任計劃或現職管理人員無法調配等），指令在職長俸公務員提前退休。這項安排是為了確保各部門／職系的管理階層職位能夠在有需要時注入新血，保持管理階層尤其高層管理階層的質素。

與此同時，政府亦會根據現行規例，增加指引和簡化程序，使當局可以基於公眾利益，更有效地迫令表現持續欠佳的公務員提前離職。政府現時的構思，是盡可能將有關權力下放給部門首長，藉以加強部門的人事管理權力和對怠惰員工的阻嚇。

已實行的改革措施[9]

為貫徹小政府原則，控制公務員編制，政府已通過改革工作流程、架構檢討和外判服務，把公務員編制數目由2000年1月的約198,000個遞減至2005年9月的大約164,000個。在2006-07年度，公務員編制將進一步縮減至160,000個

左右。

在2000年6月1日，政府已為新聘人員制定新入職制度及聘用條款，聘任制度更具靈活性。新入職的公務員，過往一直是按長俸聘用條款受聘，他們須經過為期兩年的試用期。為達至在公務員入職制度引入較大靈活性的目標，政府於2000年6月1日為新聘公務員實施新入職制度及新一套的公務員聘用條款和服務條件。在新入職制度下，各公務員職系基本職級的新入職人員會先按試用條款受聘三年，繼而按三年期合約條款受聘（即所謂「三三制」），然後方會獲考慮按當時適用的長期聘用條款受聘。從外界直接招聘擔任監督職級的人員，最初會以按三年期的合約條款受聘。他們必須按合約條款受聘，為期一般不少於三年，然後方可獲考慮轉按長期聘用條款受聘。

個別職系可以因應管理需要及運作要求，制定招聘政策及提出改動基本入職制度。例如政務職系和行政職系要求對新入職人員的潛質和能力有更嚴謹的觀察，因此只會當有關新聘人員在獲晉升至高一級職級時才可獲以長期聘用條款受聘。這樣可確保擔任這些重要的管理職系的長期聘用人員具有一定的水準。例如獲聘任為政務主任的人士會按公務員試用條款受聘，試用期為三年。成功通過試用期的政務主任將會以公務員合約條款受聘，並在晉升至高級政務主任時轉以長期聘用條款受聘。

各職系可在有需要時，由外界直接招聘監督職級的公務員，以便在不同階層吸納優秀人才和引入競爭。為此，除從內部晉升外，政府開放高級政務主任，向社會公開招聘。在公開招聘中獲取錄的申請人將會按公務員合約條款接受聘用，為期三年。在聘用期屆滿時，當局將會評估有關人員是否適合實任高級政務主任職位。獲實任為高級政務主任的人員將轉以長期聘用條款受聘。

專業職系（例如工務部門的工程師職系、法律專業職系和教師職系）經常採用合約條款聘用人手，藉此促進政府與私營機構之間的人才交流，以便從私營機構引進專門知識，以及迎合不斷轉變的服務需求。這些職系均有興趣以

合約條款聘用合資格的專業人士，並在第一份合約屆滿後仍然以合約條款繼續聘用。[10]

　　另一方面，紀律部隊表示，由於有保安及穩定的要求，以及需要人員忠誠及全力以赴地執行或有危險的職務，因此部隊極需要按長期條款聘用人員。所有紀律人員職系會在新入職人員圓滿完成三年試用期後，直接以當時適用的長期條款受聘。

　　當局於1999年1月推出非公務員合約制，作為一項常設措施，以提供更靈活的臨時及短期合約僱員聘用安排。非公務員合約制容許部門按公務員事務局發出的指引，以為期不超過三年的短期合約及靈活的聘用條件，聘請公務員隊伍以外的僱員。部門可以更有效地聘請僱員，應付不時出現的短期、非全職或不斷改變的服務需求。

　　當局的政策是，非公務員合約僱員的整套聘用條件不會遜於《僱傭條例》，亦不應優於職級相若的公務員，並須符合其他對政府具約束力的勞工法例，包括《僱員補償條例》的規定。

　　非公務員合約僱員可循公開招聘，申請其他政府職位，與其他申請人一起競逐。不過，非公務員合約僱員如獲聘任為公務員，會與其他新入職公務員般，由聘任為公務員當日起計算他們的聘用期；過往非公務員合約僱員的年資，將不會用作計算公務員附帶福利之用。

　　政府已推行公務員公積金計劃，作為在2000年6月1日或之後以新入職條款獲發聘書，並其後獲得長期聘用的人員的退休福利，以取代長俸制度。

　　政府先後於2000年7月及2003年3月推行了第一輪及第二輪自願退休計劃，讓已經或預期出現人手過剩的指明職系的員工可以自願退休，並獲得退休福利和補償金。兩期計劃分別有9,800人及5,300人獲准自願退休。

　　2000年9月開始，當局已推行補償退休計劃，讓個別按常額及可享退休金條款聘用的首長級公務員提早退休，以助改善政府機構組織。

(2)薪酬及附帶福利[11]

薪酬原則

公務員薪酬政策的目的，是以合理的報酬，吸引、挽留和激勵具備合適才幹的員工，為公眾提供良好的服務。公務員的薪酬應處於他們本身和廣大市民都認為是大致合理的水平。在參考這些原則時，一個重要的指標，是公務員薪酬與私營機構薪酬應大致相若。

薪酬與表現掛鈎

現行公務員的增薪制度，與表現並無密切關聯。在現行制度下，表現優秀的公務員會透過比較快速的晉升而得到獎勵，但晉升機會在很大程度上要視乎個別職系或部門的編制及空缺情況，因此並非是激勵所有公務員努力向上的最大動力。對晉升機會較少的職系來說，這種情況尤其明顯。此外，這種獎勵表現的方式，亦不符合現代人力資源管理的趨勢。

現時除了很多私營機構普遍實行與表現直接掛鈎的薪酬制度外，不少本地的公營機構和海外的公務員體系，亦逐漸傾向於採用某種與表現掛鈎的薪酬制度。一般來說，與表現掛鈎的薪酬制度的基本原則，是表現較佳的員工獲得更大的薪酬增幅，但落實這個原則的制度則不盡相同。

在現階段，政府並不認為一個單一的薪酬與表現掛鈎模式，可以應用於整體公務員隊伍。然而，政府應嘗試將某些把獎勵與表現掛鈎的基本因素，逐步引進至公務員體系，並對成效進行評估。政府現正根據下列原則，研究如何引進合適的機制：

- 表現優秀的員工應獲得獎勵；
- 表現欠佳的員工應儘早了解自己的缺點，並做出改善；
- 對表現持續欠佳的員工應予處分；
- 訂立透明度高及公正的表現評核制度，以便根據表現而決定薪酬；
- 與現行的增薪制度成本相若；

・實施及運作實際可行，程序不致過分繁複。

政府正在探討本港和海外的私營與公營機構採用的各種薪酬與表現掛鈎模式，以及表現評核制度，然後便會制定最適合香港情況的方案。

薪酬調整機制

為了使公務員的薪酬能跟隨私營機構薪酬的變化而做調整，政府每年都會參考反映私營機構薪酬變動的薪酬趨勢調查，以決定公務員的整體薪酬調整幅度。薪酬調整機制其中一個備受爭議的因素，是公務員的增薪點機制如何與私營機構的花紅制度比較。現時，薪酬趨勢調查先得出「薪酬趨勢總指標」，再根據扣減增薪額計算方法，換算為「薪酬趨勢淨指標」，這個指標會用作決定公務員整體薪酬調整的基準。

薪酬趨勢調查機制行之已久，且被廣為接納，然而，目前用以計算「薪酬趨勢淨指標」的扣減增薪額計算方法，一定程度上導致政府與私營機構現時的薪酬出現差別。雖然政府認為薪酬趨勢調查機制應予保留，但政府會考慮應否修訂及改善現有機制，以配合薪酬與表現掛鈎的新制度。

附帶福利

除了薪酬，公務員現時還可享有多種附帶福利。正如釐定公務員薪酬，政府在決定應為公務員提供哪些附帶福利時，應參考私營機構沿用的安排和制度。政府留意到香港的私營機構逐漸採用「總體薪酬」的概念，儘量簡化及量化附帶福利的償付方式。公務員的附帶福利亦已漸次脫離提供實物或按實質開銷償付的模式，政府應繼續朝這個方向改進。

政府認為應參考私營機構的制度，根據職級的高低，為公務員提供不同的附帶福利條款。就基本職級而言，假如新入職的人員將會按合約制聘用，政府認為附帶福利應訂在僅足以吸引申請人的水平，並只會提供最基本的附帶福利。隨該名人員由合約制轉為按新長期聘用條款受聘，並逐步晉升，他方可獲得提供額外福利，例如更多假期，以及房屋和旅費福利（或可折算為現金）。

政府將儘快設計一套適用於日後新入職公務員的全新附帶福利條款，這些福利將以儘量貼近私營機構沿用的水平來釐定。政府亦會對現行各項津貼進行全面檢討，政府必須考慮有關附帶福利的安排是否已經與私營機構過分脫節。

已實行的改革措施[12]

公務員薪俸及服務條件常務委員會（「薪常會」）已接受政府的邀請，進行公務員的入職薪酬檢討。有關檢討正在進行，會在1999年年中完成。政府對檢討的結果並無任何既定的看法。政府會在薪常會提出建議後，詳細考慮如何落實。為了確保公務員薪酬不致與私營機構過分脫節，日後的檢討應更頻密進行。

當局於1998年委託薪常會檢討公務員入職薪酬，檢討結果顯示，公務員入職薪酬超逾私營機構的薪酬。為使公務員的薪酬與市場薪酬較為一致，當局已把12個文職職系資歷組別中的大部份職系薪酬基準下調6%至31%，同時亦把紀律部隊的入職薪酬下調3%至17%。但基本職級的頂薪點及起薪點以外的薪酬則維持不變。

為使公務員的薪酬基準更貼近私營機構，政府已為文職職系及紀律部隊實施新入職薪酬水平，生效日期為2000年4月1日。新的入職薪酬適用於所有新聘人員及內部轉職人員。

政府在2001年12月18日宣佈全面檢討公務員的薪酬政策和制度，並邀請公務員薪俸及服務條件常務委員會、紀律人員薪俸及服務條件常務委員會和首長級薪俸及服務條件常務委員會提供協助。檢討的目的，是希望借鏡其他地方的優良措施，研究改善公務員薪酬制度的方法，使整個制度更加精簡靈活，易於管理，達到職位、才幹、薪酬相稱的目標。三個諮詢委員會其後成立了專責小組，開展檢討工作。

公務員薪酬政策和制度第一階段檢討工作於2002年9月完成。檢討報告提出了一系列短、中、長期的建議，包括在短期內優先制定薪酬水平調查的具體

架構和方法，以及就薪酬趨勢調查進行檢討。當局接納了專責小組在這方面的建議，並正推展工作，在現行機制的基礎上，經諮詢員工的意見後，制定一套更完備的公務員薪酬調整機制。

2003年2月25日，行政長官會同行政會議做出若干決定，其中包括當局應諮詢員工，在現行機制的基礎上，制定更完備的公務員薪酬調整機制。這個機制包括用以比較公務員和私營機構員工薪酬水平而定期進行的薪酬水平調查、根據改良的調查方法按年進行的薪酬趨勢調查，以及一個可以向上和向下調整薪酬的有效方法。

更完備的公務員薪酬調整機制包含以下組成部份：

(1)用以比較公務員及私營機構員工的薪酬水平而定期進行的薪酬水平調查；

(2)根據一個改良的調查方法而每年進行的薪酬趨勢調查；

(3)一個可以向上和向下調整公務員薪酬的有效方法。

政府在2005年第二季完成整項工作，包括提出有關如何應用薪酬水平調查結果的詳細建議及向立法會提交為落實可以向上和向下調整薪酬的機制所需的草擬法例。

在2000年6月1日，政府已為新聘員工制定了一套新的附帶福利條件，包括修訂假期賺取率、度假旅費福利新安排及提供非實報實銷的房屋福利。政府正制定一套新的附帶福利方案建議。在制定該方案時參考私營機構的做法，並已考慮到需確保新的附帶福利及實施的新入職薪酬水平足以吸引和激勵具備合適才幹的人員。方案的要點如下：[13]

(1)修訂假期條款，條款會更貼近私營機構水平；

(2)修訂房屋福利計劃，設置無需實報實銷的房屋津貼；

(3)醫療及牙科福利方面研制一項以保險計劃為基礎的新計劃；

(4)終止發放教育津貼。

政府的一貫政策是定期檢討公務員的管理制度，並確保各項津貼的發放具充足理據及切合時宜。此外，當局承諾加強控制公務員津貼方面的開支，並在未來數年開支得到節省。因此，政府已著手檢討所有公務員津貼，包括與執行職務有關的津貼及作為附帶福利的津貼。

在檢討與執行職務有關的津貼方面，政府已取得良好進展。至於作為附帶福利的津貼，歷年來，政府一直採取積極措施，使公務員享有的各項附帶福利切合現況。在有關措施實施後入職的新聘人員，已不再享有大部份屬於附帶福利性質的津貼。

(3)行為及紀律[14]

紀律處分程序

政府要維持紀律處分機制行之有效，既能懲處行為不當的公務員，又能發揮阻嚇作用。政府應修改現行的紀律處分制度，包括紀律處分程序和處理紀律個案的行政安排，確保有關個案能迅速、公平和公正地審理。

現時紀律處分的程序，受《1997年公務人員（管理）命令》，以及根據該命令所制定的《公務人員（紀律）規例》所規限。該命令及規例的條文大部份源自過往的《殖民地規例》，其中部份或已過時及有很大局限性。政府會全面檢討該命令及規例的條文，以期精簡紀律處分程序。

為確保紀律處分個案得到公平和公正的處理，政府必須確立制衡及複核的機制。現時公務員敘用委員會在紀律處分程序中，負責就紀律處分個案及應予的處分提供獨立意見。公務員敘用委員會的角色應保持不變。受紀律處分的公務員如有不服，可以提出申訴，有關申訴可透過一個新設的獨立複核機制處理。

紀律個案處理

現時，紀律個案是按應訊當事人的職級，分別由部門和公務員事務局負

責。處理有關個案的人員一般並非專責處理紀律處分事宜。為了能更迅速、公平及公正地處理紀律個案，政府認為需要彙集有關處理紀律個案的經驗和知識。

政府的構思，是成立一個獨立的常設秘書處，處理所有公務員（除根據法例另有既定紀律處分程序的紀律部隊人員外）的紀律處分個案。秘書處將由具備這方面經驗的專責人員組成；另一方面，一組對處理紀律處分事務有經驗的人員，將候命主持紀律調查委員會的工作，就個別紀律個案進行研訊，負責調查及決定當事人有否違紀。起用一組專責、獨立於部門以外的有經驗的人員，集中處理紀律處分個案，可以更有效率地處理個案，對決定處分的輕重有更一致的準則。

已實行的改革措施[15]

政府必須確保規範公務員行為操守的守則和規例，並順應時勢不斷更新。為此，政府已成立一個工作小組，與廉政公署聯手策劃及舉辦「公務員廉潔守正計劃」，目的是檢討現時有關公務員行為及紀律的守則和規例，並協助部門制定及加強有關避免利益衝突的內部指引。政府亦出版了《公務員良好行為指南》，加強公務員對良好行為的認識，以及培養誠信自持的文化。

隨著公務員體制改革的推行，當局在2000年初檢討並修訂了《公務人員（管理）命令》規定的紀律處分機制，務求建立一個效率與成效兼備而且符合自然公正原則的機制，懲罰行為不當的公務員，並發揮阻嚇作用，以儆效尤。紀律部隊亦進行了檢討以改善及精簡根據有關的紀律部隊法例而實施的紀律處分機制。

在2000年4月，政府已引進精簡紀律處分程序的措施，並設立獨立的秘書處，以持平及公正的態度集中處理紀律個案，加速處理違紀行為。

新的紀律處分機制由2000年4月17日起實施。新機制的主要措施包括成立一個獨立秘書處（即公務員紀律秘書處），集中處理正式的紀律個案，並精簡《公務人員（管理）命令》規定的紀律處分程序。

　　公務員紀律秘書處由一名高級首席行政主任掌管，十名行政主任職系人員負責處理個案。秘書處負責為紀律處分當局（即行政長官、公務員事務局局長或部門首長，視乎有關人員的職級而定），根據《公務人員（管理）命令》集中處理所有公務員的正式紀律個案。

　　秘書處的職責和功能如下：

(1)就如何對指稱的不當行為進行初步調查和整理證據，向部門提供意見；

(2)在紀律聆訊中提出證據並傳召證人；

(3)在紀律聆訊中為研訊人員／委員會提供支援；

(4)提供紀律個案先例供紀律處分當局在考慮應處懲罰時參考；

(5)就所有與紀律處分行動的準則、程序和施行的有關事宜，與部門和紀律處分當局聯繫；

(6)協助部門找出可能引致行為不當的範疇，並設法改善部門的員工管理制度。

　　當局在2000年推行一系列措施以精簡紀律處分程序，包括刪除在舉行紀律聆訊前要求被控人員做出申述的規定，使用錄影帶及錄音帶記錄聆訊的過程及將擅自缺勤可採取即時革職行動的缺勤期限由21日縮減為14日。

　　紀律部隊亦因應現今的各種情況，改善了按有關法例規定進行的紀律處分程序，並向負責進行紀律聆訊的職員提供指引和培訓。

(4) 表現管理、培訓與發展[16]

表現管理

　　現時的個人表現評核制度，理論上相當系統、全面和細緻，然而，實際運作卻顯示過分慷慨的評核傾向的情況頗為嚴重。改革公務員的考核及賞罰制度有一定難度，因為問題不在評核制度，而是在評核態度，將員工寫得壞會使

人難堪，以往政府是過分寬鬆，致與現實有距離，因此要打破以往違反紀律才不獲增薪點的做法，表現不好者亦有機會不獲增薪點，全體公務員在感受壓力下，可做得好些。

政府現正研究如何改善現行的個人表現評核制度，其中一個構思是成立一個由上級人員組成的評核委員會，以監察評核報告評分的分佈，以及處理上訴。在這個安排下，直屬上司會繼續就下屬的各方面表現撰寫報告，而評核委員會則負責評分工作。

除了改革個人表現評核制度，政府更需要改革表現評核的文化及將評分制度規範化。可考慮訂定評級的分佈比率（例如：獲優異評級的人員為某百分比，獲良好評級的為某百分比等），作為對部門的指引。

政府建議在公務員體制內逐步引入工作表現獎勵元素，並改善現行的工作表現管理制度。

在機構層面，政府希望進一步推展以成效為本的管理文化。政府會進一步發展和推廣較早時與效率促進組合作，為部門設計的表現評核制度。這套制度根據部門的工作目標和職責，釐定表現指標，使部門上下認清重點目標，有所依循，更加著重工作成效。

培訓與發展

培訓與發展應繼續以提高公務員隊伍的效率和功能為目標。培訓與發展計劃須量體剪裁，切合個別需要，提高關鍵才能，為公務員承擔更重大責任而做好準備，並鼓勵公務員不斷學習以面對環境的改變和各項新的挑戰。

政府應更廣泛地為部門與個別員工設計培訓計劃，部門管理階層應更積極地推行培訓與發展計劃，務求達到部門的目標。部門培訓計劃著重提高部門和職系的整體工作能力；個人培訓計劃則以提升個人的才能和工作所需技能為目的。

政府應繼續提供多元化的培訓和發展活動，內容包括了解國家事務、領

導能力、制定公共政策、現代化管理、語言訓練、資訊科技知識，以至專業培訓和工作技巧等。至於培訓的形式，例如課堂學習、多媒體培訓方法、自學課程、在職發展，以至分享心得和經驗的研討會等，都應因時制宜，靈活採用。

除透過部門間的接觸以交流經驗外，公務員更應多與私營機構及其他地區的政府交流以開拓視野。交流的課題既應涵蓋專業層面，亦須涉及公共行政和管理方面的最新發展。

已實行的改革措施[17]

當局已發出指引，闡述須嚴格執行給予增薪的規定，並對工作表現未達標準的員工須加強引用《公務員事務規例》有關暫停及延期發放增薪的條例。指引在2000年10月1日生效。

《公務員事務規例》已清楚規定，公務員必須在接受評核的年度內，在工作上的整體表現良好（包括品行、工作態度和效率）才可獲得給予增薪點。《公務員事務規例》更進一步訂明若公務員表現欠佳時，暫停和延期發放增薪的規定。當局已要求部門／職系首長嚴格執行有關《公務員事務規例》，並發出指引，以協助他們執行上述規例。

要成功推行工作表現獎勵制度，設立一個可信的工作表現評核制度極為重要。因此，當局極力鼓勵部門／職系首長設立評核委員會，負責平衡和協調評核報告的評級、監察員工的表現、識別那些表現差劣／優秀的人員以便採取適當行動。

部門／職系首長亦可考慮採用公務員體制內現有的其他管理工具，包括以目標為本和以才能為本的評核模式。部門／職系首長也應確保督導人員客觀、如實、依時評核下屬的表現。

培訓與發展也是落實公務員體制改革的重要手段。在改革的進程中，政府必須提供適當的培訓，以促進管理文化和工作態度的改變。在推動個別的改革方案時，須在認知和技術層面設計培訓計劃，一方面確保員工正確認識、接

受和理解改革的措施；另一方面幫助他們發展必要的技能，以便各項改革措施得以順利推行。

為配合公務員體制改革措施的推行，當局已引入林林總總的培訓發展課程計劃，並得到立法會財務委員會撥款，以鼓勵公務員不斷進修，使他們做好準備，獲得相關知識和技能，落實執行改革措施，建立新的服務文化。

當局引入的種種改變，將可為公務員隊伍提供所需的靈活性和能力，使其更能夠切合社會的需要，並為公務員提供一個更具積極進取和建設性的工作環境，以及更有效地建立一個以表現為本、服務為根的管理文化。

毫無疑問，1999年3月香港政府發表的《公務員體制改革諮詢文件》及伴隨其後所落實的改革措施都充滿管理主義色彩。改革的靈感完全來自新公共管理，諮詢文件所展示的改革原則及綱領也可說是新公共管理關於從公共人事管理建立靈活性政府的主張的翻版，可見改革的設計者深受其時及當今在世界流行的管理主義浪潮和改革理念的影響。香港公務員體制改革可以看作是政府對世界新公共管理改革運動的回應與追隨。

三、澳門

(一)新公共管理與澳門政府人力資源管理

澳門政府人力資源管理也受到新公共管理思潮影響，但沒有香港那麼廣泛，也沒有發出過像《公務員體制改革》一類對公務員制度根據管理主義原則進行全面改革的文件。到目前為止，澳門政府人力資源管理具有新公共管理色彩的措施有以下五項，它們有些是既有的（以下第1項），有些是回歸後政府進行公共行政改革的結果（以下第2至5項）。

1.以合同方式聘用公共行政工作人員

在新公共管理理念的影響下，公共人事管理向多聘請合同工、臨時工、兼職工的方向發展，以合同制替代終身制已是主流趨勢，而終身制也確有不足之處，因此，試圖通過增加編制內的人員數量來提升政府人力資源整體能力的做法是不現實的。澳門公共行政工作人員結構中的一個獨特現象，是編制內和編制外兩類人員並存。按1989年《澳門公共行政工作人員通則》（下稱《通則》）第十九條，公共行政工作人員的任用方式得以委任或以合同方式作出：

(1)委任：根據《通則》第二十二條至第二十四條的規定，分臨時委任、確定委任、定期委任，以及署任。是公共部門人員編制內職位的任用方式。編制內職位俗稱「實位」，屬終身職，永久聘用。

(2)合同：根據《通則》第二十五條至第二十八條的規定，分編制外合同和散位合同，是不屬公共部門人員編制職位的任用方式，它既為公共行政提供適合人員，同時又無需擴大人員編制。

圖12.1為公共行政工作人員的分類及其任用方式：

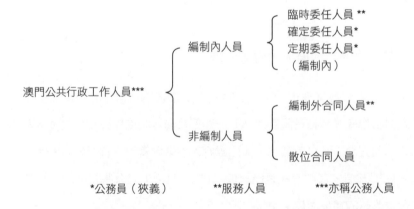

澳門公共行政工作人員*** ｛ 編制內人員 ｛ 臨時委任人員 **
確定委任人員*
定期委任人員*
（編制內）

非編制人員 ｛ 編制外合同人員 **
散位合同人員

*公務員（狹義）　　**服務人員　　***亦稱公務人員

圖12.1　公共行政工作人員的分類及其任用方式

資料來源：鄺婉瑩：《澳門政府任用制度研究》，澳門科技大學公共行政管理碩士論文，2008年5月。

　　雖然以合同方式聘用的公共行政工作人員不佔公共部門的人員編制，但公共部門聘用人員時，必須遵守錄用和入職的一般條件，且不能違反有關公務員薪酬、權利和福利的總體規定。合同可以續期，公職法並沒有為續期次數設定上限。受聘人如符合條件，公共部門可給予晉升的機會。[18]

　　現行的公職法律制度在1989年制定，當時的公共部門，已有以合同方式聘請的人員，但只佔少數，當時仍以確定委任的人員為主導。時至今天，確定委任的人數與合同（編制外合同和散位合同）聘用的人員數目已差不多各佔一半，根據行政暨公職局《2012年澳門特別行政區公共行政人力資源報告》的資料，截至2012年3月，確定委任和臨時委任的人數共有11,053名，編制外合同和散位合同方式聘用的共11,750名，數目相若，而後者人數增長的幅度遠高於前者，2001年至2010年，屬確定委任和臨時委任的人員增加了1,276人，但屬編制外合同和散位合同的人員則增加了4,655人，是前者的3.6倍。（**表12.2**）

表12.2　澳門公共行政工作人員──按任用／聯繫形式劃分

	2001	2002	2003	2004	2005	2006	2007	2008	2009	2010	2011	2012-03
編制內人員（確定委任）	8473	8789	8808	8800	8737	8960	9199	9192	9151	9480	9706	9663
編制內人員（臨時委任）	535	223	247	366	502	608	431	675	1015	804	876	1390
定期委任	871	828	826	791	861	837	835	858	952	990	1020	1035
編制內散位	608	571	540	506	463	437	403	360	326	266	196	181
編制外合同	2516	2551	2775	2936	3258	3687	4169	4890	5773	6639	7370	7089
散位合同	4155	4231	4159	4218	4284	4261	4425	4513	4666	4687	4644	4661
其他	375	175	141	161	145	168	167	165	113	122	124	133
總數*	17533	17368	17496	17778	18250	18958	19629	20653	21996	22988	23936	24152

*不包括以個人勞動合同、私法合同、包工合同及提供勞務合同等方式聘用的人員，按法律規定此等人員並不被視為公共行政工作人員。

資料來源：行政暨公職局：《2012年澳門特別行政區公共行政人力資源報告》，載於行政暨公職局網站：http://www.safp.gov.mo，2012年8月31日。

2.公共行政工作人員工作表現評核制度

直至2005年1月1日，新的澳門「公共行政工作人員工作表現評核制度」
（由第31/2004號行政法規《公共行政工作人員的工作表現評核一般制度》及
第8/2004號法律《公共行政工作人員工作表現評核原則》組成）正式生效，用
以取代施行了十多年的舊工作評核制度，澳門特區政府對原有的績效評核指標
體系進行改革與完善，並以舊的工作評核制度為依據，形成了一套相對比較科
學規範的績效評核指標體系，來規範澳門大部份的公務人員。[19]

在持續完善評核結果的運用時，重視與培訓結合，並與獎懲掛鈎。重視
公務人員的能力與工作潛能發展，評核結果為「優異」，為被評定為適合拔擢
的人才，應加以培訓，予以晉升；對於表現不佳的公務人員，例如被評核為
「不大滿意」者，應施以輔助性培訓，讓其矯正偏頗，發揮績效評核的積極功
能。至於表現持續不佳或不適任者，應適度運用淘汰功能，按程度採取降職、
停職或免職等措施，如此的正、負激勵相結合，才能發掘培育公務員隊伍中的
優秀人才，做到人盡其才。[20]

而工作表現評核為「不滿意」者，若為確定委任的公務員，會開展簡易
調查程序，若為以合同形式受聘的人員，則即時終止職務。[21]

3.公務人員公積金制度

過去公務員退休金制度和撫恤金制度只適用於以臨時委任、確定委任、
定期委任及編制外合同等形式聘用之公務員，非全體澳門特別行政區公務員可
以享受到退休保障，而公積金制度的實施將擴展至現時未受退休及撫恤制度保
障的人員，即散位及個人勞動合同人員。《公務人員公積金制度》於2006年8
月15日獲立法會細則性通過，隨著第8/2006號法律的公佈，於2007年1月1日起
正式生效。該制度的生效讓所有與公共部門有勞動關係的工作人員均能享受退
休保障。[22]

《公務人員公積金制度》的實行可以吸引外界人才加入政府工作，現時很多大企業私營機構的退休福利，主要是以公積金形式實現，因此，政府採用一個類似退休福利的制度，可使外界人才在私營機構和政府部門之間轉職時，能夠得到其應有的退休保障。這樣，他們可以在任何階段加入政府而不須考慮這方面的問題。

公務人員公積金的供款率為21%，由供款人和政府各承擔7%和14%，並分別儲進「個人供款賬戶」和「澳門特別行政區供款賬戶」。在新制度下，領取退休金的方式只可選擇一次性提取，而提供的退休金多少則視乎供款時間、個人及政府的累積供款及投資回報的表現而定。[23]公積金制度替代退休金制度是新公共管理思潮提倡打破公務人員福利終身制的一個例子。

4. 公務人員工作表現的獎賞制度

2007年特區政府推出《公務人員工作表現的獎賞制度》，但規定是補充說明「公共行政工作人員工作表現評核制度」中獲「優異」級所得的獎賞，並不是獨立的獎勵法規。2005年1月1日，工作表現評核制度正式生效，澳門特區政府在新的評核制度中增加了一個等級——「優異」，並且規定獲「優異」評語者可獲給予獎賞。但當時澳門特區政府並沒有就獲「優異」所得的獎賞加以說明和規範，直至2007年5月16日，澳門特區政府推出第11/2007號行政法規《公務人員工作表現的獎賞制度》才補充說明獎勵的措施。「優異」等級的設置，無疑是為了進一步發揮對公務員評核激勵的功能，但公務人員獲得「優異」評級亦非一件容易的事。

該行政法規就工作表現評核制度的獎賞部份作出規範，凡在評核中獲得「優異」評語的公務人員，可獲得表揚、功績假期或獎金的獎勵。根據規定，公務人員每次取得「優異」工作表現評核，均獲得表揚，除獲發優異表現證明書外，還會在所任職的部門公佈。同時，相關人員亦可獲為期十個工作日的功

績假期。如果經相關人員選擇或因工作需要，功績假期得以獎金取代，其金額相當於有關人員於獲取「優異」評核的歷年內所收取的最高月薪俸或月報酬的一半。獎賞的給予必須在工作人員的個人檔案內記錄。可見，這種獎勵不僅僅是一種精神激勵，而且同被評核者的個人發展前途和物質利益掛鈎，這就使當事人增強了貫徹執行績效評估制度的主動性和積極性。至此，澳門特區政府的公務員獎勵制度才有一個明確和清晰的定位。[24]

5.培訓與發展──建立學習型政府

學習型政府就是在政府內部形成濃郁的學習氛圍，完善終身教育體系和機制，形成全員學習、團隊學習、組織學習的局面，從而提高整個政府的群體能力。

特區政府於2008年的施政報告中，就曾提及「培訓」是提升公務員質素、轉變思維、適應社會發展和開發人才的直接有效方式。而面對培訓的需求及要求越來越大，特區政府將於未來設立「公務人員培訓中心」，加強培訓工作的資源及統籌功能，創設優良的教學環境，整合教學資源，組建理論扎實與實踐經驗豐富的教師隊伍，加強公共行政的學術研究工作。

同時，為配合行政改革的最新發展，將逐步把課程內容重新編排，強調培訓的連續性、連貫性、進階性、系統性，使公務人員隊伍能具備足夠的知識和能力，回應政府管理和社會持續發展的需要，並將利用電子政務的發展，擴展多元化的學習方式，除不斷豐富網上學習平台的學習資訊外，亦會加強發展網上培訓課程，鼓勵公務人員持續學習和自我增值。特區亦有意按照公務人員的職級和職務發展的需要，開展各項針對性的業務培訓，繼續推動法律及司法方面的專業培訓，確保澳門特區的法律能跟隨社會的發展步伐。[25]

四、小結

新公共管理主張人事管理上像私人企業般，實現靈活的合同僱傭制和績效工資制，而不是一經錄用永久任職；宣導在人員錄用、任期及其他人事行政環節上實行更加靈活、富有成效的管理。但是，要打破官僚制的永業化觀念，可能會引起士氣問題。在韋伯的官僚制下，當公務員是一種有價值的、受到尊重的職業。但在新公共管理理論中，他們卻被貶低為浪費納稅人金錢、只知道捧著「金飯碗」過閒日子的人；官僚制組織更成為受到輕視和猜疑的對象。公務員的士氣及穩定性肯定會受到損害。

香港各界都很贊同公務員體制改革，認為長俸與永久聘用制已不合時宜，應引入短期合約方式，吸納非公務員的專業人才。長俸制是19世紀的產物，沿用了150多年，香港一直揹著公務員終身制的包袱。目前的公務員體制是「超穩定」，若建議改革措施全部落實，將打破公務員的「鐵飯碗」，逐步變成「容易破碎的飯碗」。[26]

多個公務員團體都大致贊同公務員職位能者居之的改革方向，但也有些擔心：公務員的長俸永久聘用制，是使公務員穩定的制度，一旦改變會影響穩定。另外，把增薪與表現掛鈎是不切實際的，公務員是向市民提供服務，與私人機構不同，增薪與表現掛鈎在評估上會有困難。以表現來衡量薪酬水平，會導致公僕隊伍出現擦鞋文化，分化員工，破壞團體精神。[27]

1999年5月23日，不想既得利益受損，香港公務員舉行反對改革的大規模集體遊行。該次遊行是由香港政府華員會發起，有約12,000人參加。[28]

2000年7月9日，近20,000名來自18個職系工會的公務員，遊行到政府總部，反對公務員體制改革，憂慮最終飯碗不保。這次行動，是歷來最大規模的公僕遊行。[29]

香港政策研究所在翌日及11日進行了一項公務員改革的調查，成功訪問

了902人。結果顯示,超過六成半的被訪者都支持特區政府進行公務員體制改革,有近五成被訪者認為改革要分緩急輕重進行。[30]

　　一般認為,公務員制度需要改革,但應該從基本選拔制度做起,廢除鐵飯碗制度是對的,但要有個過程。現在公務員體制改革好像要動大手術,但恐怕是雷聲大、雨點小,全面推動,阻力很大,在既得利益者的反抗下,最後恐怕是不了了之。[31]

　　近期,2010年4月,有報導引述香港政府公務員事務局致立法會公務員及資助機構員工事務委員會文件,指政府擬取消現行「三年試用、三年合約」後才決定是否以長期聘用條款聘用為新入職的「正式公務員」的招聘,亦即取消所謂「三三制」。

　　公務員事務局指過去因表現欠佳而未能完成「三三制」或於「三三制」完結後不獲以長期聘用條款聘用者僅屬少數,證明「三三制」用以淘汰不合適擔任公務員者的期間冗長,確實打擊了新入職公務員的士氣。政府這樣確鑿地否定堅持多年的公務員政策立場實屬罕見。在「三三制」的陰霾下,有意加入政府的人才大多卻步,尤其是一系列需要專業資格和中層管理的職系。[32]

　　可見,在現實中,私人企業人事管理的做法和官僚體制應是相互需要、相互補充,新公共管理不可能完全代替官僚制。

註釋

1. 參見http://www.baidu.com，http://www.yahoo.com.hk及http://www.google.com所載有關「新公共管理」(New Public Management)的中、英文網絡資料，2011年5月31日。

2. 見Robert Lavigna, "Reforming Public Sector Human Resource Management: Best Practices from the Practitioner's View", in Steven W. Hays and Richard C. Kearney (eds.), *Public Personnel Administration: Problems and Prospects,* fourth edition (New York: Pearson Education, 2004).

3. 參見Sum, Wan Wah, *The Enhanced Productivity Programme: The Implementation of the First Phase,* MPA Dissertation, University of Hong Kong, June, 2000.

4. 同上註。

5. 《成報》，1999年1月15日。

6. 《光明日報》，2000年8月8日。

7. 公務員事務局：《公務員體制改革諮詢文件》，1999年3月，載於公務員事務局網站：http://www.csb.gov.hk。

8. 公務員事務局：《立法會公務員及資助機構員工事務委員會二零零零年三月二十日的會議 公務員體制改革──最新進展》，2000年3月，載於公務員事務局網站：http://www.csb.gov.hk。

9. 見公務員事務局網站：http://www.csb.gov.hk，2011年5月31日；《公務員體制改革諮詢文件》。

10. 公務員事務局：《立法會參考資料摘要 有關新聘公務員入職制度及附帶福利條件的建議》，2000年4月，載於公務員事務局網站：http://www.csb.gov.hk。

11. 同註7。

12. 同註9。

13. 同註8。

14. 同註7。

15. 同註9。

16. 同註7。

17. 同註9。

18. 參見鄺婉瑩：《澳門政府任用制度研究》，澳門科技大學公共行政管理碩士論文，2008年5月。

19. 參見黃錫文：《論澳門特別行政區公務員之勵制度》，澳門科技大學公共行政管理碩士論文，2008年8月。

20. 參見羅曉華《澳門公務人員晉升制度研究》，澳門科技大學公共行政管理碩士論文，2008年8月。

21. 同上註。

22. 參見李蓮芳：《港、澳、新三地公務員退休保障制度比較研究》，澳門科技大學公共行政管理碩士論文，2010年4月。

23. 參見黎瑞蘭：《港澳公務員退休制度研究》，澳門科技大學公共行政管理碩士論文，2008年5月。

24. 同註19。

25. 參見馬海榮：《澳門政府培訓中央化可行性研究》，澳門科技大學公共行政管理碩士論文，2008年7月；尤淑芬：《澳門公務人員培訓制度分析》，澳門科技大學公共行政管理碩士論文，2007年5月。

26. 《星島日報》，1999年3月9日；《光明日報》，2000年8月8日。

27. 《天天日報》，1999年5月8日；《光明日報》，2000年8月8日。

28. 《天天日報》，2000年7月10日。

29. 同上註。

30. 《新報》，2000年7月14日；《大公報》，2000年7月15日。

31. 《明報》，2000年6月22日。

32. 《成報》，2010年4月27日。

第十三章

結論

一、新公共管理的評價[1]

　　西方「新公共管理」運動已歷時20多載，對於它的理論綱領和實踐模式，人們褒貶不一。有人認為它是公共管理研究領域中出現的一次「無聲的革命」，在實踐上也取得了巨大的成功；有人則認為它不過是「管理主義」在當代的翻版，是一種「新泰勒主義」、一種保守主義的意識形態，在實踐上帶來大量的新問題。那麼，應當如何評價當代「新公共管理」的範式呢？

　　應當指出的是，作為一種正在成長著的公共管理新理論範式以及實踐模式，「新公共管理」是當代人類社會發展尤其是公共部門改革的必然產物，與當代人類社會由工業社會向後工業社會的轉變，與全球化、資訊化和市場化時代的來臨密切相關。儘管「新公共管理」的出現與當代西方社會所面臨的一系列現實社會問題，如「滯脹」、政府失敗、政治和社會矛盾與衝突都分不開，但它也反映了當代人類社會進入全球化、資訊化和知識經濟時代對各國公共管理，尤其是政府管理所提出的新要求，表明了傳統的公共行政管理的理論和實踐，特別是建立在科層制基礎上的管理體制和模式已過時或失效。

　　「新公共管理」範式的出現構成了對傳統的公共行政學範式的嚴峻挑戰，它改變了傳統行政學的研究範圍、主題、方法、學科結構、理論基礎和實踐模式，日漸成為當代公共管理，尤其是政府管理研究領域的主流。「新公共管理」有其新穎、合理之處，它反映了當代西方公共管理實踐的發展趨勢，體現了公共部門管理研究的新成就。也可以說，它是當代政府改革實踐在理論上的總結，反過來成為政府改革實踐的指導思想。「新公共管理」實踐模式在某種意義上正是為了克服傳統的公共行政模式的弊端而出現的，它是當代人類社會發展，尤其是公共管理實踐變化的必然產物，與舊模式相比，「新公共管理」模式更具現實性和生命力。

　　新公共管理的核心在於：強調經濟效率的優先性，強調市場功能，強調

企業精神和企業管理方式，強調顧客導向。這種運動的目標是以解決公共部門的管理問題為核心，創立一個新的公共管理模式，尤其是政府管理的知識理論框架，以適應當代公共管理實踐發展的迫切需要。

20多年來，儘管「新公共管理運動」也受到各種指責和批評，但它還是像一股旋風，從發源地英國漸漸颳遍了大半個地球，成為公共行政領域的時代潮流。對今天的公共管理的理論和實踐，都產生了重大影響。從戴卓爾政府的「私有化」運動開始，接著是克林頓政府的「政府績效評估」運動，隨後就是奧地利、丹麥、法國、希臘、葡萄牙、澳大利亞、新西蘭，後來就是日本、新加坡等亞洲國家，世界上陸陸續續至少有40多個國家爭先恐後地推出了政府改革的戰略與戰術。短短一二十年間，它發展成為國際性浪潮，其口號和模式，甚至對處於向市場經濟轉軌的中國行政改革也不無影響。

從理論上說，「新公共管理運動」打破了傳統公共行政理論的政治、行政二分法模式，引進公共選擇理論和新制度主義等方法，令人耳目一新。這場政府改革運動，從不同程度解決了發達國家面臨的財政危機和信任危機，提升了政府運作能力，回應了在全球化中保持國際競爭力的內在要求。具體體現為：(1)降低政府財政支出和行政成本。「新公共管理運動」在一定程度上達到了削減經費，降低成本，增強能力的行政目標；(2)確立了為顧客服務的嶄新行政理念。政府自覺地把管理職能定位在是管理的掌舵人而不是划槳者，這樣就使其超脫於具體事務之外，集中精力參與政府決策的制定，對一些能夠外判的公共事務，可以讓一些NGO機構去做。同時政府通過授權和分解責任，引入激勵機制，對人員實行聘任或合同制，大大緩和了政府內部管理的緊張，用成績來決定人員的升遷去留，用市場的辦法來解決行政問題。這些都在一定程度上改變了西方國家公民對政府效率低下、機構臃腫、辦事拖沓的印象。

「新公共管理運動」的一個重要啟示，就是把政府的運作當成企業來對待，講究成本和效益，引入競爭機制。所謂「政府再造」，就是用市場力量來

提高政府的工作效率，遏制住政府大手大腳花錢的習慣。在公共物品的供給上採用諸如合同承包、代理制、拍賣、招標等市場辦法或準市場辦法，確立節約成本、提高效益的激勵機制，可以最大程度地約束政府的財務衝動，把納稅人的錢用在最有效益的地方。新公共管理認為，政府的主要職能固然是向社會提供服務，但這並不意味著所有公共服務都應由政府直接提供。政府應根據服務內容和性質的不同，採取相應的供給方式。在一定範圍內允許和鼓勵私營部門進入提供公共服務的領域，例如在具有自然壟斷性質的電訊、電力、鐵路運輸、自來水和燃氣供應等基礎設施產業中便可以進行這些方面的改革。這有利於形成公共服務供給的競爭機制，提高公共服務的有效供給，從而產生更好的經濟效益和社會效益。「新公共管理運動」推崇彈性人事制度，一改過去盛行的文官終身制，加強了在人員錄用、任期、工資及其他人事行政環節上的靈活性，主張採用私營部門的制度按業績獎勵考核的做法，這是一個趨勢。

新公共管理模式比傳統的公共行政模式更能控制和防止腐敗，顧客至上改變了原先行政體系的主體中心主義，主體的邊緣化使腐敗喪失了發生的根據，服務定位使行政行為更加貼近其公共性，消除等級化的特權和特權意識。公共服務的公開招標，增加了行政行為的透明度，使「暗箱」操作的機會最小化。新公共管理模式更能解決公平與效率的矛盾，行政管理自身所追求的是效率，社會對行政管理的期望和要求是盡可能地實現社會公正。新公共管理模式由於更多地引導社會公眾的參與以及其顧客導向的方針，使社會公平的原則比傳統模式得到更多的體現和落實。新公共管理模式對行政管理成本的重視，降低了整個社會的行政管理成本，體現和落實了效率原則。新公共管理導致公共組織文化的革新，強調企業性的價值，要求政府部門領導和僱員更新舊觀念、吸納新思想，而不是保守怕事、隨遇而安。

然而，當代西方政府改革的「新公共管理」取向及實踐模式遠非是完善的，它有其內在的缺陷和局限性。對於這種改革是否成功以及在多大程度上取

得成功，人們的評價不同（甚至提出懷疑與否定）；對於新模式的有效性，人們也提出了種種批評，這些批評涉及「新公共管理」改革取向及模式的理論基礎、意識形態傾向、改革的總方向以及各種具體的改革措施等方面。

　　首先，人們批評「新公共管理」的理論基礎和意識形態傾向。「新公共管理」確實具有明顯的意識形態的傾向性，或多或少地體現了當代自由主義和保守主義思潮的某些基本精神，特別是主張放任自流、限制政府干預的立場；它過分依賴於經濟學的途徑，尤其是經濟人假說和市場機制以及交換範式，忽視了政治過程與市場過程的本質差別；它過分強調用私人部門管理的模式或企業家精神來重塑政府及公共管理，忽視了公共部門與私人部門之間存在著的重要差別，有照搬私人部門管理模式之嫌。

　　波立特（Christopher Pollitt）等人認為：「新公共管理」是一種意識形態的思想體系，是一種新保守主義或新自由主義的公共管理哲學（甚至有人稱之為右派政府的公共管理綱領）；這種公共管理新模式以公共選擇理論和新制度經濟學為其理論基礎，濫用經濟學的假設、理論和方法，是經濟學帝國主義向公共部門管理領域的擴張。[2]

　　其次，人們批評「新公共管理」改革的市場化和管理主義的總方向，說市場化取向的改革體現了改革者對「市場價值」和市場機制的崇拜，是一種新的「市場神話」；而「管理主義」的改革取向則忽視了公共部門與私人部門的本質差別，兩者在根本目標上並不相同，前者是提供公共服務，後者則以利潤為最終目的。照搬私人部門管理模式，實質上是一種「新泰勒主義」。美國學者漢森（S. Hansen）認為，推崇和傚效私人部門管理方式，是把教科書中對私營企業的理想描述與現實混為一談；英國學者格林沃德（J. Greenwood）等人從公共責任、公平、合法性和多樣性四個方面論證公共部門與私人部門之間的差別，指出不能照搬私人部門管理方式。[3]

　　英格拉姆（P. Ingraham）在〈公共管理體制改革的模式〉一文中則批評

「管理主義」片面追求效率，說「最重要的一條是，對許多公共組織來說，效率不是追求的唯一目的，還存在其他目標」。[4]

再次，人們還對「新公共管理」改革的各種具體措施（包括市場導向、私有化、分權、放鬆管制、結果控制、績效評估、顧客至上等）提出批評。例如，合同出租是市場導向的主要原則，它有利於提高效率與效益，但卻縮小了公共責任範圍，也妨礙公共官員與民眾的聯繫與溝通；分權有利於增強自主性和靈活性，但也帶來了分散主義、本位主義、保護主義，並增加公共開支；私有化有助於精簡政府機構，增強公共部門的活力，但也損害了公民參與，妨礙政治導向，並產生公共責任方面的問題；放鬆管制為各部門機構鬆綁，增加靈活性，但也帶來新的控制問題；結果導向等企業化管理方式提高了效率，但也產生了如何與公共職能有機結合的問題；顧客至上提供了回應性、多樣性的服務，但卻把公民降低為一般的消費者。

對於「新公共管理」的具體模式特別是奧斯本和蓋布勒的「企業化政府」模式，人們也提出了十分尖銳的批評。例如美國學者格林（R. T. Green）和哈伯爾（L. Hublel）在〈論治理和重塑政府〉一文中對「企業化政府」模式提出了五點批評：(1)該模式忽視了政府治理模式中制度與分權對政府的約束作用；(2)它打破或侵蝕了立法、行政和司法三個部門的權力平衡；(3)注重結果（產出）和目標而非投入和過程的原則是片面化的；(4)市場導向原則將損害美國制度的穩定性；(5)「顧客至上」原則將產生分配上的重大難題。另一位美國學者查理斯·古德塞爾則提出與「企業化政府」模式十條原則針鋒相對的十條原則：(1)政府應是由人民通過選出的代表來控制，而不應由企業家控制；(2)政府應為公共利益服務，而不是滿足企業家的自我；(3)政府必須依照憲法和法律活動，而非依據目標或任務而活動；(4)政府應該與私營企業的主要股東合作而非任何一種合夥人合作；(5)政府既應具有靈活性和創造性，又應具有公共責任心；(6)政府活動的社會效果固然重要，但必須尊重政府僱

員；(7)政府採用私人企業的管理模式必須以不違反機會平等和公眾監督原則為前提；(8)簡化繁文縟節是對的，但不能破壞基本規範和法定程序；(9)減輕財政危機的設想是可行的，但不能無視行政工作本身對公共開支的要求；(10)處理公共問題應具有創造性，但不能讓少數人中飽私囊。[5]

「新公共管理」模式在理論上包含著內在的矛盾，在實踐中也遇到了大量難題。貝倫（C. Bellon）等人揭示了「企業化政府」模式內包含四大價值衝突和價值矛盾：(1)企業自主與民主負責之間的價值衝突；(2)公共企業前景與公民參與價值之間的衝突；(3)企業運轉的隱蔽性與民主所要求的開放性之間的衝突；(4)企業管理要求敢於承擔風險與公共財政處置責任之間的矛盾。[6]它在實踐中所遇到的難題有：人員精簡問題、規章制度刪除問題、權力下放問題、等級問題、政治與行政分離問題、是公民還是顧客問題、誰來負責問題、價值取向問題、改革的力度與持久性問題等。

新公共管理企圖否定官僚制、摒棄官僚制，德魯克（Peter Drucker）在〈21世紀的管理挑戰〉一文中，把「科層制已經壽終正寢」的說法看作是「無稽之談」。「新公共管理運動」並沒有如其所言那樣完全摒棄官僚制，而只是以市場化運作模式和私營部門的管理方法對官僚制進行修補。在管理實踐上，西方的新公共管理在政府領域的改革、「經理革命」在企業管理上的衝擊，都沒有從根本上動搖官僚制。恰恰相反，這些改革，基本上都是著眼於提高績效、降低成本，所採用的方法都屬於理性方法。沒有一項改革是否定層級分工、減少理性因素、反對專業技能的。目前官僚制組織形態隨著信息技術的發展有巨大的變化，但毋庸置疑的是官僚結構還是現代政府組織體制的主導形態，仍然有頑強的生命力。將來也許會實現官僚制的超越，但在目前的情況下，對官僚制的超越是不可能的。

二、新公共管理與港澳公共行政及改革

　　港澳對「新公共管理」有很大的適用性及適應性，其經濟、文化和社會總體發展狀況都適合「新公共管理」模式的開展。首先港澳都長期奉行自由市場政策，一貫堅持經濟及社會不干預方針，這與「新公共管理」的新保守主義或新自由主義的公共管理哲學不謀而合。在意識形態上，港澳社會都普遍接受自由市場政策、「政府的職能應是掌舵而不是划槳」、「有限」政府論、「管理」優於「行政」、民營化、市場化與「新合同主義」等一系列新公共管理思想和主張。[7]

　　「新公共管理」的前提條件是成熟的、高度完善的市場經濟體制。「以市場化為取向」是在市場經濟已經發育得很完善、成熟的狀況下，減少政府干預，讓經濟主體／企業充分利用市場機制去配置資源，並且在公共服務的供給領域引進市場機制。港澳都是世界知名的最自由經濟體系，市場體制成熟且有效運轉，市場運作經驗豐富且具公平交易的制度體系，故充分具備推行「新公共管理」的經濟條件。

　　「新公共管理」主張把政府的部份職能轉移給市場和第三部門，這就需要有一批發育成熟、自我管理能力和自治能力較強的第三部門。港澳兩地都號稱「社團社會」，兩地民間團體、非政府組織蓬勃發展，能承擔社會服務職能的重任。

　　兩地自回歸以來，特別是香港，便多方面、全方位地推行新公共管理模式的公共行政改革，新公共管理的戰略和戰術（詳見本書第一章）大部份都已採用。兩地都設有中央機構，香港是效率促進組，澳門是行政暨公職局，研究、策劃及統籌公共行政改革，使這些改革能夠有系統、有理論、有針對性地進行，而不是盲目照搬亂搞。

　　效率促進組直屬政務司司長，位階甚高，與署／處同級。除管理1823電

話中心、一站式貨倉建築牌照中心、青少年服務網站等附加功能外，該機構便專職為香港公營部門改革提供顧問服務。透過積極交流世界各地的趨勢，成為改革的智囊。促進組每年最少舉辦三次研討會，每兩年舉辦一次公營部門改革研討會，邀請國際及本地公共管理專家，跟蹤、交流公營部門改革的最新趨勢也就是新公共管理改革的趨勢。促進組雖是幕僚機構，但編制龐大，設有專門研究隊伍，搜羅資料，為各改革專題撰寫研究報告，供各部門參考。[8]

效率促進組還定期出版《公營部門改革通訊》，報導各部門推行公營部門改革的最新狀況及該組的活動。

澳門的公共行政改革同樣由一中央機構即行政公職局研究、策劃及統籌。該局亦位階甚高，直屬行政法務司司長，是局級部門。但與效率促進組不同，它不是提供公共行政改革顧問服務的專職機構，其工作範圍除了推動公共行政的改革和現代化（由公共行政改革統籌委員會及公共行政改革諮詢委員會輔助），還負責澳門公共行政工作人員的招募、甄選和培訓等事宜，類似香港的公務員事務局，推動公共行政改革只是行政公職局諸多職能的其中一項。[9]有評論認為應效法香港，設立專責、專職部門去進行公共行政改革及研究。[10]澳門一向以香港為師，香港政府實行的很多新措施，澳門當局很快便會跟隨。香港既已有專職機構研究公共行政改革、跟蹤世界公共行政改革潮流及趨勢，澳門大可不必「重複勞動」，只須適當倣效學習、跟隨便可。過去澳門都是這樣做的，如服務承諾、一站式服務、市民滿意度評估計劃、優化行政程序、「ISO品質管理系統國際認證」等一系列公共行政改革措施都是先在香港推行，澳門其後跟隨，時間上存在先後之分。

對於港澳兩地公共行政改革所取得的成果，人們褒貶不一，一部份人士，特別是一些受影響的公務員及機構僱員，更可能有牴觸情緒。然而，對社會整體而言，成績應該是明顯的。以建立受顧客驅使的政府而言，無論是官方還是民間所做的調查（詳見本書第七至八章），都顯示大部份港澳市民對服務

承諾、一站式服務、電話查詢中心、投訴處理等的表現表示滿意。新公共管理確立了為顧客服務的嶄新行政理念，強調顧客導向，政府提供回應性服務，以公共利益為中心，把公眾的滿意度作為追求的目標和評價的標準。新公共管理以顧客為上帝的觀點，與港澳政府所宣導的「公僕」的觀念一脈相承。它有利於政府摒棄官本位，消除官僚作風，增強服務理念，真正成為人民公僕。在公共行政改革下，港澳公務員近年改變作風，日益走向親民、便民，都是市民有目共睹的。

　　資源增值計劃及業務流程重整／優化行政程序等，作為公共部門改革的一部份，具有重要的意義，因為它要解決公共服務的效率和成本效益問題。資源增值計劃及業務流程重整代表逐步採用新公共管理原則的一個里程碑。進入21世紀，它們是港澳第一個將目標放在廣泛提高公務員隊伍生產力這一新的改革概念的有力措施。新公共管理強調對產出或績效目標進行精確的界定、測量和評估，港澳政府部門通過ISO品質認證便可達到這個要求，使公共服務的質量得到保證與監察，從而造福於市民。

　　通過靈活的運作模式，香港營運基金安排已經成功地改進了機構的效率和服務質量。營運基金的運作模式允許在資源運用上有更大的靈活性，使機構能夠更有效地應對市場需求和經營環境的變化。結果是，整體效率、服務質量和客戶為本的服務能夠得到加強。設立營運基金則代表新公共管理的趨勢及價值，符合企業化政府精神——有收益而不浪費，掙錢而不是花錢。企業化政府不僅將精力集中在花錢上面，亦要求得到投資的回報，追求利潤。

　　港澳一向走「小政府、大市場」之路，所有公共產品和服務都儘量交給民間機構興辦，政府不予插手。兩地的民營化程度極高，例如過去13年，香港政府一直廣泛採用外判方式推行項目和提供服務。以每年外判服務開支計算的整體外判工作量，除2000年外，至今開支總額都達到100億港元以上，外判服務合約數目則保持在每年3000份以上。通過外判，與原先自行提供服務比較，

政府平均節省的開支達到二至三成。（詳見本書第三章，表3.3）因而，港澳兩地公共支出和公共部門的規模都能控制在較為理想的範圍，成為新公共管理模式的典範。

註釋

1. 參見http://www.baidu.com，http://www.yahoo.com.hk及http://www.google.com所載有關「新公共管理」(New Public Management)的中、英文網絡資料，2011年5月31日。

2. Christopher Pollitt, *Managerialism and the Public Services: The Anglo-Amierican Experience,* 2nd edition (Cambridge, MA: Basil Blackwell, 1993), pp. 121 &126.

3. J.Greenwood and D.Wilson,*Public Administration in Britain Today*(Loodon:Unwin Hyman,1989), pp. 7-10.

4. 轉引自國家行政學院國際合作交流部：《西方國家行政改革述評》，北京：國家行政學院出版社，1998年，第62頁。

5. 轉引自丁煌：《西方企業家政府理論述評》，載於《國外社會科學》，1999年，第六期，第47-48頁。

6. 轉引自周志忍：《當代國外行政改革比較研究》，北京：國家行政學院出版社，1999年，第586-587頁。

7. 參見拙著：《論港澳政商關係》，澳門：澳門學者同盟，2007年4月，第五章，第208-229頁；Lau Siu-kai, "Confidence in Hong Kong's Capitalist Society in the Aftermath of the Asian Financial Turmoil", *Journal of Contemporary China* (Vol. 12, No. 35, May, 2003), pp. 373-386；Lau Siu-kai, and Kuan Hsin-chi, *The Ethos of the Hong Kong Chinese* (Hong Kong: Chinese University Press, 1988).

8. 見效率促進組網站：http://www.eu.gov.hk，2011年5月31日。

9. 根據最新的第24/2011號行政法規：《行政公職局的組織及運作》，行政公職局的職責如下：

（一）研究及建議公共行政改革的整體或專項政策，並制定適當的指引或措施推動政策的實施；

（二）參與制定澳門特別行政區政府人力資源政策，並對政策的實施作出統籌及支援；

（三）研究及發展澳門特別行政區公務人員的規劃；

（四）統籌及發展入職與晉級的招聘及甄選程序的中央管理；

（五）研究、統籌及發展公務人員培訓與發展政策；

（六）研究、統籌及發展政府與公務人員及與公務人員代表團體之間關係建設的策略，公務人員調解及紀律程序的中央管理，以及公務人員薪酬、福利及補充福利政策；

（七）研究、建議及發展澳門特別行政區公務人員退休政策及制度；

（八）研究及建議公職一般制度的落實措施，使制度的解釋和適用具統一性和一致性，並向各公共部門和實體及其工作人員提供法律技術支援；

（九）研究及參與制定公共部門的管理、組織和運作以及績效評估政策，並對政策的實施作出統籌及支援；

（十）研究及建議公共行政語言政策，對政策的實施作出統籌及支援，並確保不屬其他部門負責的筆譯和傳譯工作，以及發展公共行政文獻資料庫及確保其運作；

（十一）研究及參與制定電子政務政策，並對政策的實施作出統籌及支援；

（十二）研究及建議能推動行政當局與私人之間的合作、拉近行政當局與市民和公共服務使用者距離的政策和機制，並對其實施作出統籌及支援；

（十三）依法確保選民登記及選舉活動；

（十四）履行法律賦予的其他職責。

10. 例如，見黃華欣：《港澳政府外判服務研究》，澳門科技大學公共行政管理碩士論文，2010年4月。

附錄

附錄I　香港政府外判服務類別說明

外判服務類別	例子
環境衛生服務	廢物收集／處理和廢物管理 管理公共浴室／洗手間 管理公眾街市／熟食中心 街道溝渠清潔 病蟲害防治
樓宇及物業管理服務	辦公室、大樓、學校的潔淨 建築維修服務 保安及護衛服務 租賃代理服務 物業管理
資訊科技	信息技術基礎設施的管理、操作、支援和維護 應用的開發和維護
運輸服務	政府隧道的管理 車輛檢驗 陸地和海洋運輸車隊的提供／維護／管理
機器及設備保養	汽車、船舶等的維修 辦公自動化設備的維修 電器及機械設備的維修
財務及會計	・有關財務、會計或投資的諮詢 ・繳費 ・會計記錄的維修 ・編制財務報表
文化及康樂服務	・社區場地、康樂設施、會所的管理 ・文化活動的組織和提供 ・園藝及景觀的維護服務
技術服務	・科學研究 ・實驗室服務 ・測繪和測量 ・空中攝影 ・物業估值 ・收地補償的評估

社區、醫療及福利服務	・家務助理／護理 ・醫療服務 ・醫院服務 ・老人護理服務 ・護理照顧的洗衣服務
培訓及教育	・員工培訓和發展 ・教育服務／研究的提供
辦公室支援和行政服務	・數據輸入、收集和分析服務 ・秘書及文書支援 ・發貨及送貨服務 ・錄音及謄寫服務 ・筆譯和口譯服務
法律服務	・法律諮詢、外判案件 ・準備法律文件 ・法律援助
人力資源管理	・招聘工作人員 ・薪金處理 ・工作人員輔導服務
查詢中心	・為管理接觸客戶而提供的電話／電腦為基礎的中心
市場推廣、宣傳及公共關係	・公共關係服務 ・宣傳、媒體宣傳（如公眾意識） ・編輯服務 ・市場研究 ・意見調查
政策諮詢和管理顧問服務	・政策／方案的制定、組織改進的諮詢 ・一般管理顧問
印刷及分發	・文具印刷 ・出版物的印刷和設計（報告、試卷等） ・照片沖印服務、攝影服務 ・後勤支持和儲存服務
其他	其他不屬於上述之服務，請提供詳細資料。

資料來源：Efficiency Unit, "2008 Survey on Government Outsourcing", October, 2008, Retrieved from Website of Efficiency Unit: http://www.eu.gov.hk.

附錄II　香港政府不同類型的外判招標程序說明

外判招標程序	說明
直接採購	・當採購的服務不超過某些財政限制，各部門可從指定數目的報價接受最低報價規格
公開招標	・招標邀請在政府憲報刊登，並在有需要時，在當地報章／互聯網／選定的海外雜誌為特定行業／產品刊登 ・所有有興趣的承辦商／供應商可以自由遞交標書
選擇性招標	能夠提供特定服務並經常被邀請出標的承包商/供應商制定一份合資格的名單（但不是全部），並由財經事務局常任秘書長及庫務署（庫務）批准 該名單得定期檢討，以迅速處理有關的增加或刪除
單一／局限性招標	・只有在某些情況下使用，即當公開競爭性招標不會是一個有效的手段獲得必要的供應/服務 ・開始之前需要事先取得財經事務局常任秘書長及庫務署（庫務）批准
資格預審招標	・將財政和技術上有能力承擔某一項目或提供特殊產品的投標者制定一份清單 ・使用資格預審的投標和合乎資格預審申請的評估標準，開始之前需要事先取得財經事務局常任秘書長及庫務署（庫務）批准

資料來源：Efficiency Unit, "2008 Survey on Government Outsourcing", October, 2008, Retrieved from Website of Efficiency Unit: http://www.eu.gov.hk.

附錄III　澳門政府「服務承諾」計劃要求的明細項目

　　《澳門特別行政區政府服務承諾計劃——行動指南》（由行政暨公職局於2003年3月製作）所載有關服務承諾六個方面，42項要求明細項目：

　1.「全員參與，目標明確」要求的明細項目

　　(1)部門領導為部門訂立明確的抱負並讓全體工作人員知悉，以使部門的工作人員有共同的目標；

　　(2)部門領導應透過各種適當途徑讓全體工作人員知道部門的使命，並促使部門開展適當的工作和提供適當的服務來實現使命；

　　(3)部門應有明確的信念，並確保所有工作人員開展工作時的價值取向和行為準則與部門的信念相一致；

　　(4)部門應為服務承諾計劃的推行確立短期和長期目標，並制定系統化的工作計劃；

　　(5)部門領導應與各級工作人員保持良好溝通，並讓他們及時知道部門的服務承諾計劃及相關內容；

　　(6)領導應鼓勵各級工作人員對服務承諾計劃的各個環節提出意見，並把可行的意見落實和貫徹；

　　(7)部門應定期為各級人員組織合適的培訓，以提高其服務質素；

　　(8)部門領導密切關注部門內的服務承諾計劃的持續發展和完善。

　2.「明確服務質量指標」要求的明細項目

　　(1)部門應逐步為所有對外服務和對內服務訂定明確的服務質量指標，並把指標向其服務對象公佈；

　　(2)服務質量指標對服務對象來說應該是有意義而且是可測量的；

　　(3)服務質量指標對部門內部來說應該是有挑戰性而且是切實可行的；

(4) 部門應每年最少一次全面檢討服務質量指標，並盡可能提高標準。

3. 「有足夠透明度」要求的明細項目

(1)部門應該讓公眾知道其抱負、使命和信念；

(2)部門應該以適當的方式讓公眾知道部門的工作和提供服務；

(3)部門應該清楚說明獲得有關服務的途徑和方法、有關的手續和須遞交的文件或資料；

(4)如果服務需要收費，部門應該清楚說明費用計算方法、繳交辦法及期限；

(5)所有說明和公開的資訊都應該是簡單清晰易明的，部門有責任確保一般服務對象可以明白有關內容；

(6)部門應盡可能因應服務對象的共同需要而使用相關語言；

(7)部門應設立有效的機制定期檢討已公佈的資訊，避免不適用的資訊繼續流通；

(8)部門應每年最少一次公佈履行承諾的情況，並讓公眾知道部門曾經採取的或準備採取的提高服務質素和效率的措施；

(9)部門應定期公佈接收和處理投訴的情況；

(10)部門的所有工作人員都應該能夠被公眾識別其身份。

4. 「與其他業務夥伴充分合作」要求的明細項目

(1)部門應與其業務夥伴互相配合，以實現本身的服務承諾計劃；

(2)部門應主動與其業務夥伴緊密聯繫和合作，並簡化有關行政程序和手續；

(3)部門應與其業務夥伴就彼此共同涉及的服務項目訂定明確的服務質量指標，並以適當方式明確彼此責任；

(4)部門有責任監管其業務夥伴能否達到既定的服務質量指標，並制定處理異常情況的應變措施。

5.「設立防錯與糾正機制」要求的明細項目

(1)部門應設立方便而且有效的投訴機制，在對公眾的意見作出迅速而及時的回應的同時，善用公眾的意見來改善服務質素；

(2)部門應有明確的處理投訴程序和獨立的書面說明文件；

(3)部門應以適當方式讓公眾知道向部門作出投訴的方法和渠道，及部門處理投訴的機制、期限和負責人的資料；部門亦應讓公眾知道向部門最高負責人反映意見的方式和方法；

(4)部門應對定期收到的投訴作綜合分析和評估，並制定措施，防止同類錯誤再次發生；

(5)部門應為各項服務設定監察服務質素的指標，並透過有效的機制監察能否達到既定的服務質量指標；

(6)部門應預先制定應變措施，以應付工作上可能出現的異常情況，從而保證服務的質素和承諾的履行。

6.「讓公眾更滿意」要求的明細項目

(1)所有公眾應有平等的機會獲得部門的資訊和服務；而部門亦有責任確保其工作人員對待所有服務對象都一視同仁；

(2)部門提供服務的全過程都應該是盡量方便公眾的；

(3)部門應設法讓所有服務對象都感受到部門及其工作人員樂於提供協助；

(4) 部門應明確規範接待公眾的程序；

(5)如果部門可以為特別需要的服務對象給予特別照顧，應事先在提供服務的地點清楚公佈；

(6)部門應透過適當的方式以掌握不同層面的服務對象對部門提供服務的各個方面的意見，並透過有效的機制對相關意見作出回應；

(7)部門應向公眾公佈如何對待其服務對象所提出的意見，及因應有關

意見而採取的措施；

(8)部門應盡可能按多數服務對象的共同願望去改善服務的情況，部門有責任主動解釋本身的難處，並說明將採取的過渡性措施和計劃；

(9)部門應記錄並評估其服務對象在服務提供的各個環節上的滿意程度，並定期向公眾公佈調查的方法和結果；

(10)部門應採取有效的措施提高公眾滿意程度；遇有公眾滿意程度下降時，部門應設法識別公眾不滿意的地方/環節，並採取相應措施加以改善。

附錄IV　澳門政府「市民滿意度」評估問卷

「市民滿意度」評估的五項測量因素：方便程度、員工服務、環境設備、內部流程、服務效果 。

- 方便程度：市民在便捷、容易的情況下獲取服務。例如：
  - 服務時間的安排方便市民嗎？
  - 服務地點交通便利嗎？
  - 有多種不同的渠道提供服務資訊？
  - 申請表格可在多個不同地點索取或遞交？可利用互聯網下載或電子郵遞？
  - 具備讓市民查詢的電話服務熱線？
  - 同一個櫃位可辦理一系列的手續？無需市民在不同的櫃位之間奔走？
  - 申請或獲得服務時，可通過簡單的授權由他人代辦，免卻非必要的親臨？
- 員工服務：發揚公僕精神，使市民得到優質的公共服務。例如：
  - 有禮、誠懇、親切的接待態度？
  - 尊重市民、體諒市民？
  - 具有專業的知識、技能？
  - 在不違反法律及規定的情況下，滿足市民的合理需求？
  - 主動提供渠道方便市民查詢或跟進？
  - 若非所屬職權，有主動協助市民轉介到應責部門？
  - 協助市民增進公民權利的認知？
- 環境設備：硬件的設置要讓市民感到舒適和方便。例如：
  - 令人感覺舒適、愉快的環境？

　　○ 足夠的等候設施？方便「排隊」輪候的配套設備？

　　○ 公眾地方設有收費公眾電話、飲水設備、自動販賣機？

　　○ 便利老弱、傷殘、孕婦的設施？

　　○ 提供書寫的文具及桌椅、影印服務？

　　○ 聽來清晰、悅耳的廣播系統？

　　○ 簡明、易閱的告示及指引？

　　○ 容易辨認的指示牌或說明？如服務櫃檯、出入口、洗手間、緊急通道等。

・內部流程：市民得到的服務是經過一個公平、公正及合理的運作過程。例如：

　　○ 迅速提供服務？不會受到不必要的遲誤？

　　○ 輪候制度是否公平？市民是否接受需輪候的時間？

　　○ 由申請到獲取服務所需的等候時間是否合理？

　　○ 存在重複、不必要或不合理的運作步驟？流程次序是否顛倒？

　　○ 運作過程是根據公平、公正的原則？

　　○ 具有協調機制以保證跨部門（內部或外部）的服務順利提供？

・服務效果：市民獲取服務的最終效益。例如：

　　○ 可靠保證的服務質量？

　　○ 所獲服務是否符合市民最初的申請意願？

　　○ 服務的效益程度是否理想？

　　○ 所得到的服務與付出的費用是否相稱？

　　○ 服務的涵蓋範圍是否足夠？

資料來源：《澳門特別行政區優化公共服務》，載於行政暨公職局網站：http://www.safp.gov.mo，2011年5月31日。

參考書目

Allison, Graham, "Public and Private Management: Are They Fundamentally Alike in All Unimportant Respects?" in David Rosenbloom *et al* (eds.), *Contemporary Public Administration*, New York: McGraw-Hill, 1994.

Andrisani, Paul J., Simon Hakim and E. S. Savas (eds.), *The New Public Management: Lessons from Innovating Governors and Mayors,* Norwell, MA: Kluwer, 2002.

Arora, R.S., *Administration of Government Industries: Three Essays on the Public Corporation,* New Delhi: Lessees of Arjun Press, 1969.

Ascher, Kate, *The Politics of Privatization: Contracting Out Public Services,* London: Macmillan, 1987.

Aucoin, Peter, "Administrative Reform in Public Management: Paradigms, Principles, Paradoxes and Pendulums", *Governance,* Vol. 3, No.2, April, 1990.

_____, *The New Public Management: Canada in Comparative Perspective,* Montreal: Institute for Research on Public Policy, 1995.

_____, "Operational Agencies: From Half-Hearted Efforts to Full-Fledged Government Reform.", *Choices: Institute for Research on Public Policy,* Vol. 2, No. 4, 1996.

Bangura, Yusuf, and George A. Larbi (eds.), *Public Sector Reform in Developing Countries: Capacity Challenges to Improve Services,* Houndmills, England: Palgrave Macmillan, 2006.

Barker, A. (ed.), *Quangos in Britain: Government and the Networks of Public Policy Making,* London: Macmillan, 1982.

Barzelay, Michael, *Breaking Through Bureaucracy: A New Vision For Managing in Government,* Berkeley, CA: University of California Press, 1992.

_____, *The New Public Management: Improving Research and Policy Dialogue,* Berkeley, CA: University of California Press, 2001.

Barzelay, Michael, and Raquel Gallego,"From 'New Institutionalism' to 'Institutional Processualism': Advancing Knowledge about Public Management Policy Change", Governance, Vol. 19, No.4, October, 2006.

Beesley, Michael, and Stephen Littlechild, "Privatization: Principles, Problems and Priorities", in Christopher Johnson (ed.), *Privatization and Ownership,* London &

New York: Pinter Publishers, 1988.

Branton, Noel, *Economic Organization of Modern Britain,* 2nd edition, London: Hodder and Stoughton, 1978.

Brewer, Brian, "Differentiation + Differential: Can The Career Civil Service Survive?", Paper presented at the Commonwealth Association for Public Administration and Management (CAPAM) Biennial Conference, Glasgow, Scotland, United Kingdom, 7-11 September, 2002.

Burns, John P., "Administrative Reform in a Changing Political Environment: The Case of Hong Kong", *Public Administration and Development,* Vol. 14, No.3, 1994.

_____, "Civil Service Reform in the HKSAR", in Lau Siu-kai (ed.), *The First Tung Chee-hwa Administration,* Hong Kong: The Chinese University Press, 2002.

_____, *Government Capacity and the Hong Kong Civil Service,* UK: Oxford University Press, 2004.

Cerny, P., "Paradoxes of the Competition State: The Dynamics of Political Globalization", *Governance and Opposition,* Vol. 32, No. 2, 1997.

Chan, M., "The Legacy of the British Administration of Hong Kong: A View from Hong Kong", *The China Quarterly,* Vol. 151, 1997.

Chan, Wai Kueng, *Outsourcing Public Service Delivery: A Study of Public Estate Management in Hong Kong,* MPA Dissertation, University of Hong Kong, 2004.

Chang, Siu Kuen, *Progress or Retreat: A Review on the Proposed New Subvention System,* MPA Dissertation, University of Hong Kong, 1998.

Cheek-Milby, K., "The Changing Political Role of the Hong Kong Civil Servant", *Pacific Affairs,* Vol. 62, No.2, 1989.

Cheng Pak-fai, Andy, *An Analysis of Public Private Partnership in Hong Kong: A Study of West Kowloon Cultural District,* MPA Dissertation, University of Hong Kong, 2009.

Chester, D.N., "Public Corporations", in Richard A. Chapman and A. Dunsire (eds.), *Style in Administration: Readings in British Public Administration,* London: George Allen & Unwin, 1971, pp. 254-274.

Cheung, Anthony B. L., "Public Sector Reform in Hong Kong: Perspectives and Problems", *Asian Journal of Public Administration,* Vol. 14, No.2, December, 1992.

_____, *The Politics of Administrative Reforms in Hong Kong: Corporatization of Public*

Services During the 1980s, Ph.D. Thesis, London School of Economics, 1995.

———, "Efficiency as the Rhetoric: Public-sector Reform in Hong Kong Explained", *International Review of Administrative Sciences,* Vol. 62, No.1, 1996.

———, "The 'Trading Fund' Reform in Hong Kong: Claims and Performance", *Public Administration and Policy,* Vol. 7, No. 2, September, 1998.

———(ed.), *Public Sector Reform in East Asia,* Hong Kong: The Chinese University Press, 2005.

Cheung, Anthony B. L., and Jane C. Y. Lee (eds.), *Public Sector Reform in Hong Kong : Into the 21st Century,* Hong Kong: The Chinese University Press, 2001.

Cheung, Anthony B. L., and Ian Scott (eds.), *Governance and Public Sector Reform in Asia: Paradigm Shifts or Business as Usual?,* London: Routledge, 2003.

Cheung, Anthony B.L., and Rikkie L.K. Yeung, "Privatization and Divestment of Government-owned Public Utilities in Hong Kong: Issues and Prospects", A Synergy Net Policy Paper, Hong Kong: Synergy Net, 2005.

Cheong, Kit Meng, *The Contribution of Intranet in the Implementation of ISO9001:2000 – A Case Study of Air Traffic Control Service Department in Airport,* MBA Dissertation, Macau University of Science and Technology, June, 2005.

Chou, Bill K.P., "Public Sector Reform in Macao and Hong Kong after Handover: An Examination of the Political Nexus Triads in the two China's Special Administrative Regions", *Public Administration and Policy,* Vol. 14, No. 1, March, 2005.

Chow, K.W., "Hong Kong Public Administration under Stress: the Significance and Implications of Management Paradoxes", *International Journal of Public Administration,* Vol. 15, No. 8, 1992.

Chow Wah-tat, Kenneth, *A Review of the Subvention Mode of Social Services in Hong Kong,* MPA Dissertation, University of Hong Kong, 2001.

Christensen, Tom, and Per Laegreid (eds.), *New Public Management: The Transformation of Ideas and Practice,* Aldershot, England: Ashgate, 2001.

———(eds.), *Transcending New Public Management: The Transformation of Public Sector Reforms,* Aldershot, England : Ashgate, 2007.

———,"Transcending New Public Management – the Increasing Complexity of Balancing Control and Autonomy", Paper presented at The Third International Conference on "Public Management in the 21st Century: Opportunities and

Challenges", Macau, China, October, 2008.

_____, "Increased Complexity in Public Organizations – the Challenges and Implications of Combining NPM and Post-NPM Features", Paper presented at Conference: "New Public Management and the Quality of Governance", Gothenburg, 13-15 November, 2008.

Chu, Bo Kwun, Michael, *An Assessment of the Privatisation of the Hong Kong Mass Transit Railway Corporation,* MPA Dissertation, University of Hong Kong, 2000.

Chu Yim-ming, *The Influence of Trading Fund Operation Mode on the Training & Development Policy of Hongkong Post*, MPA Dissertation, University of Hong Kong, 2007.

Clarke, John, and Janet Newman, *The Managerial State: Power, Politics and Ideology in the Remaking of Social Welfare,* London: Sage Publications, 1997.

Clinton, Bill, and Al Gore, *National Performance Review: Putting Customers First, '95– Standards for Serving the American People,* Washington, DC: U.S. Government Printing Office, 1995.

Common, Richard K., "Civil Service Reform in Hong Kong: Conforming to the Global Trend?", *Public Administration and Policy,* Vol. 8, No.2, September, 1999.

_____, *Public Management and Policy Transfer in Southeast Asia,* Aldershot, England: Ashgate, 2001.

_____, "Globalisation and the Governance of Hong Kong", Research Memorandum 55, January, 2006, Retrieved from http://www.google.com.

Curwen, Peter J., *Public Enterprise: A Modern Approach,* Brighton, Sussez: Harvester, 1986.

Denhardt, Janet V., and Robert B. Denhardt, *The New Public Service: Serving, Not Steering,* Armonk, N.Y.: M.E. Sharpe, 2002.

Denhardt, Robert B., *Theories of Public Organization,* Pacific Grove, CA: Brooks/Cole Publishing, 1984.

Denhardt, Robert B., and Janet V. Denhardt, "The New Public Service: Serving Rather than Steering", *Public Administration Review*, November, 2000.

Derbyshire, J. Denis, *An Introduction to Public Administration,* London: McGraw-Hill, 1984.

DiMaggio, P., and Powell, W., "The Iron Cage Revisited: Institutional Isomorphism and

Collective Rationality in Organizational Fields", in W. Powell and P. DiMaggio (eds.), *The New Institutionalism in Organizational Analysis,* Chicago: University of Chicago Press, 1991.

Donahue, John D., and Joseph S. Nye, Jr. (eds.), *Market-Based Governance,* Washington, DC: Brookings Institution, 2002.

Downs, Anthony, *Inside Bureaucracy*, Boston: Little Brown, 1967.

Dunleavy, P., and C. Hood, "From Old Public Administration to New Public Management", *Public Money and Management*, Vol.14, No.3, 1994.

Fan, Wing Yan, *Hong Kong Social Service Non-Government Organizations under New Public Management Reform: Assessing the Change and Impact of the Lump Sum Grant Policy,* MPA Dissertation, University of Hong Kong, 2008.

Ferlie, E., A. Pettigrew, L. Ashburner, and L. Fitzgerald, *The New Public Management in Action*, Oxford: Oxford University Press, 1996.

Fesler, James W., and Donald F. Kettl, *The Politics of the Administrative Process,* Chatham, New Jersey: Chatham, 1996.

Flinders, Matthew V., and Martin J. Smith (eds.), *Quangos, Accountability, and Reform: The Politics of Quasi-Government,* Basingstoke, UK: Macmillan Press, 1999.

Flynn, Norman, *Public Sector Management*, 5th edition, London: Sage, 2007.

Fong, Mei Lan, Catherine, *Private Sector Involvement in the Housing Department of the HKSAR Government: A Study of the Management Buy-Out Scheme*, MPA Dissertation, University of Hong Kong, August, 2003.

Fung, Yu, *Feasibility Study on Outsourcing the Rehabilitation Services Provided by the Correctional Services Department*, MPA Dissertation, University of Hong Kong, 2011.

Garfield, Paul J., and Wallace F. Lovejoy, *Public Utility Economics,* Englewood Cliffs, N.J.: Prentice-Hall, 1964.

Gore, Al, *Report of the National Performance Review: Creating a Government That Works Better and Costs Less*, Washington, DC: U.S. Government Printing Office, 1993.

Greenwood, J., and D.Wilson, *Public Administration in Britain Today,* London: Unwin Hyman, 1989.

Halachmi, Arie, "Public-Private Partnerships (PPP): A Reality Check and the Limits of

Principal-Agent Theory", Paper presented at The 4th International Conference on "Public Management in the 21st Century: Opportunities and Challenges", Macau, China, October, 2010.

Hayllar, Mark Richard, "Outsourcing: Enchancing Private Sector Involvement in Public Sector Services Provision in Hong Kong", in Anthony B. L. Cheung (ed.), *Public Sector Reform in East Asia,* Hong Kong: The Chinese University Press, 2005.

Heung, Wing Kueng, Edward, *Social Welfare Services in Hong Kong: Towards A New Managerialism,* MPA Dissertation, University of Hong Kong, 2001.

Hill, Michael, and Peter Hupe, *Implementing Public Policy: Governance in Theory and in Practice*, London: Sage, 2002.

Hirst, Paul, "Quangos and Democratic Government", *Parliamentary Affairs*, Vol. 48, No.2, 1995.

Ho Chi-chung, *Does Privatization Works as a Means for Public Sector Reform?,* MPA Dissertation, University of Hong Kong, 2004.

Hood, Christopher, "The Rise and Rise of the British Quango", *New Society,* Vol. 25, 1973.

_____, "A Public Management for All Seasons?", *Public Administration,* Vol. 69, Spring, 1991.

_____, "The 'New Public Management' in the 1990s: Variations on a Theme", *Accounting, Organizations and Society,* Vol. 20, No. 2/3, 1995.

Hood, Christopher, and Gunnar Folke Schuppert (eds.), *Delivering Public Services in Western Europe: Sharing Western European Experience of Para-government Organization,* London: Sage, 1988.

Hook, B., "British Views of the Legacy of the Colonial Administration of Hong Kong: A Preliminary Assessment", *The China Quarterly,* Vol. 151, 1997.

Horton, Sylvia (ed.), *New Public Management: Its Impact on Public Servants' Identity,* Bradford, England: Emerald Group Publishing, 2006.

Hughes, Owen E., *Public Management and Administration: An Introduction,* 3rd edition, New York: Palgrave Macmillan, 2003.

Huque, A. S., "The Changing Nature of Public Administration in Hong Kong: Past, Present, Future", *Issues and Studies,* Vol. 32, No.6, 1996.

Huque, A.S., and Grace O.M. Lee, *Managing Public Services: Crises and Lessons from*

Hong Kong, Aldershot, England: Ashgate, 2000.

Huque, A.S., Grace O.M. Lee and Anthony B.L. Cheung, *The Civil Service in Hong Kong: Continuity and Change,* Hong Kong: Hong Kong University Press, 1998.

Jones, Lawrence R., and Fred Thompson, *Public Management Renewal for the Twenty-First Century*, Stanford, Connecticut: JAI Press, 1999.

Kettl, Donald F., *Government by Proxy: Managing Federal Programs,* Washington, D.C.: Congressional Quarterly Press, 1988.

_____, "Building Lasting Reforms: Enduring Questions, Missing Answers", in Donald F. Kettl and John J. Dilulio, Jr. (eds.), *Inside the Reinvention Machine: Appraising Governmental Reform,* Washington, D.C.: Brookings Institution, 1995.

_____, "The Global Revolution in Public Management: Driving Themes, Missing Links", *Journal of Policy Analysis and Management,* Vol. 16, No. 3, 1997.

_____, *The Global Public Management Revolution,* Washington, DC: Brookings Institution Press, 2005.

Kickert, Walter J. M., *Public Management and Administrative Reform in Western Europe*, Cheltenham, UK: Edward Elgar, 1997.

Kolderie, Ted, "The Two Different Concepts of Privatization", *Public Administration Review,* July/Aug., 1986.

Kooiman, Jan, *Governing as Governance,* London: Sage, 2003.

Krane, Dale, and Zhikui Lu, "The Attractions and Challenges of Collaborative Public Management", Paper presented at The 4th International Conference on "Public Management in the 21st Century: Opportunities and Challenges", Macau, China, October, 2010.

Kwok, Ching Wan, Mable, *A Study of the Lump Sum Grant Policy on the Provision of Social Welfare Services in Hong Kong,* MPA Dissertation, University of Hong Kong, 2004.

Lam, J., "From a Colonial to an Accountable Administration: Hong Kong's Experience", *Asian Affairs,* Vol. 26, 1995. 305-313

_____, "Transforming from Public Administration to Management: Success and Challenges of Public Sector in Hong Kong", *Public Productivity and Management Review,* Vol. 20, No. 4, 1997.

Lam, Jermain T.M., "The Impact of Public Sector Reform on Human Resource

Management in Hong Kong", *Public Administration and Policy,* Vol. 9, No. 1, March, 2000.

_____, "Public-Private Collaboration in Public Service Delivery: Hong Kong's Experience", United Nations Online Network in Public Administration and Finance, October, 2003.

Lam, Yin Ping, Phoenix, *The Survey and Mapping Office of the Hong Kong SAR Government: Corporatization as a Possible Way Forward?,* MPA Dissertation, University of Hong Kong, 2003.

Lane, Jan-Erik, "Will Public Management Drive out Public Administration?", *Asian Journal of Public Administration*, Vol.16, No.2, 1994.

_____, *The Public Sector: Concepts, Models and Approaches*, 2nd revised edition, London: Sage, 1995.

_____(ed.), *Public Sector Reform: Rationale, Trends and Problems*, London: Sage Publications, 1997.

_____, *New Public Management*, London: Routledge, 2000.

Larbi, George A., *New Public Management Approach and Crisis States*, Geneva: UNRISD, 1999.

Lau, Mung Tin, Godfrey, *Business Process Reengineering: An Analysis of Theory and Practice in the Hong Kong Special Administrative Region Government*, MPA Dissertation, University of Hong Kong, 2002.

Lau Siu-kai, *Society and Politics in Hong Kong*, Hong Kong: The Chinese University Press, 1982.

_____, "Decolonisation a la Hong Kong: Britain's Search for Governability and Exit with Glory", *Journal of Commonwealth and Comparative Politics*, Vol. 35, No.2, 1997.

_____, "Confidence in Hong Kong's Capitalist Society in the Aftermath of the Asian Financial Turmoil", *Journal of Contemporary China*, Vol. 12, No. 35, May, 2003, pp. 373-386.

Lau Siu-kai, and Kuan Hsin-chi, *The Ethos of the Hong Kong Chinese*, Hong Kong: Chinese University Press, 1988.

Lavigna, Robert, "Reforming Public Sector Human Resource Management: Best Practices from the Practitioner's View", in Steven W. Hays and Richard C. Kearney (eds.), *Public Personnel Administration: Problems and Prospects*, fourth edition, New York: Pearson Education, 2004.

Lee, Jane C. Y., and Anthony B. L. Cheung (eds.), *Public Sector Reform in Hong Kong: Key Concepts, Progress-to-date and Future Directions*, Hong Kong: The Chinese University Press, 1995.

Lee, Eliza W.Y., "The Political Economy of Public Sector Reform in Hong Kong: The Case of a Colonial-Developmental State", *International Review of Administrative Sciences*, Vol.64 (Winter), 1998.

_____, "Governing Post-Colonial Hong Kong: Institutional Incongruity, Governance Crisis, and Authoritarianism," *Asian Survey*, Vol.XXXIX, No.6, November/December, 1999.

_____, "The Politics of Public Sector Reform in Post-Colonial Hong Kong", *Asian Review of Public Administration*, Vol. XII, No. 2, July - December, 2000.

Lee, Eliza W.Y., and M. Shamsul Haque, "The New Public Management Reform and Governance in Asian NICs: A Comparison of Hong Kong and Singapore", *Governance*, Vol. 19, No. 4, October, 2006.

Lin, Wei, "Redefining the Concept of Organization: Public Service Reform in the Globalized World and Its Implications for Macau", *Macao Studies*, No. 43, December, 2007.

Lou, Iek Fong, *Analysis on Improving the Working Procedures of the Financial Division in Instituto para os Assuntos Civicos e Municipais*, MBA Dissertation, Macau University of Science and Technology, July, 2006.

Lui, T., "Efficiency as a Political Concept in the Hong Kong Government: Issues and Problems", in John Burns (ed.), *Asian Civil Service Systems: Improving Efficiency and Productivity*, Singapore: Times Academic Press, 1994.

Lynn, L. E. Jr., "A Critical Analysis of the New Public Management", *International Public Management Journal*, Vol.1, No. 1, 1998.

Ma, Hung Tao, Helene, *The Impact of Managerial Reform on Social Service NGOs*, MPA Dissertation, University of Hong Kong, August, 2007.

Ma, Man Leng, *The Ideal & Feasible Total Quality Management Working Model of Government*, MBA Dissertation, Macau University of Science and Technology, February, 2004.

Mak, Chi-hang, *The Role of Market Competition in the Performance of the Electrical and Mechanical Services Trading Fund*, MPA Dissertation, University of Hong Kong, June, 2006.

Manning, N., "The Legacy of the New Public Management in Developing Countries", *International Review of Administrative Sciences*, Vol. 67, 2001.

Martin, Boston J., J. Pallot and P. Walsh, *Public Management: The New Zealand Model*, Auckland: Oxford University Press. 1996.

McLaughlin, Kate, Stephen P. Osborne and Ewan Ferlie (eds.), *New Public Management: Current Trends and Future Prospects*, London: Routledge, 2002.

Minogue, M., "Should Flawed Models of Public Management be Exported? Issues and Practices", IDPM, University of Manchester, U.K., 2000.

Mok Yuen-ngar, Monica, *An Analysis of Contracting Out of Social Welfare Services in Hong Kong*, MPA Dissertation, University of Hong Kong, August, 2002.

Naschold, Frieder, *New Frontiers in Public Sector Management: Trends and Issues in State and Local Government in Europe*, Translated by Andrew Watt with Case Studies by Robert Arnkil and Jaakko Virkkunen in Cooperation with Maarit Lahtonen and Claudins Riegler, Berlin and New York: Walter de Gruyter, 1996.

Ng Mei-har, Amy, *An Analysis of the Implementation of Trading Fund Arrangements in the Hongkong Post (August 1995 to July 2001)*, MPA Dissertation, University of Hong Kong, August, 2002.

Nolan, Brendan C. (ed.), *Public Sector Reform: An International Perspective*, New York: Palgrave, 2001.

OECD, *Flexible Personnel Management in the Public Service*, Paris: OECD (Organization for Economic Co-operation and Development), 1990.

_____, *Public Management: Country Profiles*, Paris: OECD, 1993.

_____, *Public Management Developments: Update 1994*, Paris: OECD, 1995.

_____, *Governance in Transition: Public Management Reforms in OECD Countries*, Paris: OECD, 1995.

_____, *Integrating People Management into Public Service Reform*, Paris: OECD, 1996.

_____, *Synthesis of Reform Experiences in Nine OECD Countries: Government Roles and Functions and Public Management*, Document presented at the PUMA

Conference: "Government of the Future: Getting from Here to There", Paris, September, 1999.

_____, *Government Reform of Roles and Functions of Government and Public Administration*, New Zealand - Country Paper, Document presented at the PUMA Conference: "Government of the Future: Getting from Here to There", Paris, September, 1999.

Ostrom, Vincent, and Elinor Ostrom, "Public Choice: A Different Approach to the Study of Public Administration", *Public Administration Review*, Vol. 31, No.2, Mar./April, 1971, pp. 206-207.

O'Toole, B.J., and G. Jordan (eds.), *Next Steps: Improving Management in Government?*, Aldershot, England: Dartmouth, 1995.

Osborne, David, and Ted Gaebler, *Reinventing Government: How the Entrepreneurial Spirit is Transforming the Public Sector*, Reading, MA: Addison-Wesley, 1992.

Osborne, David, and Peter Plastrik, *Banishing Bureaucracy: The Five Strategies for Reinventing Government*, New York: Penguin, 1997.

Peters, B. Guy, *The Future of Governing: Four Emerging Models*, Lawrence, Kansas: University Press of Kansas, 1996.

_____, "Administrative Reform and Public Personnel Management", in Carolyn Ban and Norma M. Riccucci (eds.), *Public Personnel Management: Current Concerns, Future Challenges*, Third Edition, New York: Longman, 2002.

Peters, B. Guy, and Jon Pierre, "Governance Without Government? Rethinking Public Administration", *Journal of Public Administration Research and Theory*, Vol. 8, No. 2, 1998.

Peters, B. Guy, and Donald J. Savoie (eds.), *Governance in a Changing Environment*, London: McGill-Queen's University Press, 1993.

_____, "Civil Service Reform: Misdiagnosing the Patient", *Public Administration Review*, Vol. 54, No.5, 1994.

_____(eds.), *Taking Stock: Assessing Public Sector Reform*, Montreal & Kingston: McGills/Queen's University Press, 1998.

_____(eds.), Governance in the Twenty-first Century : Revitalizing the Public Service, Montreal : McGill-Queen's University Press, 2000.

Peters, T. J., and R. H. Waterman Jr., *In Search of Excellence*, New York: Warner Books,

1982.

Pierre, Jon (ed.), *Debating Governance: Authority, Steering, and Democracy*, New York: Oxford University Press, 2000.

Pierre, Jon, and B. Guy Peters, *Governance, Politics and the State*, Hampshire & London: Macmillan Press, 2000.

Pollitt, Christopher, *Managerialism and the Public Services: The Anglo-Amierican Experience*, 2nd edition, Cambridge, MA: Basil Blackwell, 1993.

_____, "The Citizen's Charter: A Preliminary Analysis", *Public Money and Management*, Vol. 14, No. 2, 1994.

Pollitt, Christopher, and Geert Bouckaert, *Public Management Reform: A Comparative Analysis*, 2nd edition, Oxford: Oxford University Press, 2004.

Pong Sze-wan, *A Study of Public Private Partnership in Hong Kong: The Case of Hong Kong Disneyland*, MPA Dissertation, University of Hong Kong, 2009.

Poon, Ka Yan, Maggie, *The Privatization of Public Housing Arrangements in Hong Kong: An Analysis of Modern Modes of Governance*, MPA Dissertation, University of Hong Kong, 2004.

Ramesh, M., E. Araral, and Wu Xun (eds.), *Reasserting the Public in Public Services : New Public Management Reforms*, London: Routledge, 2010.

Rhodes, R.A.W., "The New Governance: Governing without Government." *Political Studies*, Vol. XLIV, No. 44, 1996.

_____, *Understanding Governance: Policy Networks, Governance, Reflexivity and Accountability*, Buckingham, Philadephia: Open University Press, 1997.

Rhodes, R.A.W. *et al, Decentralising the Civil Service: From Unitary State to Differentiated Polity in the United Kingdom*, Philadephia, PA: Open University, 2003.

Rosenau, J.N., and E-O. Czempiel (eds.), *Governance without Government: Order and Change in World Politics*, New York: Cambridge University Press, 1992.

Roth, Gabriel, *The Private Provision of Public Services in Developing Countries*, New York: OUP, 1987.

Riccucci, Norma M, and Katherine C. Naff, *Personnel Management in Government: Politics and Process*, Sixth Edition, London: CRC Press, 2008.

Saint-Martin, Denis, *Building the New Managerialist State: Consultants and the Politics of Public Sector Reform in Comparative Perspective*, Oxford, England: Oxford University Press, 2004.

Salamon, Lester, *The Tools of Governance: A Guide to the New Governance*, New York: Oxford University Press, 2001.

Sankey, C., *Synopsis of Speech on Government's View on Privatization*, Finance Branch, Government Secretariat, Hong Kong, 1988.

_____, "Public Sector Reform in Hong Kong - Recent Trends", *Hong Kong Public Administration*, Vol. 2, No.1, 1993.

Savas, E.S., *Privatizing the Public Sector: How to Shrink Government*, Chatham, N.J.: Chatham, 1982.

_____, *Privatization: The Key to Better Government*, Chatham, NJ: Chatham House Publishers, 1987.

_____, *Privatization and Public-Private Partnerships*, Chatham, NJ: Chatham House Publishers, 2000.

Savoie, D., "What Is Wrong with the New Public Management?", *Canadian Public Administration*, Vol.38, No.1, 1995.

Sawer, Geoffrey, "Ministerial Responsibility and Quangos", *Australian Journal of Public Administration*, Vol. 42, No.1, 1983.

Schick, A., *The Spirit of Reform: Managing the New Zealand State Sector in a Time of Change*, Wellington: Treasury, 1996.

Scott, Ian, *Public Administration in Hong Kong – Regime Change and Its Impact on the Public Sector*, Singapore: Marshall Cavendish, 2005.

_____, *The Public Sector in Hong Kong*, Hong Kong: Hong Kong University Press, 2010.

Sing, M., "Economic Development, Civil Society and Democratization in Hong Kong", *Journal of Contemporary Asia*, Vol. 26, No.4, 1996.

Siriprakob, Prakorn, "When Principal Holds the Upper Hand: Case Studies of Autonomous Public Organization in Thailand", Paper presented at The 4th International Conference on "Public Management in the 21st Century: Opportunities and Challenges", Macau, China, October, 2010.

Sou, Sao Man, *Measuring the Effectiveness of Privatization of Public Utilities in Macao: The Case of Privatization of Waste Collection*, MBA Dissertation, Macau University of Science and Technology, February, 2004.

Stoker, G., "Governance as Theory: Five Propositions", *International Social Science Journal*, Vol.50, No. 1, March, 1998.

_____, "Public Value Management: A New Narrative for Networked Governance?", *American Review of Public Administration*, Vol.36, No.1, 2006.

Sum, Wan Wah, *The Enhanced Productivity Programme: The Implementation of the First Phase*, MPA Dissertation, University of Hong Kong, June, 2000.

Tai Suet-fun, *Factors Affecting the Success of Privatization in Hong Kong*, MPA Dissertation, University of Hong Kong, 2010.

Tang Oi-yee, Ivy, *The Post Office Trading Fund: Claims and Achievements*, MPA Dissertation, University of Hong Kong, 2000.

Thornhill, W., *The Nationalized Industries: An Introduction*, London: Thomas Nelson & Sons, 1968.

Tivey, L.J., *Nationalization in British Industry*, London: Cape, 1966.

Thynne, Ian, "Transformation of Public Enterprises: Changing Patterns of Ownership, Accountability and Control", in C. Y. Ng and N. Wager (eds.), *Marketization in ASEAN*, Singapore: Institution of Southern Asian Studies, 1991.

_____, "The Incorporated Company as an Instrument of Government: A Quest for a Comparative Understanding", *Governance*, Vol. 7, No.1, 1994.

_____(ed.), *Corporatization, Divestment and the Public-Private Mix -- Selected Country Studies*, Hong Kong: AJPA in collaboration with IASIA, 1995.

_____, "Corporatisation as a Strategy of State-Owned Enterprise Reform", in Ng Chee Yuen, Nick J. Freeman and Frank H. Huynh (eds.), *State-Owned Enterprise Reform in Vietnam: Lessons From Asia*, ISEAS, Singapore, 1996.

_____, "Government Companies as Instruments of State Action", *Public Administration and Development*, Vol. 18, No 3, 1998.

_____, "Integrated Governance: Challenges for the Senior Public Service", *International Review of Administrative Sciences*, Vol.64, No.3, 1998.

_____, "Statutory Bodies as Instruments of Government in Hong Kong: Review Beginnings and Analytical Challenge Ahead", *Public Administration and Development*, Vol. 26, No.1, February, 2006.

Tsang Hoi-leung, *An Analysis of the Failure to Privatise the Airport Authority*, MPA

Dissertation, University of Hong Kong, 2010.

Van Thiel, Sandra, *Quangocratization: Trends, Causes, and Consequences*, Ph.D. Dissertation, University of Utrecht, 2001.

_____, "Trends in the Public Sector: Why Politicians Prefer Quasi-Autonomous Organizations", *Journal of Theoretical Politics*, Vol. 16, No. 2, 2004.

Walker, Alan, "The Political Economy of Privatization", in Julian Le Grand and Ray Robinson (eds.), *Privatization and the Welfare State*, London: George Allen & Unwin, 1984.

Walker, R.M., and L. H. Li, "Reinventing Government? Explaining Management Reform at the Hong Kong Housing Authority", *Environment and Planning C: Government and Policy*, Vol. 20, 2002.

Weir, S., "Quangos: Questions of Democratic Accountability", *Parliamentary Affairs*, Vol. 48, No. 2, 1995.

Wettenhall, Roger, and Ian Thynne, "Public Enterprise and Privatization in a New Century: Evolving Patterns of Governance and Public Management", *Public Finance and Management*, Vol. 2, No.1, 2002.

Williamson, O.E., *Markets and Hierarchies: Analysis and Antitrust Implications*, New York: The Free Press, 1975.

Wollmann, Hellmut (ed.), *Evaluation in Public-Sector Reform: Concepts and Practice in International Perspective*, Cheltenhan, UK: Edward Elgar, 2003.

Wong, Cham Li, *Margins of the State -- The Privatized Sector in Hong Kong*, M. Phil. Thesis, The Chinese University of Hong Kong, December, 1989.

_____, *Government-Business Relations in Hong Kong, 1945-1993*, Ph.D. Thesis, University of Hong Kong, 1996.

_____, "Corporatization and Reform of the State-owned Enterprises in China: A Comparison with Hong Kong", *Public Administration and Policy*, Vol. 13, No. 2, September, 2004.

_____, "Government-Business Relations in Hong Kong after 1997: A Triple Model of Analysis", *Journal of Macao Polytechnic Institute*, Vol. 9, No. 2, 2006.

Wong, Ka Lun, *Evaluation of the Privatization of Government Agencies in the 21st Century*, MPA Dissertation, University of Hong Kong, 2002.

Wong Ka-wing, *Implementation of School-based Management Policy in Hong Kong: An*

Institutional Perspective, MPA Dissertation, University of Hong Kong, 2009.

Wong Kwok-hung, Gary, *A Feasibility Analysis of Using B.O.T. in the Management of Public Fill in Hong Kong*, MPA Dissertation, University of Hong Kong, 2002.

Wong, Kwok Kei, Wilson, *Feasibility Study on Outsourcing the Services Provided by the Hong Kong Auxiliary Police*, MPA Dissertation, University of Hong Kong, 2004.

Wong, Margarita, *The Survival of Hongkong Post: Organisational Design Issues and Prospects in Comparative Perspective*, MPA Dissertation, University of Hong Kong, 2003.

Wong Mei-fung, *The Impact of Lump Sum Grant Funding Policy on the Human Resources Management of Non-Governmental Organizations in Hong Kong*, MPA Dissertation, University of Hong Kong, August, 2002.

Wong, Ngok Ching, Samantha, *A study of Contracting Out Social Welfare Service in Hong Kong*, MPA Dissertation, University of Hong Kong, 2003.

Wong Shiu-fai and Chan Cheuk-wah, "Which Post-New Public Management Model? The Case of Macao", Paper presented at The 4th International Conference on "Public Management in the 21st Century: Opportunities and Challenges", Macau, China, October, 2010.

World Bank, *Governance and Development*, Washington, D.C.: World Bank, 1992.

_____, *Governance: The World Bank's Experience*, Washington, DC: World Bank, 1994.

_____, *From Plan to Market, World Development Report 1996*, Oxford: Oxford University Press, 1996.

_____, *The State in a Changing World, World Development Report 1997*, Oxford: Oxford University Press, 1997.

World Bank Independent Evaluation Group, *Public Sector Reform: What Works and Why? An IEG Evaluation of World Bank Support*, Washington, D.C.: World Bank, 2008.

Wu, Chou Kit, Eddie, *How to Improve the Working Efficiency of the Purchasing Department of Macao Post Office*, MBA Dissertation, Macau University of Science and Technology, March, 2005.

Yan, Miu Kam, Vivian, *A Feasibility Study of Divestment of the Housing Authority's Retail and Carparking Facilities*, MPA Dissertation, University of Hong Kong,

2004.

Yau, Hau Yin, *Corporatization as a Strategy of Water Supply Service Reform in Hong Kong*, MPA Dissertation, University of Hong Kong, 2003.

Yeung Chong-tak, Clarence, *Hong Kong's Major Highways : A Public-Private Partnerships Approach to Their Construction and Management*, MPA Dissertation, University of Hong Kong, August, 2003.

Yeung, Rikkie L.K., "Divestment in Hong Kong: Critical Issues and Lessons", *The Asia Pacific Journal of Public Administration*, Vol. 27, No. 2, December, 2005.

Yeung, Sau Kuen, Sammy, *Case Study of Electrical and Mechanical Services Trading Fund*, MPA Dissertation, University of Hong Kong, 1999.

Yeung Sau-ling, Stephanie, *The Implementation of Enhanced Productivity Programmes in the Hospital Authority*, MPA Dissertation, University of Hong Kong, June, 2002.

Yuen, P. , and C.W.H. Lo, "Alternative Delivery Systems for Public Services in Hong Kong: The Hospital Authority vs the Housing Authority", *International Review of Public Administration*, Vol.5, No.2, 2000.

安應民：《論公民社會與公共治理的雙重建構》，第四屆「廿一世紀的公共管理：機遇與挑戰」國際學術研討會論文，澳門，2010年10月。

《澳門社團現狀與前瞻》，澳門發展策略研究中心出版，2000年11月。

《澳門政府規模與服務質素研究報告》，澳門發展策略研究中心出版，2003年。

〔澳〕歐文‧E‧休斯（Owen E. Hughes）著，彭和平、周明德、金竹青等譯：《公共管理導論》，第二版，北京：中國人民大學出版社，2001年。

《布萊克維爾政治學百科全書》，北京：中國政法大學出版社，1992年。

曹現強、宋學增：《市政公用事業合作治理模式探析——兼論澳門公用事業的發展》，「騰飛的澳門：回歸十年的回顧與展望」國際學術研討會論文，澳門理工學院，2009年4月。

陳振明主編：《政府再造：西方「新公共管理運動」述評》，北京：中國人民大學出版社，2003年8月。

陳瑞蓮、汪永成：《香港特區公共管理模式研究》，北京：中國社會科學出版社，2009年5月。

陳天祥：《新公共管理：政府再造的理論與實踐》，北京：中國人民大學出版社，2007年9月。

陳震宇：《現代澳門社會治理模式研究》，北京：社會科學文獻出版社，2011年

10月。

鄧玉華：《澳門非營利組織研究》，載於《澳門研究》，第26期，2005年2月。

鄧詠詩：《澳門特區政府社會文化司轄下各部門所推行之服務承諾制度研究》，
　　澳門科技大學公共行政管理碩士論文，2008年5月。

丁煌：《西方企業家政府理論述評》，載於《國外社會科學》，1999年第6期，

方貴安：《民政總署財務處導入ISO9001-2000標準的分析與探討》，澳門科技大
　　學公共行政管理碩士論文，2004年10月。

高炳坤：《顧客導向的公共服務——ISO9000與服務承諾在澳門公共行政的建
　　立》，載於《行政》，總第44期，1999年6月。

耿國階：《治理：另一個理論過客？——治理變革與治理研究的中國反思》，
　　第三屆「廿一世紀的公共管理：機遇與挑戰」國際學術研討會論文，澳門，
　　2008年10月。

澳門公共行政改革研究課題組：《澳門特區政府公共行政改革研究報告》，澳門
　　發展策略研究中心出版，2009年11月。

顧建光編著：《現代公共管理學》，上海：上海人民出版社，2004年3月。

國家行政學院國際合作交流部編譯：《西方國家行政改革述評》，北京：國家行
　　政學院出版社，1998年。

黃湛利：《論澳門政府的諮詢機構》，載於《澳門研究》，第27期，2005年4月。

黃湛利：《論港澳政商關係》，澳門：澳門學者同盟，2007年4月。

黃湛利：《Quangos與澳門政府自治機構：兼與香港比較》，載於《美中公共管
　　理》，第6卷，第2期，2009年4月。

黃湛利：《港澳政府諮詢委員會制度》，廣州：廣東人民出版社，2009年12月。

黃湛利：《公營部門與私營機構合作(PPP)——外國及香港的經驗》，第四屆「廿
　　一世紀的公共管理：機遇與挑戰」國際學術研討會論文，澳門，2010年10
　　月。

黃湛利：《建設靈活性/彈性化政府：新公共管理與香港公務員制度改革》，「政
　　府管理創新：實踐與理論」國際學術研討會論文，澳門理工學院，2011年10
　　月19-20日。

黃湛利：《澳門公務員制度》，香港：中華書局（香港）有限公司，2014年4月。

黃湛利：《香港政府諮詢委員會制度》，香港：中華書局（香港）有限公司，
　　2015年4月。

黃健榮等著：《公共管理新論》，北京：社會科學文獻出版社，2005年5月。

黃華欣：《港澳政府外判服務研究》，澳門科技大學公共行政管理碩士論文，2010年4月。

黃錫文：《論澳門特別行政區公務員之獎勵制度》，澳門科技大學公共行政管理碩士論文，2008年8月。

霍浩基：《澳門政府推行服務承諾之研究》，澳門科技大學公共行政管理碩士論文，2010年11月。

江彩虹：《澳門政府公共醫療服務現況及推行全面質量管理之可行性研究》，澳門科技大學公共行政管理碩士論文，2003年8月。

鄺婉瑩：《澳門政府任用制度研究》，澳門科技大學公共行政管理碩士論文，2008年5月。

簡·萊恩著，趙成根譯：《新公共管理》，北京：中國青年出版社，2004年。

黎瑞蘭：《港澳公務員退休制度研究》，澳門科技大學公共行政管理碩士論文，2008年5月。

李鵬：《新公共管理及應用》，北京：社會科學文獻出版社，2004年10月。

李蓮芳：《港、澳、新三地公務員退休保障制度比較研究》，澳門科技大學公共行政管理碩士論文，2010年4月。

李思豪：《從「一站式」方案優化民政總署所提供之服務》，澳門科技大學公共行政管理碩士論文，2003年11月。

李立全：《澳門老人福利官民合作模式研究》，澳門科技大學公共行政管理碩士論文，2007年12月。

李略：《固本培元、循序漸進——澳門公共行政改革芻議》，載於《澳門理工學報》，總第16期，2004年第4期。

聯合國全球治理委員會（Commission on Global Governance）：《我們的全球夥伴關係》，1995年。

梁偉明：《澳門公共醫療系統品質管理研究》，澳門科技大學公共行政管理碩士論文，2007年2月。

廖俊松：《二十一世紀的公共管理：從新公共管理到民主治理》，載於《行政》，第20卷，總第76期，2007年第2期。

林本利：《公用事業手冊：監管理論和實踐》，香港：壹出版，1997年。

林冠汝：《治理理論的形成與發展》，東海大學政治學系碩士班地方政治組研究生論文，載於http://www.yahoo.com.hk, 2009年12月。

林明基：《港澳公共行政改革比較研究》，載於余振等編：《雙城記III——港澳

政治、經濟及社會發展的回顧與前瞻》，澳門社會科學學會出版，2009年11月。

林鎮昇：《澳門政府諮詢機構的改革》，澳門科技大學公共行政管理碩士論文，2007年5月。

林韻妮：《澳門特區十年來政府管治理念與素質的提升》，載於《行政》，第22卷，總第86期，2009年第4期。

劉伯龍、陳慧丹：《澳門公共行政改革的回顧與展望》，「騰飛的澳門：回歸十年的回顧與展望」國際學術研討會論文，澳門理工學院，2009年4月。

劉俊生：《新澳門政府治理狀況分析——WGI 的視角》，「騰飛的澳門：回歸十年的回顧與展望」國際學術研討會論文，澳門理工學院，2009年4月。

婁勝華：《社會合作主義與澳門治理模式的選擇》，載於《澳門理工學報》，2006 年 第 4 期。

婁勝華、潘冠瑾、林媛：《新秩序：澳門社會治理研究》，北京：社會科學文獻出版社，2009年12月。

盧明慧：《電子化公文與公共機構流程再造——澳門基金會個案分析》，澳門科技大學公共行政管理碩士論文，2007年5月。

陸寧、尹亞瓊：《公共治理視角下政府與非營利組織間互動關係研究》，第四屆「廿一世紀的公共管理：機遇與挑戰」國際學術研討會論文，澳門，2010 年10月。

陸寧、甘家武：《完善我國政府績效管理的思考》，第三屆「廿一世紀的公共管理：機遇與挑戰」國際學術研討會論文，澳門，2008年10月。

羅淑霞：《澳門與香港安老服務政策的民營化比較研究》，澳門科技大學公共行政管理碩士論文，2008年2月。

羅曉華：《澳門公務人員晉升制度研究》，澳門科技大學公共行政管理碩士論文，2008年8月。

羅永祥、陳志輝：《香港特別行政區施政架構》，香港：三聯書店，2002年6月。

馬海榮：《澳門政府培訓中央化可行性研究》，澳門科技大學公共行政管理碩士論文，2008年7月。

〔美〕大衛・奧斯本、特德・蓋布勒（David Osborne and Ted Gaebler）著，周敦仁等譯：《改革政府：企業精神如何改革著公營部門》，上海：上海譯文出版社，1996年。

〔美〕戴維・奧斯本、彼德・普拉斯特里克（David Osborne and Peter Plastrik）

著，劉霞、譚功榮譯：《摒棄官僚制：政府再造的五項戰略》，北京：中國人民大學出版社，2002年。

〔美〕戴維·奧斯本、彼德·普拉斯特里克（David Osborne and Peter Plastrik）著，譚功榮等譯，《政府改革手冊：戰略與工具》，北京：中國人民大學出版社，2004年。

〔美〕F.J.古德諾（Frank J. Goodnow）著，王元譯：《政治與行政》，北京：華夏出版社，1987年8月。

〔美〕拉塞爾·M·林登（Russell Matthew Linden）著，汪大海等譯：《無縫隙政府：公共部門再造指南》，北京：中國人民大學出版社，2002年。

〔美〕史蒂文·科恩、威廉·埃米克（Steven Cohen and William Eimicke）著，王巧玲等譯：《新有效公共管理者：在變革的政府中追求成功》，北京：中國人民大學出版社，2001年。

〔美〕鄧尼斯·謬勒：《公共選擇理論》，北京：中國社會科學出版社，1999年。

〔美〕B·蓋伊·彼得斯（B. Guy Peters）著，吳愛明、夏宏圖譯：《政府未來的治理模式》，北京：中國人民大學出版社，2001年。

〔美〕馬克·G·波波維奇（Mark G. Popovich）編，孔憲遂、耿洪敏譯：《創建高績效政府組織：公共管理實用指南》，北京：中國人民大學出版社，2002年。

〔美〕麥克爾·巴澤雷（Michael Barzelay）著，孔憲遂、王磊、劉忠慧譯：《突破官僚制：政府管理的新願景》，北京：中國人民大學出版社，2002年。

〔美〕加里斯·摩根（Gareth Morgan）著，孫曉莉譯、劉霞校：《駕馭變革的浪潮：開發動盪時代的管理潛能》，北京：中國人民大學出版社，2002年。

〔美〕E.S. 薩瓦斯（E.S. Savas）著，周志忍等譯：《民營化與公私部門的夥伴關係》，北京：中國人民大學出版社，2003年。

〔美〕詹姆斯·N·羅西瑙（J.N. Rosenau）主編，張勝軍、劉小林等譯：《沒有政府的治理》，南昌：江西人民出版社，2009年1月。

〔美〕史蒂文·科恩、羅納德·布蘭德（Steven Cohen and Ronald Brand）著，孔憲遂、孔辛、董靜譯：《政府全面質量管理：實踐指南》，北京：中國人民大學出版社，2002年。.

〔美〕Mark Turner and David Hulmer著，倪達仁、席化麟、王怡文譯：《政府再造與發展行政》，台北縣永和市：韋伯文化出版公司，2001年。

〔美〕羅納德・克林格勒、約翰・納爾班迪（Donald E. Klingner and John Nalbandian）著，孫柏瑛、潘娜、游祥斌譯，《公共部門人力資源管理：系統與戰略》，北京：中國人民大學出版社，2001年。

孟蕾、卓越：《21世紀美國、英國政府績效管理新進展》，載於《行政》，第23卷，總第90期，2010年第4期。

潘冠瑾：《澳門社團體制變遷——自治、代表與參政》，北京：社會科學文獻出版社，2010年12月。

彭未名等編著：《新公共管理》，廣州：華南理工大學出版社，2008年1月。

彭婉嫻：《提高效率作為公共行政改革的目標－以澳門物業登記局為個案分析》，澳門科技大學公共行政管理碩士論文，2005年6月。

普加：《有關公共部門顧客服務的某些問題》，載於《行政》，第19卷，總第71期，2006年第1期。

司徒英杰：《澳門公營事業民營化前後的比較研究》，載於《澳門研究》，第14期，2002年9月。

蘇翊峻：《公共行政改革的因由》，載於《行政》，第16卷，總第62期，2003年第4期。

唐興霖、周軍：《公私合作制(PPP)可行性：以城市軌道交通為例的分析》，第三屆「廿一世紀的公共管理：機會與挑戰」國際學術研討會論文，澳門，2008年10月。

田華、梁曼莊：《組織文化對行政改革的影響：以澳門特區政府為例》，載於《澳門研究》，第50期，2009年2月。

田華、梁曼莊：《新舉措、新氣象、新跨越——論澳門回歸十年政府的行政改革》，載於《澳門研究》，第54期，2009年10月。

王定雲、王世雄：《西方國家新公共管理理論綜述與實務分析》，上海：三聯書店，2008年6月。

王凱紅：《以企業再造精神探討澳門公共行政再造策略——以民政總署為例》，澳門科技大學公共行政管理碩士論文，2007年4月。

吳志良：《社會、市場與政府的互動：行政改革路徑的選擇》，載於《澳門2003》，澳門：澳門基金會，2003年。

吳瓊恩：《政府組織與管理的創新：新管理主義的反思與批判》，「政府管理創新：實踐與理論」國際學術研討會論文，澳門理工學院，2011年10月19-20日。

吳嘉斐：《澳門政府一站式服務研究》，澳門科技大學公共行政管理碩士論文，
　　2010年4月。

許源源、江勝珍：《內地行政服務中心對服務型政府的促進及對澳門的啟發》，
　　載於《行政》，第21卷，總第81期，2008年第3期。

鄢聖華：《新公共管理在中國的適用性之研究》，北京：光明日報出版社，2008
　　年8月。

葉群鳳：《澳門民政總署服務站推行的效用性研究》，澳門科技大學公共行政管
　　理碩士論文，2007年5月。

尤淑芬：《澳門公務人員培訓制度分析》，澳門科技大學公共行政管理碩士論
　　文，2007年5月。

俞可平主編：《治理與善治》，北京：社會科學文獻出版社，2000年。

袁持平主編：《香港政府行為研究》，北京：北京大學出版社，2008年12月。

曾軍榮：《澳門特區公共服務之改革：以民政總署為個案》，載於《澳門理工學
　　報》，2008年第2期。

詹中原：《民營化政策：公共行政理論與實務之分析》，台北：五南圖書出版公
　　司，1993年。

詹中原主編：《新公共管理：政府再造的理論與實務》，台北：五南圖書出版公
　　司，1999年。

張成福、黨秀雲：《公共管理學》，北京：中國人民大學出版社，2001年。

張鴻喜：《澳門社會福利服務民營化研究》，載於《行政》，第17卷，總第63
　　期，2004年第1期。

張潤棠：《澳門電子政務與公共行政改革》，澳門科技大學公共行政管理碩士論
　　文，2005年5月。

周志忍：《當代國外行政改革比較研究》，北京：國家行政學院出版社，1999
　　年。

竺乾威：《官僚化、去官僚化及其平衡：對西方公共行政改革的一種解讀》，
　　第四屆「廿一世紀的公共管理：機遇與挑戰」國際學術研討會論文，澳門，
　　2010年10月。

朱旭峰、矯其原：《「新公共管理」在發展中國家如何可能？：來自中國天津市
　　和平區的公共服務改革》，第四屆「廿一世紀的公共管理：機遇與挑戰」國
　　際學術研討會論文，澳門，2010年10月。

朱妙麗：《理念教育的「民本」行政改革》，載於《行政》，第19卷，總第72

期，2006年第2期。

朱佩雯：《澳門「官資民辦」公司之研究》，澳門科技大學公共行政管理碩士論
　　文，2010年4月。

書　名	新公共管理與港澳公共行政
著　者	黃湛利
出　版	三聯書店（香港）有限公司
	香港北角英皇道 499 號北角工業大廈 20 樓
	20/F., North Point Industrial Building,
	499 King's Road, North Point, Hong Kong
香港發行	香港聯合書刊物流有限公司
	香港新界大埔汀麗路 36 號 3 字樓
版　次	2015 年 7 月香港第一版第一次印刷
規　格	16 開（170 × 230 mm）416 面
國際書號	ISBN 978-962-04-3793-9
	© 2015 Joint Publishing (H.K.) Co., Ltd.
	Published in Hong Kong

本書由澳門基金會贊助出版